强国教育
MODERN NATION EDUCATION

看世界·强国教育

英国高等教育

阚 阅 主编

中国科学技术出版社
·北 京·

图书在版编目（CIP）数据

英国高等教育 / 阚阅主编 . -- 北京：中国科学技
术出版社，2024.7
（看世界·强国教育）
ISBN 978-7-5236-0578-3

I.①英… II.①阚… III.①高等教育 – 研究 – 英国
– 现代 IV.① G649.561

中国国家版本馆 CIP 数据核字（2024）第 058495 号

总 策 划	秦德继
策划编辑	王晓义　赵　晖
责任编辑	李新培
正文设计	中文天地
封面设计	锋尚设计
责任校对	张晓莉
责任印制	徐　飞

出　　版	中国科学技术出版社
发　　行	中国科学技术出版社有限公司
地　　址	北京市海淀区中关村南大街 16 号
邮　　编	100081
发行电话	010-62173865
传　　真	010-62173081
网　　址	http://www.cspbooks.com.cn

开　　本	710mm×1000mm　1/16
字　　数	292 千字
印　　张	18.5
版　　次	2024 年 7 月第 1 版
印　　次	2024 年 7 月第 1 次印刷
印　　刷	北京荣泰印刷有限公司
书　　号	ISBN 978-7-5236-0578-3 / G·1041
定　　价	79.00 元

丛书编委会

主　编：马燕生　张力玮

编　委：魏礼庆　车伟民　宗　瓦　宋晓枫　成协设
　　　　张地珂　陈　正　阚　阅　陈晓清　朱安新

本书编委会

主　编：阚　阅

编　委：王　璐　王雁林　吴雪萍　张　佳
　　　　周海涛　胡　瑞　徐小洲　韩双淼
　　　　（以姓氏笔画为序）

总　序

　　欣悉马燕生老友——中国驻法国大使馆原公使衔教育参赞，近年来牵头主编了《法国高等教育》，将其纳入《看世界·强国教育》系列丛书，并诚邀笔者为本系列丛书作序。其实，笔者并非比较教育研究界专家，若给这一领域的学术专著作序肯定是很难的。不过，比较吸引笔者的是该系列丛书以"观察"为主旨，采用"通览"或"透视"的方式认识国外高等教育。由于专职从事宏观教育政策研究 30 余年，我一直十分关注世界各国及其国际组织的教育政策走势，经常通过不同渠道了解教育动态信息，现在对非学术性的该系列丛书也发表些点评，还是可以尽些微薄之力的。

　　现代意义上的高等教育，在不同国家中的制度形态分化十分明显。暂不细议高等教育的法律定义和学界的主要共识，仅从联合国教科文组织 2011 年修订的《国际教育标准分类》来看，高等教育是建立在中等教育之上、为专业化教育学科领域提供的学习活动，以高度复杂和专业化的学习为目标，包括学术教育、高级职业或专业教育。实际上，这一集各成员国"最大公约数"的定位，还不是高等教育的全部功能，仅在 19 世纪至今的两百多年间，在高层次知识技能传授的基础上，就有很多显著的拓展，在许多领域发生了重大变革。因此，各国制定的高等教育政策，既在学制设置等方面参照了《国际教育标准分类》，又不仅限于上述定位。

　　综观全球范围内的高等教育，从 20 世纪八九十年代到 21 世纪前 20 年，普遍呈现规模显著增长的态势，至少在新型冠状病毒感染疫情暴发前，毛入学率超过50%、进入所谓的"普及化"阶段的国家和地区已经超过 60 个，是 20 世纪 90 年代初的 10 多倍。在学龄人口及其他公民对高等教育的量与质的要求不断提高的形势下，许多国家，尤其是发达国家的高等教育，都在寻求适应本国乃至国际上多元多样需求的发展路径。其中，部分发达国家的高等教育，在布局结构、办学特色、育人模式、科研开发、社会服务以及国际交流合作等方面，进行了许多政策调整和实践探索，收到不同的成效，形成各具特色的经验，也为其他发展水平国家的高等教育提供了参考。

该系列丛书的各卷，分国别谋篇布局，沿着多方位视角，述介高等教育改革发展现状和经验，但因所涉国情不同，"通览"或"透视"维度不同，各卷的板块章节设置亦各异。该系列丛书遵循"兼收并蓄""海纳百川"的精神，既选取了长期关注某一国家或相关领域的学者的研究成果，又汇集了曾在外交一线工作过的专家的专题分析结论；部分文章系从直接观察和亲身经历概括而成，从而形成了有别于学术专著的特色与风格。特别在网络日益发达、信息早已过载的当下，在传统媒体、网络媒体、新媒体、自媒体纵横交错的生态中，该系列丛书各卷展示了理性分析和感性认识融洽交织的鲜明特点，相信会使读者朋友们感到开卷有益。

奋斗长征路，铸就新辉煌。中国特色社会主义进入新时代以来，教育事业在全面建设社会主义现代化国家中的基础性、先导性、全局性的作用更为突出，取得了新的历史性成就，发生了新的历史性变革，教育对外交流合作也迈上了新台阶。党中央、国务院发布的《中国教育现代化 2035》战略规划，围绕"开创教育对外开放新格局"提出了总体要求，党的二十大报告对新时代新征程高等教育的使命任务作出了新的战略部署。总之，站在"两个一百年"奋斗目标的历史交汇点上，我国高等教育的现代化，对标的是中国式现代化，高等教育的改革发展，正在融入加快建设教育强国、科技强国、人才强国的洪流之中，奔向中华民族伟大复兴中国梦的宏伟目标。笔者希望，该系列丛书能够为专家学者从事国别教育研究提供参考，同时为社会各界人士了解有关国家和地区高等教育的基本面提供帮助。

国家教育咨询委员会秘书长

张 力

教育部原教育发展研究中心原主任

2022 年 12 月

前　言

PREFACE

　　英国高等教育具有悠久的历史，如果从最早建立的牛津大学算起，迄今已有 900 多年的历史。牛津大学不仅是英语世界中最古老的大学，也是世界上现存第二古老的高等教育机构。英国高等教育形成了深厚的传统，伴随着英国早期开疆辟土和殖民扩张的整个过程，英国的移民和殖民者每到一地都会建立大学。从哈佛学院到拉瓦尔大学，从福拉湾学院到旁遮普大学，从来福士学院到香港大学，英国高等教育不断发展演变成为现代世界高等教育的重要"基因"之一。尽管 20 世纪中叶以后，英国开始衰落，但毫不夸张地说，不了解英国的高等教育的发展与变革，恐怕很难洞悉世界高等教育嬗变的幽微机理。

　　时至今日，英国高等教育依旧是高质量教育的代名词。在 2023 年 QS 世界大学排行和 2022 年上海软科世界大学排行中，英国分别有 17 所和 8 所大学位列前 100 名。根据联合国教科文组织统计研究所（UIS）的最新数据，英国仍是除美国以外的最大的留学生目的地国，英国高校招收的国际学生超过 55 万名。这些都显示出英国高等教育强大的影响力、竞争力和吸引力。

　　如果总结英国高等教育成功的经验，至少可以体现在 4 个方面：一是独具特色的精神文化。英国的高等教育机构，无论是传统的古典大学还是后来的红砖大学以至更新的"新大学"，都非常注重形成和维护自身独特的大学价值观，使之在追求学术卓越和服务社会发展中获得崇高的荣誉感和自豪感。二是稳定完善的治理体系。英国政府不直接管理或干涉高校工作，政府主要通过中介机构以拨款、评估和调查等方式进行问责和"远距离调控"，从而形成政府、市场、高校相对平衡的外部治理体系，同时以特许状、大学法、章程等作为大学自治的法律基础，以大学理事会、学术评议会、校务委员会等权力关系清晰和相互制约的机构作为组织基础，以及各利益相关者深度参与的共治基础，形成科学规范的内部治理体系。三是坚实可靠的质量保障。英国政府通过学生事务办公室和高等教育质量保证署等部门，建立和完善"科研卓越框架"（REF）和"教学卓越框架"（TEF），不断维护学术质量和学术声誉。四是坚定不移地开拓创新。英国最早开创了"创业型大学"的新模式，在高校科技成果转化与社会服务，特别是创新创业教育方面独树一帜，做出了很多富有启发性的探索和尝试，英国"脱欧"后更是在"全球英国"视野下重整国际教育战略，寻求更大的拓展空间。

它山之石可以攻玉。党的二十大报告提出全面建成社会主义现代化强国的新时代新征程战略目标，深入实施科教兴国战略、人才强国战略、创新驱动发展战略，统筹协调促进教育、科技、人才事业发展，是全面建设社会主义现代化国家的基础性和战略性支撑。我们在以中国式现代化推进高等教育强国建设，走出一条中国特色世界一流大学建设新路的同时，也需要不断扩大教育对外开放，"以海纳百川的宽阔胸襟借鉴吸收人类一切优秀文明成果，推动建设更加美好的世界"。英国高等教育发展的经验无疑值得关注和研究。本书选取了近年来国内英国高等教育研究领域重要专家在相关学术期刊上发表的一系列最新研究成果，希望能够对我国高等教育的理论研究与政策实践有所帮助。

阚 阅

2023 年 1 月 8 日

目 录

CONTENTS

政策与治理篇

招生与培养篇

质量与评估篇

跨国与流动篇

创新与创业篇

政策与治理篇

效能优先：英国高校科技创新治理体系变革新趋向

21 世纪以来，知识经济使科技创新能力越来越成为综合国力的核心要素。英国素有重视创新的传统，科技实力居世界前列，高校创新能力在国际高等教育舞台上也名列前茅。但是，在日益激烈的国际竞争中，英国出现了技术创新能力不足、应用转化效率较低、创新方式不契合、研发投入欠缺、创新人才流失等问题，严重制约着经济发展与产业升级。英国政府希望通过实施创新战略破解创新型国家建设面临的难题，进而增强国际竞争力，推动经济复苏与高速增长，建立面向未来的全球创新中心。为此，英国政府颁布系列政策，加强国家战略需求导向，完善高校科技创新治理体系，提高大学知识创新及其应用能力，发挥高校技术创新在产业转型升级中的引领作用。当前，我国高校科技创新治理体系改革迫在眉睫，同时也面临着系列难题，英国有关改革的成功经验对我国完善高校治理体系具有参考价值。

一、创新驱动：政府政策与大学回应

从工业革命到数字化时代，英国科技发展令人瞩目。虽然英国人口占比不到世界人口的 1%，但全球创新指数在 132 个经济体中排名第四[①]（截至

[①] DUTTA S，LANVIN B，LEON L，et al. Global Innovation Index 2022：What is the Future of Innovation-driven Growth？［M］. Geneva：World Intellectual Property Organization（WIPO），2022.

2022 年），产生了世界上高达 14% 的最有影响力研究[①]，拥有世界领先的大学与研究机构，其中 4 所大学排名进入全球前 20[②]。然而，新一轮科技与产业竞争促使英国政府做出新的战略回应。

（一）政府诉求：适应国家创新战略布局

20 世纪末以来，英国创新系统面临着严峻挑战。英国学者赫尔曼·豪瑟在一份对英国未来创新网络的评论中指出，英国对应用转化研究的公共资助不足，不利于科研知识转化为商业产品和服务[③]。据统计，2019 年，英国研究与发展总投资占国内生产总值（GDP）的 1.75%，虽然达到了 1995 年以来的最高水平，但远远落后于经济合作与发展组织（OECD）的 2.47%、美国的 3.06% 和德国的 3.17%[④]。研究密集型行业在英国经济中占比较小、研究水平较低，科学、技术、工程和数学（STEM）的基本能力相对薄弱[⑤]。与其他欧美国家相比，英国生产率增长较为疲软。2004—2019 年，欧盟 15 国的劳动生产率增长为 0.6%，而英国的增长率为 0.4%[⑥]。对此，英国伦敦大学学院的杰夫·梅森等学者认为，英国生产率不佳的直接原因是关键领域的增长驱动力长期投

---

① Department for Business, Energy & Industrial Strategy（BEIS）. International comparison of the UK research base, 2019［R/OL］.（2019-07-10）［2021-06-02］. https://www.gov.uk/government/publications/international-comparison-of-the-uk-research-base-2019.

② Times higher education world university rankings 2021［EB/OL］.［2021-06-02］. https://www.timeshighereducation.com/world-university-rankings/2021/world-ranking/.

③ HAUESR H. Review of the catapult network: recommendations on the future shape, scope and ambition of the programme［R/OL］.（2014-11-05）［2021-06-22］. https://catapult.org.uk/wp-content/uploads/2020/12/Hauser-Review-of-the-Catapult-network-2014.pdf.

④ OECD. Main science and technology indicators［DB/OL］.［2021-06-02］. https://data.oecd.org/rd/gross-domestic-spending-on-r-d.htm.

⑤ Department for Business, Innovation and Skills（BIS）. Insights from international benchmarking of the UK and science innovation system［R/OL］.（2014-01-03）［2021-06-22］. https://assets.publishing.service.gov.uk/government/uploads/system/uploads/attachment_data/file/277090/bis-14-544-insights-from-international-benchmarking-of-the-UK-science-and-innovation-system-bis-analysis-paper-03.pdf.

⑥ Ark B V, Venables A J. A concerted effort to tackle the UK productivity puzzle［J］. International Productivity Monitor, 2020, 39: 3-15.

资不足，研发支出和基础设施的投资产出低下①。为改善由技术创新导致的低生产力现象，支持经济有效发展，英国政府采取了一系列应对措施来促进产业发展。

随着知识经济的发展，英国政府努力在更广范围、更尖端领域推动知识转化。1993年，英国贸易和工业部（Department of Trade and Industry）发布《发挥我们的潜力：科学、工程和技术战略》②，关注大学与政府、产业之间的研发合作关系。1998年，政府白皮书《我们竞争的未来：构建知识驱动型经济》③提出，建立知识驱动型经济的关键因素是有效利用各种类型的知识，强调大学研究与知识的重要性。2000年，政府白皮书《卓越与机遇：21世纪的科学创新政策》进一步提出创建大学与产业的创新集群，确保将卓越的科研转化为产品和服务。此后，英国政府制定了一个为期10年的英国科学创新框架（2004—2014），旨在通过构建世界一流的研发与创新，助力英国在全球知识和技能竞争中占据领先地位，拥有卓越的科学成就和领先的研发密集型企业。

2017年，英国政府提出《高等教育和研究法案》④，指出大学是国家产业战略的核心，强调英国高等教育体系的核心价值观是机会、自治、卓越和创新，承诺政府将支持大学科技创新。同年，英国政府发布绿皮书《构建我们的产业战略》⑤和白皮书《产业战略：建设适应未来的英国》⑥，制定了经济转型背景下"五个生产力基础"与"四个重大挑战"，提出要充分利用创新的力

---

① MASON G, O'Mahony M, RILEY R. What is holding back UK productivity? lessons from decades of measurement［J］. National Institute Economic Review, 2018, 246（1）：24-35.
② Cabinet Office. Realising our potential：a strategy for science, engineering and technology［R/OL］.（1993-05-26）［2021-06-26］. https://www.gov.uk/government/publications/realising-our-potential-a-strategy-for-science-engineering-and-technology.
③ PRYOR A. Our competitive future：building the knowledge-driven economy［J］. Computer Law & Security Review, 1999, 15（2）：115-116.
④ JOHNSON J. Speech：Higher education and research bill［EB/OL］.（2017-02-24）［2021-06-26］. https://www.gov.uk/government/speeches/jo-johnson-higher-education-and-research-bill.
⑤ HM Government. Building our industrial strategy［R/OL］.（2017-01-23）［2021-06-02］. https://www.gov.uk/government/consultations/building-our-industrial-strategy.
⑥ HM Government. Industrial strategy：building a Britain fit for the future（white paper）［R/OL］.（2017-11-01）［2021-06-02］. https://www.gov.uk/government/publications/industrial-strategy-building-a-britain-fit-for-the-future.

量，关注人工智能与数据、老龄化社会、清洁增长和未来交通等趋势，强调英国在未来关键性技术领域（包括无人驾驶汽车、电池、清洁能源、医药、医疗保健、航空技术、机器人和人工智能等）占据领先地位，实现建设具有创新力经济体的目标①。2019 年，约翰逊接任英国首相，制定了产业战略"十大支柱"（涵盖对科学、研究和创新的投资，以及发展世界领先产业等）与"五大要素"，涉及创新、人才和基础设施，再次强调科技创新与知识转化的重要性。此外，英国政府还发布了《国际研究与创新战略》②，提出建立国际伙伴关系和扩大全球影响力，推动以科技创新为产业战略核心的技术变革。

2020 年以来，英国经济遭受新型冠状病毒感染的沉重打击，进入 11 年来的首次衰退。2020 年全年 GDP 下降 9.9%，成为 300 年来的最大年度降幅③。为应对英国面临的重大挑战，英国研究与创新署（UK Research and Innovation）制定了《英国研究与创新基础设施路线图》④。根据英国现有的基础设施、未来研究、经济和社会需求，该计划提出政府将长期支持科技创新能力的发展，推动英国成为科技创新领域的领头羊。2021 年 3 月，英国政府发布《重建美好：我们的增长计划》⑤，提出经济复苏的三大投资支柱：基础设施、技能和创新。同年发布的《英国研发路线图》⑥指出，科技创新是应对发展机遇与挑战的核心，要着力建设创新生态系统，在科技驱动的全球经济中增强竞争力。

从整体上看，英国政府鼓励大学科技创新政策的主要内容包括：促进大

① BEIS. Industrial strategy：the grand challenges［EB/OL］.（2021-01-26）［2021-06-02］. https://www.gov.uk/government/publications/industrial-strategy-the-grand-challenges.

② HM Government. International research and innovation strategy［R/OL］.（2019-05-14）［2021-06-02］. https://www.gov.uk/government/publications/uk-international-research-and-innovation-strategy.

③ HM Treasury. Budget 2021［R/OL］.（2021-03-03）［2021-06-02］. https://www.gov.uk/government/publications/budget-2021-documents.

④ UK Research and Innovation（UKRI）. The UK's research and innovation infrastructure：opportunities to grow our capability［R/OL］.（2020-10-20）［2021-06-02］. https://www.ukri.org/wp-content/uploads/2020/10/UKRI-201020-UKinfrastructure-opportunities-to-grow-our-capacity-FINAL.pdf.

⑤ HM Treasury. Build Back Better：Our Plan for Growth［R/OL］.（2021-03-03）［2021-06-02］. https://www.gov.uk/government/publications/build-back-better-our-plan-for-growth.

⑥ BEIS. UK Research and Development Roadmap［R/OL］.（2021-01-21）［2021-06-02］. https://www.gov.uk/government/publications/uk-research-and-development-roadmap.

学科技创新，加大资金支持力度，鼓励企业投资研发，优化基础设施平台，完善监管制度，加强创新型人才培养，拓展国际化空间等。英国政府通过出台系列政策推进大学科研与产业战略融合发展，发挥大学促进知识经济增长的作用，实现英国产业创新升级的战略意图。

（二）大学回应：聚焦创新绩效

在英国政府的政策驱动下，大学在创新系统中的地位愈益凸显，在促进生产力发展与经济增长中扮演主力军的角色，主要表现在以下 3 个方面。

第一，开展高新科技研究。英国卡迪夫大学的罗伯特·哈金斯（Robert Huggins）等人指出，大学和其他高等教育机构被视为促进经济增长的关键知识来源，其科研和技术转让活动在创新系统和产业发展中发挥重要作用[1]。2007—2017 年，英国政府对大学科研财政净投入的主要领域为医药、医疗保健、空间技术、电池、机器人、人工智能、清洁能源和无人汽车，约占总资助金额的 87%[2]，充分体现了英国鼓励大学参与高新产业发展的战略意图。在政府的政策引导下，英国大学积极开展面向创新创业的技术研发，形成了生产性经济集群，如爱丁堡大学的高性能计算和剑桥大学的生物科学集群等[3]。同时，牛津大学、剑桥大学、爱丁堡大学、格拉斯哥大学等世界一流大学在全球范围内建立具有世界先进水平的科学研究基地，取得了一系列国际领先性成果[4]。

第二，推动产学紧密合作。大学和产业合作是英国政府推动竞争和创新的重要政策导向。政府推动大学与产业合作可以追溯到 20 世纪 80 年代初期的"阿尔维（Alvey）计划"。该计划的重点是促进大学与产业在信息技术（IT）

① HUGGINS R，JOHNSTON A，STEFFENSON R. Universities，knowledge networks and regional policy［J］. Cambridge Journal of Regions，Economy and Society，2008，1（2）：321-340.

② JOHNSTON A，WELLS P. Assessing the role of universities in a place-based Industrial Strategy：Evidence from the UK［J］. Local Economy，2020，35（4）：384-402.

③ UK Research and Innovation（UKRI）. The UK's research and innovation infrastructure：opportunities to grow our capability［R/OL］.（2020-10-20）［2021-06-02］. https://www.ukri.org/wp-content/uploads/2020/10/UKRI-201020-UKinfrastructure-opportunities-to-grow-our-cap acity-FINAL.pdf.

④ HM Treasury. Build Back Better：Our Plan for Growth［R/OL］.（2021-03-03）［2021-06-02］. https://www.gov.uk/government/publications/build-back-better-our-plan-for-growth.

领域的合作。1987 年，欧共体提出的《单一欧洲法》，进一步鼓励大学与企业之间加强合作。21 世纪，大学被赋予第三种使命，大学、政府和产业呈现"三重螺旋"关系，大学在区域科技创新和经济发展中彰显出核心作用①。在政府政策引导下，许多英国大学主动适应以知识解决产业问题的驱动需求，改变传统知识生产方式，完善大学与产业的合作伙伴网络，建立制度化、科学化、系统化的校企合作关系。意大利都灵大学的亚历山德拉·斯坎杜拉在研究英国产学研合作时指出，大学是知识的主要存储库，学术研究和产业发展的知识交流将科学推向市场，进而形成促进创新和经济增长的重要机制②。政府政策与产业战略共同推动英国高等教育系统变得越来越具创新创业精神。

英国大学与产业之间的合作模式日益多样化，衍生出联合研究、合同研究、科研联盟、教育合作等多种形式。英国东英吉利大学的乔安娜·波亚戈·塞奥托基（Joanna Poyago-Theotoky）等人将合作模式分为产业拉动和大学推动两大形式，包括合同研究和衍生公司等③。美国亚利桑那州立大学的唐纳德·西格尔（Donald Siegel）在研究英国大学科技园对生产力影响时指出，大学与产业之间的重要关系体现为建设大学科技园和开展其他学术衍生活动④。

大学与产业的科研合作使得合作双方能共享知识、技能、研究人员和基础设施，在产学合作中实现了双赢。一方面，大学通过合作获得产业和政府的财政支持，增加了实践经验和就业机会；另一方面，产业在合作中获得前沿知识，吸引了创新型人才。2018 年，伦敦政治经济学院对英国大学在政府产业战略的贡献度研究中指出，大学通过科研活动产生创新成果，为产业创造溢

---

① SMITH H L, Bagchi-Sen S. Triple helix and regional development: a perspective from Oxfordshire in the UK [J]. Technology Analysis & Strategic Management, 2010, 22（7）: 805-818.

② SCANDURA A. University-industry collaboration and firms′ R & D effort [J]. Research Policy, 2016, 45（9）: 1907-1922.

③ Poyago Theotoky J, BEATH J, SIEGEL D S. Universities and fundamental research: reflections on the growth of university-industry partnerships [J]. Oxford Review of Economic Policy, 2002, 18（1）: 10-21.

④ SIEGEL D S, WESTHEAD P, WRIGHT M. Assessing the impact of university science parks on research productivity: exploratory firm-level evidence from the United Kingdom [J]. International Journal of Industrial Organization, 2003, 21（9）: 1357-1369.

出效应；通过人力资本、创新技术和产业互动，利用大学孵化器等项目促进区域经济发展；通过在可持续"基础设施"建设中发挥了创新引领作用①。其中，牛津大学、剑桥大学、伦敦大学学院和伦敦帝国理工学院在英国其研究收入和研究质量最高，在产业科研合作中表现突出②。

第三，培养创新型人才。大学作为孕育智慧的摇篮，担负着为国家培养创新型人才的重要使命。英国商业、能源和产业战略大臣阿洛克·夏尔马指出，发展科学、研究和创新的核心是人才，要稳固英国研究领域的全球地位，必须掀起创新浪潮，培养创新型工程师、生物学家、设计师、历史学家和企业家等③。

为了吸引、留住和培养创新型人才与科研团队（包括研究者、技术人员、创新者、企业家和从业者等），英国政府采取了一系列措施：设立人才办公室，统筹人才战略与政策；为相关人员建立研发舞台，使其在创新孵化器中得到发展机会；为全球性创新型人才提供发展机会；加大财政投入和津贴水平，为有潜力的研究人员提供奖学金，如牛顿国际奖学金和英联邦奖学金等。

二、机制创新：优化科研治理模式

英国政府积极构建科技创新生态网络，不断完善组织网络、评估机制和监管机制，探索建立政府、产业、大学、研究机构、技术组织、企业、慈善机构、投资者、全球网络和合作伙伴等多元主体共同参与的新型治理体系。

（一）健全组织网络：推进科创融合发展

科技创新生态网络是一个复杂系统，各个机构之间相互关联，在交流与

---

① AZMAT G，MURPHY R，VALERO A，et al. Universities and Industrial Strategy in the UK：Review of Evidence and Implications for Policy［R］. London：Centre for Economic Performance，2018.
② Research and Innovation Rankings–United Kingdom 2021［EB/OL］.（2021）［2021-06-02］. https://www.scimagoir.com/rankings.php?country=GBR.
③ BEIS. UK Research and Development Roadmap［R/OL］.（2021-01-21）［2021-06-02］. https://www.gov.uk/government/publications/uk-research-and-development-roadmap.

合作中实现协同发展（表1）。

从职能划分看，英国参与研究与创新的组织网络大致包括以下6个部分。

政府：制定研究和创新战略与政策，如科学能力审查、国家数据战略、地理空间数据战略、综合审查、国防和安全工业战略等，并协调各个部门之间的合作关系[①]。

研究与创新署：研究与创新署是英国最大的科研发展公共资助部门，负责向政府提供政策建议，并对有关学科以及科学、研究和创新计划等开展战略领导。

高等教育机构：作为创新系统中的重要参与者，负责培养创新型人才，提供高素质劳动力、科研知识和技术转移，与企业、行业组织、创新组织和政府合作，促进产业转型升级。

创新组织部门：根据不同创新领域，英国成立了科技创新攻关和协作部门，如英国弹射中心（授权创新署以"弹射中心"命名并开展技术与创新中心建设工作。弹射中心主要任务是进行技术的商业化前期开发，以帮助产业界开发利用新兴技术）和与大学密切合作的科学园区等。

全球性科研网络：近年来，英国政府支持大学、科技创新组织和其他研究机构发展国际科研合作伙伴关系，建立覆盖全球的研究基地，为来自各国的创新者、企业家和投资者提供创新机会，为全球科学进步、产业发展、经济增长创造新机遇。例如，以全球"技术中心"为平台，分享数字技术的专业知识和实践案例。

公共部门研究机构：其职责是开展多元化研究，为政策制定、法律和监管职能提供信息，并在关键研究领域提供国家战略资源。

---

① Government Office for Science. Realising our ambition through science：a review of government science capability［R/OL］.（2019-11-05）［2021-06-02］. https://www.gov.uk/government/publications/government-science-capability-review.

表 1 英国政府支持公共部门研究路线图

	环境、食品和农村事务部	环境渔业和水产养殖科学中心、自然保护联合委员会、皇家植物园邱园、动物和植物卫生机构、森林研究院、英格兰自然基金会、食品和环境研究机构、环境署	
	国防部	国防科学与技术实验室、原子能武器机构	
	卫生和社会福利部	国家健康研究中心、国家生物标准和控制研究所、英格兰公共卫生局	
	数字、文化、媒体与体育部	自然历史博物馆	
	劳动和养老金部	健康与安全局	
政府部门	商业、能源与工业战略部	气象局	
		国家核实验室	
		英国研究与创新署	工程与物理科学研究委员会	亨利·罗伊斯研究所、法拉第研究所、艾伦图灵研究所、英国基础设施与城市合作研究所、罗莎琳—富兰克林研究所
			科学与技术设施委员会	中央激光设备、ISIS 中子和介子源、英国天文技术中心、劳尔空间、钻石光源有限公司
			自然环境研究委员会	生态与水文中心、国家海洋学中心、国家地球观测中心、国家气象科学中心、英国地质调查局、英国南极调查局
			生物技术与生物科学研究委员会	巴布拉汉姆研究所、罗萨姆斯特德研究有限公司、厄勒姆研究所、皮尔布莱特研究所、罗斯林研究所、夸德拉姆研究所、约翰英尼斯中心、生物、环境和农村科学研究所
			经济与社会科学研究委员会	财政研究机构
			医学研究委员会	伦敦医学科学研究所、分子生物学实验室、弗朗西斯·克里克研究所、哈威尔研究中心、玛丽里昂中心
			艺术与人文科学研究委员会	史密森学会、人与自然研究所、社会创新中心
			英国创新署	
			英格兰研究署	
		英国原子能局	
		国家物理实验室	

英国研究与创新资助机构的关键：①独立研究机构；②大学嵌入式机构；③UKRI 直属机构；④联合机构

资料来源：HM Government. UK Research and Development Roadmap［R/OL］.（2021-01-21）［2021-06-02］. http://www. gov.uk/government/publications/uk-research-and-development-roadmap.

以上 6 个部门的职能虽然各有侧重，但构成紧密合作的科技创新治理多元主体。从整体上看，英国创新组织网络具有高复合、开放性、国际化等特点，对知识创新与技术应用的成功至关重要。其中，大学在区域、国家和国际合作中将自身创新优势嵌入整个网络体系，将研究和创新成果转化为经济、社会和环境效益，有力地推动了产业转型升级。

（二）改善支持机制：促进创新网络高效运行

英国政府完善科技创新支持机制，启动一系列资助计划，推动大学、研究机构、企业和社会之间进行有效合作，促进科技创新和高新产业发展。

第一，扩展研究基金。英国政府持续发布国家发展战略及绿皮书、白皮书，多次强调科研技术创新的重要性，设立了一系列资助基金，并重点关注科技创新及其基础设施建设。例如，1999 年，为提高大学对经济和社会的贡献，英格兰高等教育基金委员会设立高等教育面向企业和社区的基金；2001 年，为促进大学的知识转化和研究成果商业化，设立高等教育创新基金；2004 年，威尔士高等教育资助委员会成立第三次使命（3M）基金，后来更名为"创新与参与基金"；北爱尔兰对英格兰高等教育创新基金进行改编，苏格兰设立知识转移资助金[①]；2017 年，商业大臣格雷格·克拉克宣布设立产业战略挑战基金，集中资助 6 个关键领域（医疗保健和医学、机器人和人工智能、清洁和灵活储能的电池、自动驾驶汽车、未来的制造和材料、卫星和空间技术）的研究，推动英国建设世界领先产业。

此外，英国政府还设立全球挑战研究基金、牛顿基金、英国疫苗网络、IHR 全球健康研究计划、全球 AMR 创新基金等，鼓励政府、学术界、私营部门和社会合作，支持可持续发展目标，参与全球治理，建立国际伙伴关系，通过科技创新共同应对气候变化、能源安全、环境可持续性、大健康等全球挑战。

---

① ZHANG Q, LARKIN C, LUCEY B M. Universities, knowledge exchange and policy: a comparative study of Ireland and the UK [J]. Science and Public Policy, 2017, 44（2）: 174–185.

第二，加大资助力度。近年来，英国政府加大对科技创新的资助力度。2018 年，科研发展经费总支出为 371 亿英镑。其中，对大学和高等教育机构组成的高等教育部门资助约占总额的 24%，主要用于制药、机动车辆与零件、计算机编程与信息服务、航空航天、技术测试与分析和软件开发等[①]。2020 年，英国政府计划对核聚变、太空、电动汽车和生命科学等关键性技术的研发投资超过 9 亿英镑，向新蓝天资助机构投资至少 8 亿英镑，额外投资 4 亿英镑支持前沿研究与基础设施，其中，高等院校为重要投资对象[②]。2021—2022 年，政府计划在研究创新和设施的公共研发投入为 146 亿英镑，并承诺 2024—2025 年在科学、创新和技术资助达到 220 亿英镑，到 2027 年实现英国科研发展总投资（公共和私人）占 GDP 2.4% 的目标[③]。英国加大研发资助力度将极大提升英国在高新领域的科技创新实力。

第三，确定重点领域。首先，政府通过制订新的知识交流协议，实施新的知识交流框架，支持行业和学术界之间的密切合作，促进大学科学、研究和创新融合，成为国家应对挑战和抓住机遇的核心力量。其次，重点关注稀缺性和关键性研究，除重点支持解决四大社会挑战和全球性问题的创新研究外，还要投资数据技能、生命科学、人工智能、量子技术和机器人等新技术，关注物理科学、数学、医学、设计和文化研究等优势领域，提升数据、超级计算机、软件和人员相关领域的数字科研能力。再次，为基础设施和研究机构提供长期支持。在大学、公共部门研究机构和其他公共资助实验室系统中，开发基础设施、资源和服务，为一流的科技创新提供世界顶尖实验室，以满足前沿研究需求，促进产业创新发展。

---

① Office for National Statistics（ONS）. Gross domestic expenditure on research and development, UK：2018［EB/OL］.（2020-04-02）［2021-06-02］. https://www.ons.gov.uk/economy/governmentpublicsectorandtaxes/researchanddevelopmentexpenditure/bulletins/ukgrossdomesticexpenditureonresearchanddevelopment/2018.

② HM Treasury. Budget 2020［R/OL］.（2020-03-12）［2021-06-02］. https://www.gov.uk/government/publications/budget-2020-documents.

③ BEIS. UK Research and Development Roadmap［R/OL］.（2021-01-21）［2021-06-02］. https://www.gov.uk/government/publications/uk-research-and-development-roadmap.

从以上举措可以看出，英国创新支持机制具有平等性、多样性、聚合性和有效性等特点，在促进高校科技创新发展中发挥了关键性作用，推动高校实现独特的经济社会价值。

（三）强化监管体系：规避科技创新风险

创新往往与风险同行。为了促进高等教育健康、可持续发展，保障财务安全、加强风险管理、知识产权保护、维护公共利益，英国加强了对高等教育的监管。针对高等教育的监管与立法不清晰等漏洞，英格兰高等教育基金委员会提出了机构监管框架和学生利益保护等计划和项目[①]。2018 年 2 月，学生事务办公室监管框架发布，根据《1992 年继续和高等教育法》的法定权力、职责和拨款条例，以前由英国高等教育基金委员会资助和监管的教育机构由学生事务办公室接管。2019 年，为确保建立有效的激励与资助机制，英国政府发布《第四次工业革命的监管》[②]白皮书，提出要抓住第四次工业革命带来的机遇和挑战，及时启动监管体系改革，构建创新友好型监管制度，支持新产品、新服务和新商业模式。

为了保障科技创新的健康与秩序，英国政府主要采取了以下 3 方面措施。

首先，设立监管机构。英国政府通过设立多个监管机构，承担推进立法改革任务和监管职责，如英国标准协会、英国认证服务机构、产品安全与标准办公室、知识产权局等。

其次，制订监管框架。英国政府根据行业需求成立相关专家组，制订标准化监管框架和运行机制，保障英国经济体系、规则法规、组织网络的创新与竞争能依法运行，促进基础设施投资和新兴技术研发。

---

① Higher Education Funding Council for England（HEFCE）. Creating and sustaining the conditions for a world leading higher education system［R/OL］.（2014-10）［2021-06-28］. https://core.ac.uk/download/pdf/74376404.pdf.

② HM Government. Regulation for the fourth industrial revolution（white paper）［R/OL］.（2019-06-11）［2021-06-02］. https://www.gov.uk/government/publications/regulation-for-the-fourth-industrial-revolution.

再次，开展监管审查。在监管体系框架下，监管机构对整个创新系统开展督查，促进发现研究、应用研究、创新创业和产业化之间的良性互动。政府提倡关键产业和监管利益相关者合作，鼓励根据相关政策与行业趋势开展公众对话，推动研发活动满足社会需求。为支持未来技能发展需求，英国政府与研究创新委员会、其他公共资助者和国家科学院合作，对英国人才供应体系进行审查，以研判其产业发展是否具备充足的人才储备。

科技创新是一个动态的复杂系统，涉及政府、大学、科研机构、企业等多元参与主体，科学合理的监管机制可有效地支持各创新主体规避风险、提高效益，但同时也带来一些新的问题。英国南安普敦大学的玛尔塔教授认为，英国正规化、系统化的监管机制有效地促进了大学与政府、产业的合作关系，但在实施过程中也增加了过多繁重的官僚机构[1]。为此，英国正探索建立良性循环的科技创新监管机制，试图既减少官僚作风，又保持灵活性、多样性和必要的问责制。

三、绩效评估：构建有效的拨款制度

20 世纪 80 年代，英国政府开始对公共部门组织实施绩效评估，高等教育部门也不例外。伦敦大学城市学院的芭芭拉·卡苏指出，英国高等教育部门经历了稳定而持续的转型过程，竞争越来越激烈，公共资源随之减少，这就要求对提高效率和性价比作出改革[2]。英国大学校长委员会认为，应制定涵盖投入和产出的一系列绩效指标，用于各个机构内部和机构之间的比较，以识别和减少公共资源的低效分配，同时认可和支持国家卓越研究[3]。英国高校绩效评估制度正是在这种背景下推进的。

① Degl'Innocenti M，MATOUSEK R，TZEREMES N G. The interconnections of academic research and universities's "third mission"：evidence from the UK［J］. Research Policy，2019，48（9）：103793.
② CASU B，THANASSOULIS E. Evaluating cost efficiency in central administrative services in UK universities［J］. Omega，2006，34（5）：417–426.
③ Committee of Vice-Chancellors and Principals，Steering Committee for Efficiency Studies in Universities. Report of the steering committee for efficiency studies in universities［M］. London：Committee of Vice Chancellors and Principals，1985.

（一）目标与框架：绩效评估体系

英国科研评估是公共资金问责制度的表现，评估的核心是科研质量，评估的结果既为资助机构提供经费划拨依据，也是大学研究声誉的重要基准信息。

从 1986 年第一次举行"科研评估活动"到 2014 年被"卓越研究框架"所替代，英国的评估体系历经 7 次演进。随着产业升级与社会发展需求的逐渐透明化、全面化和系统化，评估体系既反映了政府的决策意图，也为高等教育提供了资助依据、公共信息和质量保证。从评估主体来看，1992 年之前，英国科研评估活动由大学拨款委员会和大学基金委员会实施。1992 年以后，英格兰高等教育基金委员会、威尔士高等教育基金委员会、苏格兰高等教育基金委员会、北爱尔兰就业与学习部在 4 个地区联合开展评估活动。2021—2022 年，英国将进行第 8 次科研评估。

在全球性评估标准研究的基础上，有关评估机构拟订质量评价体系的各类指标。2021 年"卓越研究架构"的评估框架由 4 个评估小组（医学、健康和生命科学类；物理科学、工程和数学类；社会科学类；艺术与人文类）和 34 个评估单元组成，主要包括 3 个一级评估指标（60% 研究产出、25% 研究影响力和 15% 研究环境）。这 3 个一级评估指标和二级评估指标经过多次改进，力图反映卓越研究的关键特征。首先，研究成果在质量评估指标中占重要地位，如代表研究质量的出版物及其全球学术认可度。其次，评估体系越来越重视研究项目对经济、社会、政策、文化和生活质量的影响。再次，研究环境指标包括研究人员、研究设施、合作网络、制定与实施研究战略和资金组合等相关因素。

英国高校科研评估活动取得了良好效果。作为评估对象，高等教育机构非常重视"卓越研究架构"的评估框架，认为大学卓越研究的主要驱动力是优秀研究人员，招募、培养和激励研究人员成为卓越研究的关键要素。评估框架促进了大学科研人员多元竞争，激发创新与创造力，成为有效管理大学系统的核心环节。一份关于科研评估活动的总结报告指出，科研评估活动推动了大学对科研的管理，并确保研究经费用于卓越研究领域[①]。英国开放大学的安·格兰德等教授认为，卓越研究框架是提高开放性和透明度的工具。维护公共资金使用的手段增强了公民对科学问题的讨论，并将公众关注的问题和研究纳入评估范围，提高了公众参与度[②]。

（二）类型与方式：质量导向型拨款

英国公共研究基金参照国家标准和国际标准，以质量相关性为核心，在英国高等教育拨款委员会与研究委员会（Research Councils）"双重支持"下，将科研经费有选择地分配给质量达标的高等教育机构。政府及相关科研资助机构通过拨款杠杆，采用多种方式资助大学与政府、企业、社会合作研发创新型项目，引导大学积极参与技术改进、产品和服务，提高经济和社会效益。

近 10 年英国高等教育科研经费的变化在一定程度上反映出政府的资助政策导向，经费情况见表 2。通过对比分析，2011—2016 年的科研拨款总经费基本不变。2016 年以后，由于政府政策导向调整，拨款额度出现了相应变化。2016 年，《知识经济的成功：教学卓越、社会流动和学生选择》发布，强调英国对于研究和创新的支持，主流拨款数增加 0.2 亿英镑。2017 年，英国政府发布产业战略绿皮书和白皮书，重视科研与创新对产业升级转型的战略作用，再次对研究质量、数量、相对成本的拨款增加 0.17 亿英镑。2018 年后，英国又相继出台《国际研究与创新战略》《重建更好：我们的增长计划》《英国研发路线图》等政策文件，鼓励和支持科研发展与创新，并以此为核心发展战略。因此，除了主流拨款增加外，还加大了对研究人才的培养资助，以及对全球性挑战的研究资助。2020—2021 年，研究部门获得 1.07 亿英镑国家生产力投资基

---

① Research Assessment Exercise（RAE）2008. Background to the RAE 2008［EB/OL］.［2021-06-20］. http://www.rae.ac.uk/aboutus/background.asp.

② GRAND A，DAVIES G，HOLLIMAN R，et al. Mapping public engagement with research in a UK university［J］. PLoS one，2015，10（4）：e0121874.

金。作为产业战略的一部分，该项资助由英国政府分配到各项研究基金中。

表 2　2011—2012 学年至 2020—2021 学年科研拨款（单位：亿英镑）

学年		2011—2012	2012—2013	2013—2014	2014—2015	2015—2016	2016—2017	2017—2018	2018—2019	2019—2020	2020—2021
拨款明细及额度	主体 QR 拨款（包括伦敦权重）	10.85	10.50	10.50	10.50	10.50	10.70	10.87	10.50	10.95	11.92
	研究型学位项目基金	2.05	2.40	2.40	2.40	2.40	2.40	2.40	2.60	2.60	2.60
	慈善资助基金	1.98	1.98	1.98	1.98	1.98	1.98	1.98	2.04	2.04	2.04
	商业研究基金	0.64	0.64	0.64	0.64	0.64	0.64	0.64	0.64	0.64	0.74
	国家研究图书馆	0.06	0.06	0.06	0.06	0.07	0.07	0.07	0.07	0.07	0.07
	全球挑战研究基金	—	—	—	—	—	—	—	0.58	0.68	0.63
	总项拨款	15.58	15.58	15.58	15.58	15.58	15.78	15.95	16.43	17.15	18.00
	知识交流（高等教育创新基金）	1.50	1.50	1.50	1.50	1.50	1.60	1.60	2.10	2.13	2.30

英国高校科研绩效评估制度体现了效能优先的价值观，绩效杠杆在推动高校应用研究、提高经济效益和社会效益上产生了积极作用，但评估导向与指标也引起了多方面的争议。英国经济学家尼古拉斯·斯特恩认为，评估体系为大学提供更多优质的合作机会、资源、人才和外部投资，但绩效评估会使研究者倾向于安全研究和短期主义，不愿意从事有风险或多学科项目，阻碍创新思维和冒险。同时，研究质量与个人绩效的联系过于紧密，也阻碍了各高校研究人员流动与各部门之间的合作①。英国布里斯托大学的理查德·沃特迈尔教授

① STERN N. Building on success and learning from experience：an independent review of the research excellence framework［R/OL］.（2016-07）［2021-06-28］. https://assets.publishing.service.gov.uk/government/uploads/system/uploads/attachment_data/file/541338/ind-16-9-ref-stern-review.pdf.

指出，评估活动迫使学术界为更广泛的社会和经济利益工作，忽视传统学术研究的使命，限制产出高质量的学术作品[①]。加拿大阿尔伯塔大学的德里克·塞耶在分析英国评估框架的 5 个不适合原因中提出，科研评估活动的成本过高，没有进行有效的同行评议，可能产生消极的激励，阻碍创新发展[②]。可见，英国高校科研绩效评估制度面临着价值观念平衡、评价体系完善、工具方法改进等亟须破解的难题。

四、结语

英国高校科技创新治理体系变革是现代社会治理理念在高等教育领域的思想渗透和实践反映。走出象牙塔的当代大学必须积极主动回应经济社会发展需求，以更高效能的科技创新推动产业发展与社会进步，并以此提高大学自身的办学效率和创新竞争力。因此，英国高校科技创新治理模式具有时代意义。

从整体上看，英国高校科技创新治理体系改革具有以下值得借鉴的经验。

首先，科技服务创新产业战略需求的价值导向。为了适应高新技术产业竞争，英国政府积极引导产学研融合发展，注重大学的知识转化，并取得了阶段性成效。

其次，全球性科技创新引领的战略布局。为了在全球科技竞争中保持领先地位，英国政府鼓励大学开展全球性合作，加大对世界尖端技术研发的资助力度，为未来全球竞争奠定了科技基础。

再次，基于提升大学创新效能的绩效评价。英国政府及其行业组织通过构建大学评价指标体系，激发大学科技创新与人才培养能力，提高大学办学效益。

在高校科技创新治理体系变革中，大学的社会使命感、各部门的系统协

---

① WATERMEYER R. Impact in the REF: issues and obstacles [J]. Studies in Higher Education, 2016, 41（2）: 199–214.

② SAYER D. Five reasons why the REF is not fit for purpose [EB/OL]. （2016–06–17）[2021–06–28]. http://www.theguardian.com/higher–education–network/2014/dec/15/research–excellence–framework–five–reasons–not–fit–for–purpose.

调性、产业的创新创业意识等得到较好的显现。这些改革经验值得我国在构建现代大学科技治理体系与提升大学创新能力上借鉴。

然而，大学的使命与功能具有多元性、长期性、自主性，走出象牙塔的大学不能迷失大学的真谛。英国高校科技创新治理体系改革过程中出现的工具主义、官僚主义和短期行为等不良倾向，值得我国在构建现代高等教育治理体系中警惕与借鉴。

（作者简介：徐小洲，浙江大学教育学院教授；江增煜，浙江大学教育学院博士研究生）

英国大学治理现代化和教育中介组织的变迁

从管理走向治理是高等教育改革的方向和任务。管理的主体是政府，其权力运行方向是单一的、自上而下的，而治理的主体是多元的，除了政府以外，还有各种利益相关者，其权力流向是多元的、相互的。因此，要实现高等教育治理的目标，就需要转变政府职能，促进利益相关者的积极参与。教育中介组织是转变政府职能、协调各利益相关者关系的有效途径。本文通过教育中介组织的演变来分析英国大学的治理问题。

一、大学拨款委员会：从合作模式到规划模式

英国大学自古以来就享有充分的自治，这一方面与英国的民间办学传统有关。第二次世界大战以前的英国大学几乎没有一所是政府创办的，办学经费基本都来源于个人和社会的捐助，这使英国的大学能通过财政上的独立来维护学术自治的地位[1]。另一方面，英国大学的自治传统还离不开大学的特许权。大学的特许权是由教会或者英国王室授予的，大学与政府均不能单方面修改或撤销。大学正是在特许状的庇护下，成为一个高度自治的社会组织。

---

[1] Keith Vernon. Calling The Tune: British Universities and The State, 1880-1914 [J]. History of Education, 2001, 30（3）：251-271.

（一）大学与政府合作模式：大学拨款委员会的成立

19世纪中期，英国政府开始为大学提供资助。当时成立不久的城市大学学院经费常常捉襟见肘，而工业革命的发展使社会对技术人才的需求迅速增加。在这种情况下，英国政府将大学看作社会和经济发展的助推器，愿意为大学提供资金。1889年，英国财政部第一次为11所大学学院提供了1.5万英镑的拨款，还成立了临时性的大学学院拨款委员会（Committee on Grants to University Colleges，CGUC）负责分配拨款。此后政府的拨款逐年增加，接受资助的大学也越来越多。"谁出钱谁做主"的观念在英国文化中根深蒂固，政府的资助使人们担心大学失去自治权。赫伯特·费舍尔认为，政府对大学的资助是必要的，但与此同时必须保持大学的自治地位，这种观点得到了政府的认可。

1919年，大学拨款委员会（University Grants Committee，UGC）成立。最初大学拨款委员会隶属于财政部，主要有3个原因：首先，这可以保障大学的自治地位，财政部的责任是通过大学拨款委员会向大学提供拨款，但并不干预大学的自治权；其次，财政部的管辖权覆盖英国各个地区，英国所有大学都可以向大学拨款委员会申请资助，而1899年成立的教育委员会的管辖权仅限于英格兰和威尔士；最后，大学的拨款主要来自财政部，由财政部来管理大学拨款委员会是合乎情理的，这种隶属关系为大学拨款委员会从财政部获得拨款提供了极大的便利。大学拨款委员会的成员主要是来自大学，以确保其能代表大学的利益。其职责是了解英国大学的资金需求，并向政府提出相应的拨款申请以满足这些需求。其拨款机制的关键在于"一揽子拨款"原则，即大学拨款委员会向大学分配拨款时对拨款的具体用途不做任何规定，大学享有拨款使用的最终决策权。"一揽子拨款"原则一直被认为对确保大学的学术自由、避免政府或大学拨款委员会对大学的干预来说是必要的、合理的措施[1]。1925年，

---

[1] Moodie Graeme C. Buffer，Coupling，and Broker：Reflections on 60 Years of the UGC［J］. Higher Education，1983，12（3）：331–347.

大学拨款委员会开始推行"五年周期拨款制度",由大学提交未来五年的发展规划向政府申请所需拨款;政府批准后,它会将五年的拨款一次性分配给大学,这种拨款模式的目的在于使大学能进行长期规划。大学拨款委员会主要分配拨款,而规划是大学自己的事情,其职责是向政府报告大学需要什么,而不是向大学报告政府需要什么。大学拨款委员会标志着政府和大学之间建立了以政府对大学的信任为基础的协商关系[①]。

(二)从合作模式到规划模式:大学拨款委员会的困境

第二次世界大战结束后,大学拨款委员会的角色也发生了变化,不再仅仅是向政府汇报大学的资金需求,也开始积极参与大学的发展和规划,这是由当时的社会状况决定的。首先,政府需要大学在经济重建中承担更多的责任。其次,中等教育的繁荣也需要大学扩招,为个人发展提供更多的机会。20世纪40年代起,大学拨款委员会需要收集、调查和提供整个英国大学教育的相关信息;通过对大学和其他相关机构的咨询,协助制定和执行有关大学发展所需要的规划,确保大学的发展能随时满足国家的需要。大学拨款委员会在拨款分配以及拨款的使用上施加了更多的影响,如需要对大学的规划进行考察后才会拨款。此外,如果大学拨款委员会认为大学对五年拨款的使用不符合公共需要,就会考虑减少下一个五年周期的拨款数量。

大学拨款委员会的归属问题一直是人们争议的焦点。《罗宾斯报告》指出,财政部面临一个自相矛盾的状态,它一方面作为政府开支的管理机构,有义务对大学拨款的建议进行严格质询,另一方面却在为大学的拨款进行辩护。英国政府也倾向于将大学拨款委员会从财政部剥离。急剧增加的公共支出使财政部越来越力不从心,政府希望加强大学与中小学教育的联系。1964年,大学拨款委员会从财政部划归教育和科学部(Department of Education and Science,DES),这对大学和政府的关系产生了深刻的影响。20世纪60年代

---

① Guy Neave. The Changing Boundary Between the State and Higher Education [J]. European Journal of Education,1982,17(3):231-241.

以前，大学拨款委员会和财政部、大学之间是亲密的合作伙伴关系，财政部总是尽可能地维护大学的自治权和大学拨款委员会的独立性。而教育和科学部强调自己对大学的管理权，更愿意介入大学的内部事务，这也使大学拨款委员会逐渐远离中央政府的财政决策。以往大学拨款委员会可以直接向财政部提交拨款议案，现在则必须先提交给教育和科学部，得到其批准后才能作为教育和科学部预算的一部分提交给财政部。这一方面延长了大学拨款委员会获得拨款的周期，另一方面也使大学拨款委员会的拨款申请面临更多的不确定性。

20 世纪 70 年代的经济危机和撒切尔政府的财政紧缩政策给大学拨款委员会带来了致命的打击。前者使五年期一揽子拨款制度被三年期滚动拨款制度取代，而后者使大学越来越难以协调招生规模不断扩大和政府拨款持续削减之间的矛盾。经费的削减迫使大学拨款委员会不得不开始推行选择性拨款机制，1986 年实施的科研评估（Research Assessment Exercise，RAE）就是根据大学的科研情况分配拨款，这种做法使大学拨款委员会备受指责。在大学的眼里，大学拨款委员会不再是"我们"的一员，而成为"他们"的一员了[1]。它被认为从大学的守护者变成了资助者，甚至是大学的控制者。人们普遍认为大学拨款委员会不再是一个缓冲机构，而是变成了一个规划机构[2]。撒切尔政府则认为，大学拨款委员会与大学之间的关系过于温和，在其领导下的大学没有充分的活力刺激可持续的经济增长或为整个社会提供更多的机会[3]，这意味着大学拨款委员会的历史走到了尽头。

二、基金委员会和英国高等教育的市场化

政府在公共物品供给方面存在先天不足。此外，社会对公共物品需求的多样性也决定了单一的政府供给渠道的不足。新公共管理理论提出在政府与

---

① 王一兵 . 八十年代发达国家教育改革的动向和趋势述评［M］. 北京：人民教育出版社，1994.
② Ted Tapper. The Governance of British Higher Education：The Struggle for Policy Control［M］. Berlin：Springer，2007.
③ 同②.

市场之间建立新的关系，主张打破政府对"公共供给"的垄断，以竞争代替垄断，允许其他市场主体的参与，从而提高整个社会公共物品的供给效率。同时，公共物品供给方式的多样化也可以为公众提供更多的选择机会。这种趋势也体现在英国的高等教育改革中。

（一）基金委员会和大学治理模式的转变

1987 年,《高等教育：面临新的挑战》认为，高等教育应该和工商业建立更加密切的联系，建议成立新的大学基金委员会（UFC）以取代大学拨款委员会。《1988 年教育改革法》的颁布标志着新的高等教育治理模式形成[①]。英国政府设立了大学基金委员会和多科技术学院基金委员会（PCFC），分别为大学和公共高等院校提供拨款。大学基金委员会具有独立的法人地位，成员不超过15 名，其中 6~9 名为大学的学者，其他成员则是来自工业、商业和金融等领域的人士，目的是淡化大学基金委员会的学术性，加强产业界对大学的影响。大学基金委员会的基本原则是：控制和管理大学的发展正式成为政府的责任；主要目的是为大学分配公共拨款，开发最有助于实现政策目标的战略；大学必须尽可能地在政府和大学基金委员会确定的范围内运行[②]。大学基金委员会不再像大学拨款委员会一样充当大学的"传声筒"，而是更多地扮演了政府代言人的角色[③]。大学基金委员会的职责是将政府的政策目标转变为具体的行动方案，从而成为政府干预和控制大学的手段。

《1992 年继续和高等教育法》颁布后，英国政府将大学基金委员会和多科技术学院基金委员会合并为高等教育基金委员会（HEFC），统一负责向高校

---

① Ourania Filippakou，Brian Salter，Ted Tapper. Compliance，resistance and seduction：Reflections on 20 years of the funding council model of governance［J］. Higher Education，2010，60（5）：543–557.

② Michael Shattock.University governance in flux. The impact of external and internal pressures on the distribution of authority within British universities：A synoptic view［J］. Higher Education Quaterly，2017，71（6）：384–395.

③ 孙伦轩，陈·巴特尔. 英国大学基金委员会招标竞价制度的历史与经验［J］.复旦教育论坛，2014，（3）：98–102.

分配教学和科研拨款。高等教育基金委员会的成立标志着20世纪60年代确立的高等教育双重制的终结。英国政府剥夺了地方当局对公共高等教育部门的控制权，通过授权中央政府制定高等教育政策的方式将大学置于国家的控制之下。从大学拨款委员会到基金委员会，体现了控制和协调模式的转变，即从大学拨款委员会的专业／学术主导模式到外行和私人部门以及中央政府的权力与影响的加强。20世纪80年代初以来，英国高等教育政策的演变本质上是将高等教育纳入政府的公共决策过程[①]。

（二）学术自治和大学的教育质量保障机制

英国政府对大学的干预在教育质量保障问题上体现得最明显。在高等教育双重制下，大学和公共高等院校也采取不同的质量保障模式。自治的传统使大学排斥校外的质量评估，教育质量的保障都由大学自己负责，甚至校外考试官也是大学自己组织和聘请的。政府也相信大学能对其学术标准和教育质量负责。相反，公共高等院校的质量保障则采取政府监管模式。1964年设立的全国学位授予委员会（CNAA）是英国第一个高等教育质量保障机构，不过其监管的范围仅限于多科技术学院和其他学院。20世纪70年代以来，经费的削减和大学规模的扩大，使英国政府开始担心大学的教育质量。尽管如此，人们普遍认为教育质量保障和学术标准是大学自己的事情[②]。

20世纪90年代初，大学的质量开始受到重视。1992年双重制被撤销后，英国政府决定确立统一的高等教育质量保障机制。根据《1992年继续和高等教育法》，高等教育基金委员会负责质量评估，而高等教育质量委员会（HEQC）负责质量审计。高等教育基金委员会的主要职责就是对大学的教育

---

① Ourania Filippakou, Brian Salter. Compliance, resistance and seduction: Reflections on 20 years of the funding council model of governance [J]. High Education, 2010, 60 (10): 543-557.

② Roger Brown. Mutuality Meets the Market: Analysing Changes in the Control of Quality Assurance in United Kingdom Higher Education 1992-2012 [J]. Higher Education Quarterly, 2013, 67 (4): 420-437.

质量进行评估，并将结果作为向大学分配拨款的依据；其下设的质量评估委员会（QAC），按照学科专业对大学的教学活动进行监督评价。1997 年，英国政府将质量评估委员会和高等教育质量委员会合并，成立了高等教育质量保障委员会（QAA），全面负责高等教育质量的审计和评估任务。1999 年，高等教育质量保障委员会公布了新的质量框架，涉及大学方方面面的工作，这与大学的自治传统相矛盾。研究者普遍承认，大学的活动确实需要一定程度的规范化和标准化，但是当前的质量保障机制过分官僚化，对教育质量的关注也流于表面，更多地被认为是某种形式的控制和对大学自治的侵蚀[①]。无论如何，大学不得不面对这样的现实，纯粹的自我管理时代已经一去不复返了。

英国政府对高等教育质量的关注主要体现在科研方面。从 1992 年开始，高等教育基金委员会开始将高校的科研评估结果作为分配科研拨款的依据。科研评估机制采取以学科为单位的同行评议方式，学科评议小组由高等教育基金委员会任命，从科研成果、科研环境和科研声誉 3 个方面对高校的科研质量进行评估。不过在实施中，科研评估机制暴露了很多问题，尤其是同行评议的主观性导致科研拨款在高校的分配中存在明显的马太效应。此外，专家评议过于复杂且评估成本过高[②]。英国政府开始考虑简化科研评估过程，经过反复的咨询和试验，高等教育基金委员会确定了科研卓越框架（REF）的评估指标，包括科研成果、科研影响和科研环境，其评估方法也从"同行评议"调整为"同行评议为主、文献计量为辅"。高等教育基金委员会将引用数据看作衡量论文质量最重要的指标之一，并将科研评估结果作为科研拨款的主要依据，有效地提高了英国高校的科研水平。不过英国的科研评估也备受指责，一些学者认为，研究者不得不通过按照科研评估机制的标准开展研究去竞争有限的科研经费，这会威胁到研究者的学术自由。托尼·墨菲的研究

---

① Andreas Hoecht. Quality assurance in UK higher education：Issues of trust，control，professional autonomy and accountability［J］. Higher Education，2006，51（4）：541–563.
② Jim Taylor. The Assessment of Research Quality in UK Universities：Peer Review or Metrics?［J］. British Journal of Management，2011，22（2）：202–217.

则表明，科研评估机制和科研卓越框架使大学过于重视科研，从而导致教学与科研工作的失衡[①]。

（三）竞价模式和大学拨款模式的市场化

英国政府开始推行高等教育市场化措施，这一点在大学基金委员会的拨款机制上尤为明显。英国政府决定放弃"一揽子拨款"原则，采取一种新的拨款模式，使大学必须通过竞争性报价的方式提供满足政府需要的服务。大学基金委员会确定了各个学科的全日制学生的最高价，作为大学报价的指导价。各个大学的"竞标价"必须低于指导价，报价越低意味着生均培养成本也就越低，这样大学将获得更多的招生名额，其培养经费的总额也就更多。不过这个措施一经推出就受到社会的激烈批评。《泰晤士报》高等教育副刊认为，这种拨款制度会鼓励大学开发有效的计划和支出机制，但是也将损害大学的自治权。这种拨款制度有可能使大学提供整齐划一的课程，同时也会影响教育质量。大学基金委员会鼓励大学降低报价以提高拨款的效率，却没有相应的机制来保障教育质量[②]。事实上，大学并不愿意使自己的报价低于指导价来彼此竞争。由于大学的共同抵制，这个措施没有取得预期的效果。在36.3万份报价中，仅有2.4万份低于指导价，所有竞价中的93.4%都超出了指导价[③]。这意味着大学之间没有出现明显的竞争，招标竞价机制最终夭折。

三、学生事务办公室和英国高等教育市场的形成

随着高等教育规模的不断扩大和高等教育形式的多样化，大学基金委员会的治理模式出现越来越多的问题。2010年联合政府上台，把以前政府包办的公共服务交给社会，鼓励所有公民都积极参与并承担更多的社会责任，在高

[①] Tony Murphy. Perceptions of the UK's Research Excellence Framework 2014, A small survey of academics [J]. Journal of Higher Education Policy and Management, 2014, 36（6）: 603-615.
[②] 王一兵．八十年代发达国家教育改革的动向和趋势述评 [M]．北京：人民教育出版社，1994.
[③] 孙伦轩、陈·巴特尔．英国大学基金委员会招标竞价制度的历史与经验 [J]．复旦教育论坛，2014，（3）：98-102.

等教育拨款问题上同样也是如此。由于金融危机的影响，联合政府不得不削减财政支出。政府在此后 4 年内将高等教育拨款减少了 40%。2014—2015 年，英格兰高等教育基金委员会为 130 所高校提供了拨款，然而其中 90 所高校获得的拨款占其收入的比例不足 15%[①]。政府拨款的削减及其在大学收入中的比重下降使高等教育基金委员会难以通过拨款引导大学的发展。

（一）学生事务办公室和开放的高等教育市场

为了促进高等教育市场的竞争，英国政府认为，必须建立对所有高校开放的高等教育市场。2016 年白皮书《知识经济的成功：教学卓越、社会流动和学生选择》提出建立统一的管理机构——学生事务办公室（Office of Students，OfS）。根据《2017 年高等教育与研究法》，英国政府撤销了高等教育基金委员会、高等教育质量保障委员会和公平入学办公室（OFFA），成立了学生事务办公室和英国研究与创新署（UKRI），分别负责高校教学与科研的管理和资助。学生事务办公室与英国科研和创新委员会均属于独立的法人组织。学生事务办公室由学生、企业、产业部门以及不同类型高校的代表组成，具体职能有：维护高校的组织自治；提升高等教育质量，为学生提供更多的选择和机会；鼓励高校竞争，确保竞争符合学生和企业的利益；提高高等教育的经济效益；促进学生入学和参与的机会平等等。《2017 年高等教育与研究法》还明确了高校的自治权，即高校有权依法通过有效、适当的方式自主进行日常管理；自主决定课程内容和教学、管理和评价方式；自主制定教师选拔、任命、解聘标准并付诸实施；自主确定招生标准并付诸实施。由此可见，英国政府在赋予学生事务办公室广泛的管理权时，也明确有义务维护高校的自治权。正如前面白皮书所指出，合适的管理将维护学生和纳税人的利益，而不是建立一个阻碍创新的"官僚负担"。我们尊重大学的自治权，承认学术自由的重要

---

① BIS. Success as a Knowledge Economy：Teaching Excellence，Social Mobility and Student Choice ［EB/OL］.［2019-06-02］. https://assets.publishing.service.gov.uk/government/uploads/system/uploads/attachment_data/file/523546/bis-16-265-success-as-a-knowledge- economy-web.pdf.

性。因此，将建立开放的、动态的高等教育制度，促进竞争和革新，为新高等教育机构创造公平竞争的环境[①]。

（二）市场准入和高校的分类注册制度

英国高等教育市场化的核心是市场准入问题。尽管高等教育市场向所有高校开放，但是高校必须在学生事务办公室注册备案之后才能获得政府的资助和支持。学生事务办公室对高校实行分类注册制度，高校只要符合相应的条件要求就可以注册。如果在册的高校出现违反注册条件的情况，学生事务办公室可以根据规定对其进行经济惩罚或者暂停注册，也有权注销被认为不再符合注册条件的高校。《2017 年高等教育与研究法》规定，高校可以申请注册 3 类：一是注册高校。这类高校可以得到政府的认可，但不能得到政府拨款和政府担保的学生贷款。二是批准高校。这类高校可以自己制定学费标准，也可以获得政府的拨款和政府担保的学生贷款，学生每年可以获得最高 6000 英镑的贷款。三是批准资助高校。这类高校也可以获得政府拨款和政府担保的学生贷款，有权确定学费标准，政府可以为学生提供最高 9000 英镑的贷款，这样学生基本上不用再自己负担学费。申请注册的高校必须接受学生事务办公室对其进行的教育质量和标准的评估，因此学生事务办公室还专门成立了质量评估委员会。该委员会的大部分成员必须来自高校，同时也不是学生事务办公室的成员，目的就是为了保证质量评估的专业性和独立性。

学位授予权和大学称号的获得对于高校至关重要。以前英国的学位授予权和大学称号都由枢密院批准，对高校的规模、学科数量都有相应的要求，审核的过程也很复杂和耗时。这种做法无疑使新高校难以进入市场及取得公平竞争的机会。因此，英国政府将学位授予权和大学称号的审批制度作为改革的重点，由学生事务办公室接替枢密院负责学位授予权和大学称号的审批。在学生

---

① BIS. Success as a Knowledge Economy：Teaching Excellence，Social Mobility and Student Choice [EB/OL].［2019-06-02］. https://assets.publishing.service.gov.uk/government/uploads/system/uploads/attachment_data/file/523546/bis-16-265-success-as-a-knowledge-economy-web.pdf.

事务办公室注册的 3 类高校中，只有批准高校与批准资助高校才有资格申请学位授予权和大学称号。高校在申请学位授予权时必须已经提供了至少 3 年的高等教育课程。不符合这个条件的高校，可以申请"见习"学位授予权。在见习期间，学生事务办公室指定的质量评估机构将根据具体的学位授予标准对高校进行审查和评估。见习期至少 3 年。见习期结束后，如果完全符合学位标准的要求，高校将获得正式的学位授予权；如果只是基本符合标准，高校的见习期将被延长（通常为 1 年）；如果明显没有达到标准的要求，高校的学位授予权将被取消。这样的措施旨在使高校有机会在较短时间内获得学位授予权，同时又可以对它们的学术标准进行监控。此外，英国政府也取消了大学称号对高校规模的限制。只要是学生事务办公室的批准高校和批准资助高校，全日制在校生中 55% 以上接受高等教育，都可以申请大学的称号。英国竞争和市场管理局（CMA）认为，这种模式将刺激高等教育市场的竞争，从而为学生提供更多的选择。

（三）教学卓越框架和大学教学质量的优化

学生事务办公室认为，学生是高等教育的"消费者"，大学的使命是为学生提供他们所需要的一切[①]。然而信息不对称是学生选择时面临的主要障碍，这一点在教学质量上尤为突出。学生事务办公室认为，对于学生而言，高质量的教学有助于让学生获得良好的学习体验，为就业做好准备。从 2015 年开始，英国政府就在着手推进"教学卓越框架"，目的是提高高校的教学质量，同时也可以解决教学质量的信息不对称问题。根据"教学卓越框架"，评估从教学质量、学习环境和学生学习结果 3 个领域来进行。2016 年年底，英国政府开始进行首轮评估，130 多所大学和其他高等教育机构的教学质量分别被授予金、银、铜等级。学生事务办公室将依据评估结果分配教学拨款。从 2019—

---

① BIS. Success as a Knowledge Economy：Teaching Excellence，Social Mobility and Student Choice ［EB/OL］.［2019–06–02］. https://assets.publishing.service.gov.uk/government/uploads/system/uploads/attachment_data/file/523546/bis-16-265-success-as-a-knowledge- economy–web.pdf.

2020 年，所有的高等教育机构都将参与"教学卓越框架"。这可以使学生了解大学的教学质量，从而做出明智的选择，同时也促使大学重视教学和提高教学质量。那些在"教学卓越框架"上表现优异的大学将吸引更多的学生，教学质量较低的大学则可能因为学生不足而被淘汰。人们普遍认为，"教学卓越框架"将促使大学关注教学而不仅是科研，从而使英国大学的教学质量得到提高。

四、结语

英国大学自诞生之日起就形成了自治的传统。《罗宾斯报告》明确表示，大学和个人的自由在自由社会是必不可少的，学术自由的传统深深根植于英国的整个历史。我们相信这种自由是大学效率最大化和适当发展的必要条件，实际上对学术自由的破坏将有损大学的效率，无助于它们的发展。当然这种传统也是一把双刃剑，大学自治的信念一方面有助于保持大学的独立性，但另一方面也使大学存在抵制社会变革的惰性[①]。在这种情况下，通过政府干预引导并推动大学的发展就变得很有必要。为了协调政府干预和大学自治之间的矛盾，教育中介组织应运而生。伯顿·克拉克认为，20 世纪高等教育最重要的发明是它的组织形式，即通过中介组织来缓和中央集权控制的主要结构本身[②]。

伯顿·克拉克建构了一个由国家、市场和学术权威构成的三角协调模式。根据他的模型，英国最初的大学治理属于典型的学术权威模式，大学拨款委员会作为大学的代言人，使大学未受到国家和市场的影响。20 世纪 60 年代以后，政府的影响力显著加强，此时的大学治理模式属于国家和学术权威的结合；20世纪 80 年代以后，学术权威逐渐弱化，国家权力和市场的作用进一步加强，尤其是 20 世纪 90 年代以后，英国政府开始推动高等教育的市场化。这一点在基金委员会和学生事务办公室的职责及相关措施上得到了明显体现。从大学拨款委员会、大学基金委员会、高等教育基金委员会到学生事务办公室，这些教

---

① 王承绪.战后英国教育研究［M］.南昌：江西教育出版社，1992.
② 伯顿·R.克拉克.高等教育系统——学术组织的跨国研究［M］.王承绪，徐辉，殷企平，等译.杭州：杭州大学出版社，1994.

育中介组织的更替反映了大学、政府和市场三者关系的演变过程。伯顿·克拉克认为，一个国家的高等教育系统不应该通过国家命令或市场的相互作用来协调，而应该由中介组织来协调，它能够缓和政府与高校间的冲突①。纵观英国大学的发展史，教育中介组织在协调政府、大学和市场的关系，促进大学的健康发展上确实发挥了显著的作用。

（作者简介：王雁琳，杭州师范大学经亨颐教育学院教授）

---

① 伯顿·R.克拉克.高等教育系统——学术组织的跨国研究［M］.王承绪，徐辉，殷企平，等译.杭州：杭州大学出版社，1994.

"跨学科社会服务"与研究型大学人文社会科学发展——基于英国顶尖大学的战略规划和战略地图分析

近半个世纪以来，人类社会步入科技主导下的知识经济时代，人文社会科学陷入暮气沉沉的低谷。1967—1980 年，美国的大学文科录取人数从占大学生录取总人数 17.2% 骤减到 7%，此后一直维持在这个水平[1]；近 10 年，欧美国家裁撤公立大学文科专业、减少人文学科经费的报道不时见诸报端；2016 年，日本发布《关于全面重议国立大学法人等的组织及业务》，要求国立大学"关停并转"缺乏实际效用的文科院系或专业[2]。

诚然，现代人文学科的失势只是学术受到时代环境左右所表现出的显晦有时而已，不等于它已失去重要性[3]。2019 年 2 月，中共中央、国务院印发了《中国教育现代化 2035》，为中国的教育指明了发展目标，通过实现教育现代化，推动我国成为学习大国、人力资源强国和人才强国，为到 21 世纪中叶建成富强民主文明和谐美丽的社会主义现代化强国奠定坚实基础[4]。在这个过程

---

① 杨不风.人文学科陷入又一轮衰退？其实从来都很尴尬［N］.澎湃新闻，2015-09-25.
② 陆一.日本国立大学文科"关停并转"相关政策分析——兼论两种文科的现代命运［J］.复旦教育论坛，2016，（2）：15-22.
③ 唐君毅.中华人文与当今世界（第十三卷）［M］.北京：九州出版社，2016.
④ 中共中央、国务院.中国教育现代化 2035［EB/OL］.［2019-02-23］.http://www.gov.cn/zhengce/2019-02/23/content_5367987.htm.

中，哲学社会科学的发展同自然科学一样，决定了一个国家的发展水平。哲学社会科学是人们认识世界、改造世界的重要工具，是推动历史发展和社会进步的重要力量，其发展水平反映了一个民族的思维能力、精神品格、文明素质，体现了一个国家的综合国力和国际竞争力[①]。因此，坚持和发展中国特色社会主义必须高度重视人文社会科学，这一点在理论和政策上已经得到了学者的研究共识。

应当如何加强人文社会科学学科建设，完善人文社会科学话语体系，进而提高人文社会科学影响力？从国际视野看，20世纪90年代以后，以牛津大学和剑桥大学为代表的英国高校的人文社会科学在欧美国家中发展相对稳健，其中的顶层战略与实施路径发挥了关键作用。本文以牛津大学和剑桥大学2所顶尖的研究型大学作为案例，通过对英国高校人文社会科学发展的战略规划与战略地图分析，考察跨学科社会服务在高校人文社会科学和整体发展中的作用，进而为我国高校人文社会科学发展和研究型大学建设提出可借鉴的有益经验。

一、跨学科社会服务和战略规划与战略地图分析

本文的核心概念主要为跨学科社会服务和战略规划与战略地图分析。

所谓"跨学科社会服务"的概念是指大学发展中涉及2门或2门以上学科共同投入资源参与社会服务的行动。这一核心概念由"跨学科"和"社会服务"2个概念共同组成。其中，"跨学科"一词在20世纪20年代由美国社会科学理事会首先提出，指涉及2门或2门以上学科的科研和教育活动[②]。大学"社会服务"功能是指大学利用人才资源、知识资源、设施资源以及在人才培养、技术开发、规划设计等方面的专业能力，从而为特定的区域和行业培养专门人才、提供科学技术研究成果、开展产品研发服务、支持企业生产技术和工艺革

---

① 习近平. 习近平在哲学社会科学工作座谈会上的讲话 [EB/OL].（2016-05-17）[2019-10-15]. http://www.xinhuanet.com/politics/2016-05/18/c_1118891128.htm.
② 李丽刚. 中国高校跨学科研究的发展研究 [D]. 长沙：国防科学技术大学，2005.

新、为政府提供咨询服务①。该概念的界定与学者赵淑萍的研究相一致，即认为跨学科社会服务的成果体现了跨学科交叉互动的特色②。

就本质而言，跨学科社会服务将高校中的跨学科智力资源直接作用于社会，转化为物质生产力和精神生产力。本文指出，高校跨学科社会服务按途径可分为直接服务和间接服务。直接服务是指通过开展问题导向的跨学科研究，将研究成果直接应用于解决现实问题，如产品研发、政府政策制定、环境污染治理等；间接服务指向培养具有跨学科知识结构、跨学科思维能力的人才，即培养跨学科的人才参与社会生产。就此意义而言，跨学科教育和科研是开展跨学科社会服务的前提。

所谓"战略规划与战略地图分析"，是指通过对战略规划文本的框架要素进行关联度分析，解析内在运行的宗旨与逻辑。战略规划是大学发展的系统的、整体的设计，是基于现实状况设计的面向未来发展状况的设想③。作为一种前瞻性、系统性的思考和行动方式，战略规划为组织提供了一套具有全局性、长期性的思考逻辑和行动指导框架，从而使其利用环境中的机会和自身优势达到生存和发展的目的④。大学松散联合的组织结构特征要求统一的战略规划达成利益相关者共同契约的集体行动，从而提高大学作为有机整体的运行效率。特别在跨学科研究和教育全球化的背景下，大学内部院校之间的联系和统筹协调，成为影响大学综合实力的重要因素⑤。

战略规划文本制定之后的实施是落实战略规划中共同契约的集体行动⑥。实践中，战略沟通不足，缺乏共识是目前战略规划落实中的最大问题之一⑦。

---

① 王凡. 新建本科院校社会服务能力提升研究［D］. 武汉：华中科技大学，2018.

② 张淑萍. 全媒体赋能：从跨学科社会服务趋向看新文科构建的动力——新闻传播学科范畴变迁与科研特色项目托举作用分析［J］. 现代出版，2019，（3）：6-8.

③ 别敦荣. 论大学发展战略规划［J］. 教育研究，2010，（8）：36-39.

④ 武亚军. 面向一流大学的跨越式发展：战略规划的作用［J］. 北京大学教育评论，2006，（1）：109-124.

⑤ 韩双森，钟周. 大学战略地图的发展——一项比较研究［J］. 清华大学教育研究，2016，34（4）：64-71.

⑥ David D Dill. Academic Planning and Organizational Design：Lessons From Leading American Universities［J］Higher Education Quarterly. 1996，50（1）：35-53.

⑦ 王鹏. 中国大学战略规划的有效性研究——基于集体行动理论的视角［D］. 武汉：华中科技大学，2012.

具体而言，由于大学无法全面描述战略规划，从而导致包括教师、学生等在内的利益相关者之间难以进行有效沟通，更遑论规划的有效贯彻落实[①]。为了一目了然地呈现战略规划内容，使大学利益相关者明晰落实规划中的权责和行为，实现文本制定与实施、评价间有效衔接，战略地图被引入高等教育领域。所谓"战略地图"是对一个组织战略的内容间因果联系的简化视觉表现，这条因果链将战略目标与相关驱动因素联系起来，实现了战略管理和绩效评测的完美结合[②]战略地图制定的首要出发点即战略规划的可执行性，注重战略行动与战略目标的衔接和协调，为剖析和落实大学战略规划提供了新视角。

二、牛津大学与剑桥大学发展规划的战略地图分析：以"跨学科社会服务"为导向

牛津大学和剑桥大学是世界顶尖的研究型大学。自 2004 年 QS 世界大学排行榜发布以来，英国大学的人文和艺术类学科先后有 10 次进入世界排名前 3，而工程与技术类学科仅 2 次进入世界排名前 3。2018 年 QS 排名结果显示，英国有 5 所大学在 8 个人文社会学科领域排名世界第一。其中，牛津大学的考古学、英语语言学和地理学排名世界第一，剑桥大学的人类学同样拔得头筹[③]。

本文以牛津大学、剑桥大学的战略规划文本为资料，对 2 所高校的战略规划展开了战略地图分析。其中，牛津大学以 2018 年发布的《牛津大学发展战略规划（2018—2023）》[④]（以下简称《牛津规划 2018—2023》）为分析文本。剑桥大学基于各发展事项出台了一系列的专题战略规划，如《教育数字化战略（2016—2020）》《学生心理健康和幸福战略》《学习与教学战略（2015—

---

① 张悦玫，栾庆伟．基于平衡计分卡的战略实施框架研究［J］.中国软科学，2003，（2）：86-90.
② 柴旭东．战略地图与大学发展战略制定——以英国利兹大学战略地图为例［J］.教育发展研究，2008，（3-4）：101-104.
③ 陈全．2018QS 大学排行榜公布 艺术人文学科成英国高校新招牌［EB/OL］（2018-03-01）［2019-10-16］．https://m.huanqiu.com/article/9CaKrnK6Olx.
④ Oxford College Strategic Plan Accomplishments 2018-2013［EB/OL］．http://www.ox.ac.uk/sites/files/oxford/field/field_document/Strategic%20Plan%202018-23.pdf.

2018）》等①。其中，《学习与教学战略（2015—2018）》（以下简称《剑桥规划2015—2018》）持续时间最久，被视为诸多战略规划中的核心规划，故作为本文的原始材料。上述 2 项战略规划均为大学整体战略规划，其对于愿景、使命和战略主题的描述涵盖人文与社会科学发展。

通过采用战略地图的方法，本文得以从愿景、使命、价值、相关者、主题和承诺等维度对牛津大学和剑桥大学战略规划展开分析（图 1、图 2），从而清晰地展现其在未来发展中的战略导向与目标路径，并得以明晰不同事项之间的逻辑对应关系，从而明确"为了什么，如何发展，谁来负责"等问题的核心关系。在此基础上，本文考察了 2 所高校对于跨学科社会服务理念的承诺。

（一）愿景和使命

战略发展愿景和使命分别从内外 2 个维度表征大学未来发展的期望。外部的愿景指向"我们的希望""我们希望如何被外界感知"②，2 所大学的规划均明确传达出在研究和教育领域引领世界的发展目标。其中，牛津大学提出要在坚守学术自由传统的基础上有所创新，推动更广泛的跨学科合作，从而为社会服务。

内部的使命旨在明晰"我们为什么存在""我们应当如何做以实现目标"③，2 所大学的战略规划均明确认同社会服务的使命。其中，牛津大学更为具象地提出要以教学和研究促进学习，多途径促进知识传播，勾勒出大学通过教学和科研促进现代大学职能履行的思路。

（二）主题和承诺

为了实现上述愿景和使命，本文识别了牛津大学围绕教育、科研、人事、

---

① Cambridge College Learning–and–Teaching–Strategy 2015–2018［EB/OL］.［2019–10–16］. https://www.educationalpolicy.admin.cam.ac.uk/quality–assurance/learning–and–teaching–strategy.

② 韩双森，钟周 . 大学战略地图的发展——一项比较研究［J］. 清华大学教育研究，2013，34（4）：64–71.

③ 同②.

愿景	在研究和教育领域引领世界、坚守传统的基础上创新、推动跨学科合作、为社会服务				
使命	以教学和研究促进学习,以多途径促进知识传播				
价值	学术自由,追求卓越				
相关者	学生　　　教职工　　　资助者　　　英国　　　世界				
主题和承诺	**教育** 录取具有潜力的学生; 为学生提供良好的学习体验; 保持和更新丰富的学术环境	**科研** 提升科研质量; 加大对研究者个人的支持; 让世界变得更好	**人事** 招聘和留用优秀员工; 建立多元化的员工架构; 支持员工个人和专业发展	**合作与参与** 合作打造一流创新系统; 与本地建立密切联系; 增强与公众的联系,开展国际合作	**资源** 合理配置学院财政; 完善校园实体建设; 投资信息资源建设; 投资资金紧缺领域
优先发展事项	大幅增加本科生名额; 增加300个研究生奖学金名额; 缩小性别、种族、背景等差距; 增加战略性学科领域人数; 每年450个教学型研究生、400个研究型研究生; 新增2000个资助补习机会; 新增1个研究生院、1000间研究生室	加大对早期研究者的支持; 增加人力、财力投入; 扩大大学研究基金资助范围和规模; 增加非公共部门的资助数量; 拓展和投资创业性项目	增加各级职员的多样性; 增强大学作为工作场所的吸引力; 提供优化员工待遇的政策; 开发灵活的工作策略; 公平地分配住房; 改善现有机制,支持个人发展	拓展牛津市城内及周边的创新区; 投资数字工具和基础设施; 提升公众参与度; 扩大战略性国际研究合作; 支持学生国际流动; 动员校友参与大学建设	多样化收入和投资来源; 提高资金使用效率; 为实体建设和IT提供5亿英镑; 兴建1000所资助院舍

图 1　基于《牛津规划 2018—2023》的战略地图分析

合作与参与和资源五大主题做出的具体承诺,与剑桥大学围绕环境、教学、学生福利与平等、加强研究生培养、科技支持教学、拓宽学术交流与实习机会六大主题做出的具体承诺。

其中,牛津大学的科研、合作两大主题明确凸显了"跨学科社会服务"的发展导向。具体而言,在科研主题下,牛津大学强调投资有价值的研究领域,从而最大化研究对于本地区、国家乃至全世界的文化、社会和经济的服务。同时,牛津大学在合作与参与主题下提出增强跨界合作的承诺,表征为推广和应用研究成果服务社会,承诺通过与企业合作实现科技成果转换,创造企

愿景	保持教学质量在国际上的领先地位、吸引优秀的国外留学生、挖掘学生自主学习和追求未来生活的潜能、培养学生成为未来工作领域的领导者		
使命	提高教学质量		
价值	追求卓越		
相关者	学生　　　教职工　　　资助者　　　英国　　　世界		

	环境	教学	学生福利与平等
主题和承诺	多元化背景； 鼓励学生自己负责学习； 招生和学习高标准； 教学与研究相结合； 监督和公平是本科教学的中心； 全日制学生为主，非全日制学生为辅； 校外机构合作开展教学； 维护大学声誉和品牌	强调教学的重要性； 确保教学与研究并重； 建立奖励优秀教学和创新教学的机制； 开展提高教学和考试效率的活动； 开发教学中心网站； 发展卓越教与学中心； 建立院校教学主任网络	重点关注心理健康、残疾学生、校园欺凌和暴力、酗酒等； 审议师生工作量； 确保学生投诉和申诉系统通畅； 监测和处理教学中的平等和多样化问题
	加强研究生培养	科技支持教学	拓宽学术交流与实习机会
	加强课程教学的监督； 及时调整硕士研究生课程的数目和范围； 帮助学生建立课程期待； 面向全部硕士研究生开展自我评价； 改进学生反馈机制，确保专业发展； 为研究生参与教学和监督提供机会； 加强个人专业发展、博士学位晋升和职业发展间的联系； 整合各种形式的个人和专业发展信息	围绕教职工和学生的教与学需要使用技术； 认识到不同阶段采用不同技术是有益的； 鼓励教师反思教学实践，思考不同的教与学方式； 考虑残疾等群体需要，增强教育的包容性； 增加教学资源的可及性； 开辟人际互动的新途径； 校外合作共建的资源说明，清楚成果分割	改善就业技能培养方法； 阐明教育的附加价值； 提供境外学习、实习机会； 促进荣誉学位的流动； 鼓励学生参与院外讲座部门； 鼓励论文和课程方面的跨部门合作

图 2　基于《剑桥规划 2015—2018》的战略地图分析

业与大学联动的创业生态系统；扩大医疗卫生科学的创新和转化规模，增强对本地区经济社会发展的参与度；将研究成果应用于公共政策制定，同时尽可能地吸引公众和决策者参与研究和教育。在此基础上，还提出通过国际合作以最大化研究的经济效益的战略方向。

剑桥大学的战略规划中，跨学科社会服务导向更多地交织在环境、加强研究生培养和拓宽学术交流与实习机会主题中。环境主题下，提倡与校外机构开展跨界合作，共同为教学提供优良环境；加强研究生培养主题下，强调弱化行政界线，健全科技管理体制，鼓励跨学科研究；拓宽学术交流与实习机会主题下，鼓励通过跨学科修习课程和跨学科合作论文等方式来加强学生培养和教师发展。

尽管上述整体战略规划并非专门针对人文社会科学制定，但建设水平和发展样态俨然成了落实上述两大规划的战略主体。一方面，人文社会科学本身参与上述规划中主题和承诺的贯彻与落实。2 所大学的人文社会科学学院每年按照大学的要求提交年度计划表，由大学依据该表对学院的财务预算和决算、教学进度、招生、学费收入和教学空间使用等进行审查①。另一方面，规划的愿景和使命共同彰显出 2 所大学坚守学术自由传统和追求卓越的价值取向。大学追求卓越的进程中，既需要自然科学的技术支持，更离不开人文社会科学的人文涵养；学术自由的守护则主要依赖于大学积淀已久的人文底蕴。

三、基于战略规划的高校行动：跨学科社会服务的具体举措

为落实上述规划中的跨学科社会服务导向，牛津大学和剑桥大学的人文社会科学不再以束之高阁的象牙塔自持，而是在迈向社会中心的同时寻求与校内外机构合作成立新的跨学科教育和科研机构，柔化校内行政边界来开拓新的学科发展空间，让文科在培养跨学科人才、解决复杂现实问题中占据一席之地。本文从组织建设、管理体制和监控机制 3 个维度分别总结和讨论战略地图所识别出的主题和承诺在人文社会科学领域的具体体现与其中的行动主体。

（一）组织建设：创办跨学科科研和教育机构

牛津大学和剑桥大学为促进跨学科社会服务的开展，校内充分利用综合

---

① Strategic planning and projects［EB/OL］.［2019-10-16］. https://www.humanities.ox.ac.uk/strategic-planning-and-projects#collapse395431.

型大学的多学科优势，组织多学科共同创办跨学科科研和教育机构；校外联合世界知名企事业单位或接受校友捐赠共同创办跨学科科研机构。

紧扣国家发展战略对人文社会科学提出的新需求是牛津大学跨学科科研和教育机构的主要特征。近些年，英国政府出台了一系列经济和社会战略规划，如《我们的增长计划：科学和创新（2014）》《产业战略：打造适合未来的英国（2017）》等，勾勒出以人工智能为牵引，走清洁增长的战略路径，强调要发展 AI 与数据驱动型经济。在上述国家发展战略的引领下，牛津大学围绕清洁增长建成英国能源需求研究中心和马丁学院，前者引入跨学科研究来促进传统能源向安全经济的低碳能源体系转型；后者致力于通过培育学者的创新性思维，开展跨学科学术活动，以处理健康与医学、能源与环境、技术与社会和伦理学与治理四大领域的发展难题。为迎接人工智能时代经济增长方式的变革，牛津大学于 2007 年建成牛津—英仕曼量化金融研究院，集合工程学、统计学、数学、经济学、法学和工商管理学等多学科力量共同参与研究开发量化金融模型；筹划中的苏世民中心将内设一个人工智能伦理研究中心，依靠牛津大学世界顶级的人文学科研究实力，引领人工智能及其他新兴计算机科技伦理等研究。

此外，随着中国综合国力和国际影响力的提升，以及中国在牛津大学留学生人数的不断增加，牛津大学于 2008 年将各院系中国研究的学术力量聚集在一起，组建具有跨学科性质的"中国中心"。名誉校长彭定康希望牛津大学能够为中国最优秀的学生提供更多教育机会，使其凭借对中国极其深入的认识和理解成为海外中国研究领域内的领军人，并希望通过牛津大学的研究使整个欧洲及世界其他地区加深对中国的了解[①]。

剑桥大学的历史与经济学联合中心和艺术、社会科学和人文学科研究中心是人文社会科学校际跨学科合作的重要产物。历史与经济学联合中心由该校的马格德伦学院、国王学院与哈佛大学的文理学部共同组建于 1991 年，以

---

① University of Oxford China Centre［EB/OL］.［2019-10-16］. http://www.cenet.org.cn；http://www.ox.ac.uk/media/news_stories/2008/080514.html.

鼓励历史学家和经济学家在重大科研和教育领域中的跨学科合作，共同参与解决经济安全、贫困和不平等以及政治与宗教的关系等重大公共问题。艺术、社会科学与人文学中心成立于 2001 年，其通过"核心计划"和"科研首创计划"为身处各个职业发展阶段的学者们提供研究资助，以促进跨越艺术、社会科学与人文学这三大学科领域的合作。

（二）管理体制：柔化行政边界与强化科研成果影响

就管理体制而言，跨学科社会服务的实现一方面要求弱化行政壁垒，为学科资源流动提供柔性边界，便于跨学科教育和研究的开展；另一方面要求所开展的跨学科研究符合社会需求，其成果能直接服务于社会。针对这 2 点，牛津大学和剑桥大学均做出具体行动。

21 世纪初，牛津大学在治理结构改革中成立学术委员会，下设研究委员会专门管理科研工作。在研究委员会的协调下，牛津大学科研管理架构采用的是行政权力和学术权力纵横交错的管理体系：横向为学术流，以课题项目为中心助推人力资源整合，从事知识创新和学术发展；纵向为行政流，以行政力量整合物质资源，促进设备、材料等流动（图 3）。纵横交错的科研管理体系中，研究问题成为组织管理的落脚点，行政界线弱化和学术导向强化为跨学科研究提供了良性生态环境[①]。

增加科研对社会的影响，是剑桥大学科研使命的核心。剑桥大学具备成熟的科研影响生态系统，可以通过与政策制定者、行业伙伴、更广泛的公众和其他方面的合作，支持研究人员应用其研究。其中，人文社会科学学院委员会为促进跨学科科研在实践中的应用，成立了科研影响促进中心和专项基金。该科研影响促进中心的职责包括：为准备申请具有影响性研究项目的研究人员提供专业建议和支持；与研究人员进行一对一的面谈，以探讨研究可能产生的影响；为学院和部门提供定制的培训课程；协助申请内部资助计划，

---

① 谢敏.高校科研管理组织结构创新研究［D］.青岛：青岛大学，2010.

包括艺术与人文学院、人文与社会科学学院科研专项基金；鼓励对公众参与性事务进行研究以扩大影响力；帮助研究人员与跨学科和跨部门的组织建立联系①。

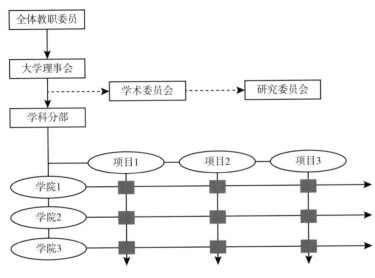

图3 牛津大学科研管理架构图

（三）监控机制：重视发展战略的风险评估

大学只有周期性的回顾和评估战略规划及行动，并进行相应的调整和发展，才能保证其适应性，实现战略规划的有效实施②。为及时监测战略规划落实情况，剑桥大学最近几年陆续开展了人文社会科学发展战略风险预估，并根据评估情况及时做出相应的策略调整。以艺术与人文学院为例，通过2009年的关键战略风险评估（表1），对学院的财务问题提出了预警（原始风险被评为16分，属于学院的高风险领域）。同时，通过年度风险高低比较，对财

---

① Showcasing Impactful Research［EB/OL］.［2019-10-16］. https://www.ahssresearch.group.cam.ac.uk/impact.

② 周巧玲.自我评估与监控：大学战略规划的双翼［J］.清华大学教育研究，2009,（1）：106-109.

务、科研资助、科研质量和监控、人员配备等不同领域面临的风险变化进行测评，以达到警示效果，确保其跨学科的社会服务能够有效运行并承担社会风险（表2）。

表1　2009 年剑桥大学艺术与人文学院关键战略风险

领域	原始风险		
	影响	可能性	分数
财务	4	4	16
800 年校庆活动	4	3	12
艺术与人文学院在学院制大学内部的地位	4	3	12
科研资助	3	2	6
人员配备	3	3	9
科研优异、质量和监控	4	2	8

注：①风险的可能性：1- 很低，2- 低，3- 适中，4- 高，5- 很高。②风险的影响：1- 显著，2- 较小，3- 适中，4- 严重，5- 很严重。③风险的分数：1~6，低；8~12，适中；14~20，高；20 以上，很高。

表2　2010 年剑桥大学艺术与人文学院风险变化表

风险编号	风险	剩余风险得分（2009 年 6 月）	位次（2009 年 6 月）	剩余得分（2010 年 6 月）	位次（2010 年 6 月）	位次变化	评论
1	财务	12/25	1	18/25	1	—	位次和得分有变化
2	800 年校庆活动 / 募款	12/25	1	12/25	2	-1	位次有变化，得分无变化
3	教职员工资源	6/25	5	9/25	3	+2	位次和得分有变化
4	艺术与人文学院在学院制大学内部的地位	8/25	2	8/25	6	-4	位次有变化，得分无变化
5	科研资助	8/25	2	8/25	6	-4	位次有变化，得分无变化

风险编号	风险	剩余风险得分（2009 年 6 月）	位次（2009 年 6 月）	剩余得分（2010 年 6 月）	位次（2010 年 6 月）	位次变化	评论
6	科研优异	6/25	6	6/25	4	+2	位次有变化，得分无变化

注：①风险的可能性：1- 很低，2- 低，3- 适中，4- 高，5- 很高。②风险的影响：1- 显著，2- 较小，3- 适中，4- 严重，5- 很严重。③风险的分数：1~6，低；8~12，适中；14~20，高；20 以上，很高。

四、基于规划与行动的人文社会科学发展成果

在上述战略规划的有意引导和高校行动的持续支持下，牛津大学和剑桥大学的文科发展取得了长足的进步，教学上学生人数稳中有增，科研上研究质量日渐提升且社会影响力不断增强，这集中体现在两校在英国政府的科研评估活动——科研卓越框架（REF）中的突出表现。

科研卓越框架（REF）是英国政府于 2008 年首次提出并在 2014 年正式发布评估结果的全新高校科研评估机制。该科研评估机制在继承运行了 30 年的科研评估制度（RAE）的公正、客观、公平原则的基础上，积极改进评估标准和方法，更加注重科研成果的社会效益和社会影响[①]。该评估机制中的"研究的社会影响"这一指标专门就科研活动对学术界以外的经济、社会、文化、公共政策或服务、健康、环境和生活质量等方面产生的影响做出评估，凸显出政府不断有意识地引导高校加强社会服务功能。

（一）在校生人数稳中有增

牛津大学和剑桥大学近 5 年（2014—2018 年）的人文社会学科在校生人数占据校内总人数半壁江山（表3），与自然科学基本持平。牛津大学的文科有 2 个分部，即社会科学分部和人文学科分部。2 个分部近 3 年人数增长率达

---

① 刘兴凯、左小娟.科研卓越框架（REF）：英国高校科研评估的改革创新及价值取向［J］.学术论坛，2015，（8）：85-90.

到 4.76%，其中社会科学分部在校生人数持续 5 年增长，年均新增 95 人。剑桥大学的文科分布在艺术与人文学院、人文与社会科学学院 2 个学院。2 个学院近 5 年人数基本持平，未明显受到全英入学人数减少的影响。

表 3   牛津大学和剑桥大学近 5 年（2014—2018 年）文科在校生人数和占比

学校	2014 年		2015 年		2016 年		2017 年		2018 年	
	人数／人	占比	人数／人	占比	人数／人	占比	人数／人	占比	人数／人	占比
牛津大学	11515	50%	11486	51%	11582	50%	12125	51%	12049	52%
剑桥大学	8381	44%	8177	43%	8290	43%	7924	42%	8143	43%

（二）科研成果对社会影响力增强

牛津大学的人文社会科学有 A 类科研人员（A 类科研人员是 2007 年 10 月 31 日受牛津大学雇佣并领取薪水的人员，他们提交科研评估活动申报书）、科研助手、技术人员和其他科研人员 1399 人，科研型研究生 2250 人，不列颠学会院士 95 人。2014 年的科研评估活动中，所有参评文科单元均有超过 65% 的 A 类专职科研人员被评为 4* 级或 3* 级，表明其研究成果在独创性、重要性和严谨性方面符合世界一流水平或国际优异水平。

其中，在"研究的社会影响"指标评估结果中，牛津大学所有参评的 20 个评估单元中除现代语言与语言学、神学及宗教研究 2 个评估单元外，其他 18 个评估单元的 80% 及以上的 A 类专职科研人员被评为 4* 级或 3* 级，其中 6 个参评单元的所有 A 类专职科研人员均被评为 4* 级或 3* 级（表 4）。

表4 牛津大学人文社会科学在2014年REF中"研究的社会影响"的表现

评估单元名称	申报评估的A类专职科研人员的比例/%	4*/%	3*/%	2*/%	1*/%	未分类/%
地理、环境研究与考古学: A– 考古学	33.33	40	60	0	0	0
地理、环境研究与考古学: B– 地理与环境学	53.85	36.7	43.3	20	0	0
经济学和计量经济学	83.9	64.4	22.3	13.3	0	0
商业及管理研究	42.1	44	48	8	0	0
法律	108.88	60	33.3	6.7	0	0
政治与国际研究	76.65	86.7	13.3	0	0	0
社会工作和社会政策	27.4	100	0	0	0	0
社会学	32.85	60	30	10	0	0
人类学与发展研究: A– 人类学	55.8	34.3	60	5.7	0	0
人类学与发展研究: B– 国际发展	44.13	60	32	8	0	0
教育	39.22	84	16	0	0	0
区域研究	71.1	40	35	15	10	0
现代语言与语言学	116.75	24.6	37.7	19.2	12.3	6.2
英语语言文学	87.79	60	40	0	0	0
历史	130.05	44.3	47.1	5.7	2.9	0
经典	68.65	65	30	5	0	0
哲学	71.5	60	20	20	0	0
神学及宗教研究	32.7	40	20	30	10	0
艺术与设计: 历史、实践与理论	9	20	60	20	0	0
音乐、戏剧、舞蹈和表演艺术	20.25	36.7	63.3	0	0	0

剑桥大学的人文社会科学的科研同样表现卓越,有研究员1658人,研究生2189人。2014年科研评估活动中,该校参评的文科单元中超过70%的A类专职科研人员被评为4*级或3*级,表明其研究成果在独创性、重要性和严谨性方面符合世界一流水平或国际优异水平。

就"研究的社会影响"这一指标而言,剑桥大学所有参评的 19 个文科单元中除了英语语言文学外,剩下的 18 个参评单元均有超过 80% 的 A 类专职科研人员被评为 4* 级或 3* 级,其中 10 个参评单元的所有 A 类专职科研人员均被评为 4* 级或 3* 级(表 5)。

表 5 剑桥大学人文社会科学在 2014 年 REF 中"研究的社会影响"的表现

评估单元名称	申报评估的 A 类专职科研人员的比例 /%	4*/%	3*/%	2*/%	1*/%	未分类 /%
建筑、建筑环境和规划	39.09	68	32	0	0	0
地理、环境研究与考古学:A– 考古学	42.7	42	42	16	0	0
地理、环境研究与考古学:B– 地理学	45.7	56.7	43.3	0	0	0
经济学和计量经济学	27	50	50	0	0	0
商业及管理研究	38.9	84	16	0	0	0
法律	75.8	55.6	40	4.4	0	0
政治与国际研究	29.5	40	40	20	0	0
社会学	15.87	40	60	0	0	0
人类学与发展研究	35.88	48	52	0	0	0
教育	34.2	80	10	10	0	0
区域研究	32	20	70	10	0	0
现代语言与语言学	96.53	35.5	53.6	10.9	0	0
英语语言文学	66.6	10	65	15	10	0
历史	115.1	50.8	30.7	18.5	0	0
经典	38.5	66	34	0	0	0
哲学:A– 哲学	18.2	0	100	0	0	0
哲学:B– 科学的历史和哲学	34.96	74	26	0	0	0
神学及宗教研究	24.4	53.3	46.7	0	0	0
音乐、戏剧、舞蹈和表演艺术	22.4	0	80	20	0	0

五、对我国人文社会科学发展的启示和建议

人文社会科学是对思想、文化、行为等与人类发展和社会进步密切相关的问题展开研究的学科，因此不仅影响着一国国民的价值观念、精神面貌和文明程度，更在一定程度上影响着一国自然科学的研究能力和研究水平，从而影响着国家的科技进步和经济发展。就此意义而言，人文社会科学的水平关乎国家和人民的发展，研究型大学应在人文社会科学发展中扮演更重要的角色。

通过对牛津大学和剑桥大学这 2 所英国顶尖研究型大学发展的战略规划和战略地图分析可以看出，"跨学科社会服务"是其人文社会科学提升自身价值与社会影响力的重要途径。基于此，2 所高校在人文社会科学日渐式微的情况下谋求学科的可持续发展，一方面在薄弱文科领域寻求与其他学科间的合作，通过边界扩充，有效融合人文社会科学与自然科学，借助优势学术资源开拓新的学术生长点；另一方面推动人文社会科学职能的应用转型，在社会新需求中激发文科的生机和活力，从科技发展、产业变革和时代变迁中发现学术功能新领域。

通过总结提炼 2 所高校战略发展中"跨学科社会服务"的特色与成效，可以在以下方面为我国高校人文社会科学发展提供经验。

（一）理念上，将跨学科社会服务视为发展的着力点

已有研究对若干所世界一流研究型大学考察发现，跨学科发展理念是促成学科质量提升和创新人才培养的关键[1]。但在我国，文科各学科专业孤立办学，相互之间壁垒森严，缺少交流，更少融合，无法满足社会发展需求[2]。因此，我国高校应树立跨学科合作的理念，致力于打造成为一个跨越传统界限去追求知识的场所[3]。我国研究型大学人文社会科学建设中要在大学整体重视跨

① 邬大光. 世界一流大学解读——以美国密西根大学为例 [J]. 高等教育研究，2010，(12)：82-93.
② 张盖伦. 新文科来了这是场跨界融合的探索 [N]. 科技日报，2019-06-13.
③ University of Pennsylvania. About [EB/OL]. [2019-10-16]. https://www.upenn.edu/about/.

学科合作的基础上，将跨学科教育、科研和社会服务视为人文社会学科发展的重要特征，进一步提升跨学科社会服务重要性的认知。

（二）规划上，制定切实可行的战略规划和战略地图

高校可以在战略分析院校办学定位、资源优势与特色的基础上，进行人文社会科学的战略规划与战略地图绘制。人文社会科学战略规划的重点在于直面人文社会科学重要性与其暗淡的发展现状间的矛盾，将跨学科社会服务作为化解矛盾、促进人文社会科学焕发新生机、履行使命和追求愿景的关键。依循落实跨学科社会服务的需求，绘制战略地图，便于利益主体明晰战略行动的权责及其关系，确保规划落实到位。

（三）组织上，组建跨学科教育和科研单位

高校可通过学院内部组织结构的调整与跨学科组织的建立来为跨学科研究与社会服务提供机构平台和制度约束。调整高校内部组织结构，围绕学科群或专业群设置学院，避免以单一学科设置学院。学院内部以优势学科为引领，围绕研究问题和复合型人才培养的需要，打破学科和院系组织的界限，形成以某一学科（群）为主体的跨学科教育和研究组织，如跨学科课题组和实验室等。通过专门的跨学科教育和科研单位培养具有辩证思维和批判意识的跨学科人才，产出多样化的跨学科科研成果，更好地服务于社会发展。

（四）体制上，弱化行政边界与鼓励跨学科合作并行

学院作为相关学科和相近专业组成的实体，是跨学科社会服务的主体，因而在体制上要增强学院的自主权，赋予学院学科和专业设置权与调整权，组建跨学科教育和科研单位[①]，以及开展社会服务的自主权。在增加学院自主权的同时，要进一步弱化学院间的行政界线，鼓励师生在建立本学科身份认同的

---

① 钱佩忠，李俊杰.高校跨学科教育组织的建立及其运行［J］.浙江工业大学学报（社会科学版），2005，（2）：166-169，191.

基础上形成跨越学科边界的意识，在社会服务中实现不同学科资源间的相互流动。

（作者简介：韩双淼，浙江大学教育学院长聘副教授；谢静，浙江财经大学马克思主义学院讲师；汪辉，浙江大学教育学院副研究员）

人工智能时代英国高等教育变革趋向研究

人工智能（AI）是一种研究运用先进数字技术、让机器能像人一样有效执行高度复杂任务（思考、推理等）的新技术。它被视为影响和改变未来社会的重要技术，因此受到许多国家的关注和推动。为抢抓人工智能发展的战略机遇、构筑人工智能领域的先发优势，英国政府主动调整高等教育办学思路，一方面坚持高等教育应顺应人工智能时代的新要求，培养更多与人工智能发展相适应的人才，另一方面提出"技术以人为本"的原则，强调高等教育要有超越技术时代诉求的魄力，要深入开展人本主义教育，实现人才队伍建设中科学素养与人文素养相统一。本文对人工智能时代英国高等教育变革的目标与措施进行分析，总结其特点，以求为我国高等教育未来发展寻求借鉴经验。

一、人工智能时代英国高等教育变革的目标

人才既是推动人工智能发展的关键要素，也是决定一个国家人工智能领域发展水平的根本力量。培养人工智能相关人才是高等教育应承担的责任与使命。英国在推动高等教育与人工智能发展相结合方面既有振兴自身传统优势领域的目的，也有应对相关领域国际竞争压力不断增强的考量。

（一）利用高等教育，巩固人工智能领域的传统优势

作为人工智能领域的传统强国，英国力图通过高等教育改革来培养更多复合型技术人才，从而巩固自身在人工智能领域中的先发优势。人工智能的发展在英国历史悠久，英国科学家、计算机之父艾伦·图灵（Alan Turing）凭借其 1950 年发表的论文《计算机器与智能》，奠定了英国人工智能发源地的历史地位。多年来，英国已经形成了一套完整的人工智能研发投入和人才培养机制，后者成为其他国家争相学习的对象。

虽然英国在人工智能领域曾长期处于世界领先地位，并且有着厚重的历史底蕴，但是近年来英国在人工智能领域的位置逐渐从领跑者变成跟随者，这种状况引发了英国的忧虑。从 2011—2015 年，英国在人工智能领域发表学术论文数量为 1 万篇，数量不及同期中国论文发表数量的 1/4，也被美国和日本所超越，仅排在全球第四的位置[1]。为巩固自身在人工智能领域的传统优势，英国希望通过采用"高等教育与人工智能技术结合"发展策略来鼓励大学积极参与人工智能领域的知识更新、产权转化与人才培养，从而来实现两者的协同进步。作为这一策略的尝试，英国工程和物理科学委员会（The Engineering and Physical Sciences Research Council，EPSRC）在 2015 年联合牛津大学、剑桥大学、爱丁堡大学、伦敦大学学院和沃里克大学 5 所大学成立了艾伦·图灵研究所。该研究所的目标是通过整合全英范围内的数学、统计学、计算机科学、社会科学、数据伦理学、软件工程、机器学习和人工智能等学科顶尖研究人员的优势力量，在人工智能领域产生世界级的研究成果[2]。艾伦·图灵研究所已成为英国力图通过借力高等教育巩固其人工智能领域传统优势的缩影。

---

[1] Times Higher Education.data bites which countries universities are leading ai research［EB/OL］.（2015–12–31）［2018–01–13］. https://www.timeshighereducation.com/search?e=404&search=data%20bites%20which%20countries%20universities%20are%20leading%20a i%20research.

[2] Microsoft blog editor. Microsoft accelerates data science at The Alan Turing Institute with $5m in cloud computing credits［EB/OL］.（2016–10–06）［2018–01–13］. https://www.microsoft.com/en–us/research/blog/microsoft–accelerates–data–science–at–the–alan–turing–institute–with–5m–in– cloud–computing–credits/.

（二）改革高等教育，赢得人工智能的全球竞争

作为全球科技革命未来发展的重要阵地，人工智能被视为国际竞争的关键领域①。英国政府希望将人工智能纳入高等教育发展的整体框架之中，利用自身在高等教育发展中的优势资源，统合大学与人工智能之间的系统关系，赢得全球人工智能领域的竞争。2018 年，英国有 4 所大学位居 QS 世界大学排名前 10，高质量的大学办学水平也吸引了一些人工智能和其他相关学科领域最高水平的研究人员。英国政府拟投资 1700 万英镑用于支持大学开发人工智能技术。2017 年，英国在 26 所大学开设了人工智能本科课程，在至少 20 所大学开设了 30 门人工智能研究生课程。2013—2015 年，英国获得人工智能博士学位的人数几乎翻了一番，接近 400 人②。英国越来越多的大学正致力于传授人工智能方面的知识和技能以及与人工智能相关的伦理和道德。这些世界一流的大学和研究机构将为人工智能初创企业和中小企业提供良好的发展环境。

就世界范围来看，推出人工智能国家战略已经成为发达国家的普遍做法。2016 年，美国发布了 3 份政府报告：《为人工智能的未来做好准备》《国家人工智能研究和发展战略计划》和《人工智能、自动化与经济报告》。这些报告形成了人工智能领域的"美国蓝图"。2017 年 3 月，法国推出人工智能发展战略，战略内容包括：确保人工智能是公共机构创新的优先事项；成立人工智能战略委员会；制订吸引人工智能人才计划；资助研究人工智能的基础设施；5 年内向 10 家人工智能创业公司投资 2500 万欧元③。在我国，2017 年 7 月国务院印发了《新一代人工智能发展规划》，从国家战略层面对人工智能进行系统布局。2017 年 6 月，动点科技的数据显示，在全球人工智能公司中，美国占比 42%，

---

① 关于印发新一代人工智能发展规划的通知 . ［EB/OL］. （2017-07-08）［2018-01-13］. http:// www. gov.cn/zhengce/content/2017-07/20/content_5211996. htm.

② Richard Wood. Artificial Intelligence–a collaboration ［EB/ OL］. （2018-08-22）［2018-12-11］. https:// www.gov.uk/government/speeches/artificial-intelligence-a-collaboration.

③ CBINSIGHTS. Artificial Intelligence Startup Funding ［EB/ OL］. （2017-08-07）［2018-01-13］. https:// www.cbinsights.com/blog/artificial-intelligence-startup-funding/.

中国排名第二，占23%[①]。随着各国纷纷推出人工智能国家战略，人工智能领域的国际竞争更趋激烈。英国作为传统人工智能强国，为进一步提升自身的国家竞争力，重新夺回人工智能领域的技术制高点，逐步调整了高等教育与人工智能发展的内在关系，强调高等教育要肩负培养和争夺全球人工智能人才的使命。

二、人工智能时代英国高等教育变革的措施

为促进人工智能领域的持续健康发展和缓解人工智能领域专业人才短缺矛盾，英国以高等教育改革为抓手，通过在人才培养、课程设置和学科学位制度等方面的调整来理顺高等教育与人工智能发展间的内在关系，实现教育改革与社会需求间的有机统一。

（一）拓宽培养渠道，吸引留学人才

英国政府指出，在人工智能方兴未艾的时代，想要促进这一领域的发展，就必须适当修改教育移民条例，既要方便人工智能人才进入英国，又要能够激励他们留在英国进行人工智能研究或进入英国人工智能企业工作。同时，英国政府还计划投入5000万英镑（约合6400万美元）设立"图灵人工智能奖学金"（Turing AI Fellowship）[②]。该奖学金由英国人工智能卓越中心和艾伦·图灵研究所负责管理，旨在吸引和招募全球最优秀的人工智能人才来英留学，并增强人工智能对经济增长的作用，即到2035年将生产力提高25%[③]。英国数字、文化、媒体和体育部部长杰里米·莱特指出，图灵人工智能奖学金将帮助英国招募和

---

① MashaBorak. China vs US：Who is winning the big AI battle［EB/OL］.（2017–10–22）［2018–12–11］. https://technode.com/2017/10/22/china–vs–us–ai/.

② Dame Wendy Hall and Jér6me Pesent. Growing the Artificial Intelligence Industry in the UK［R/OL］.（2017–10–15）［2018–01–13］. https://www.gov. uk/government/uploads/system/uploads/attachment_data/file/65209/Growing_the_artificial_intelligence_industry_i n_the_UK.pdf.

③ ArtificialLawyer.UK Gov Puts £50m into AI Fellowships，Seeks 25% Boost to Productivity［EB/OL］.（2018–11–01）［2018–12–11］. https://www.artificiallawyer.com/2018/11/01/uk–gov–puts–50m–into–ai–fellowships–seeks–25–boost–to– productivity/.

留住全球人工智能的最佳人才，并确保英国在人工智能领域的研发方面处于领先地位[①]。作为一项人工智能领域第一个以国家名义设立的留学奖学金，"图灵人工智能奖学金"的目标是创建一个全球范围的奖学金计划，并吸引世界各地的人工智能研究人员向英国聚集。之前，受资金和名额限制，英国的人工智能人才流失严重，不少优秀的学生前往美国的斯坦福大学和麻省理工学院等高校继续深造。移民政策的改变和丰厚的奖学金将扭转英国人工智能人才"输出国"的局面，让英国成为新的人工智能人才"输入国"。从以往的人才流失到如今的人才回流，这将极大提升英国人工智能在全球的竞争力。

（二）创建 MOOC 平台，鼓励本科生深造

为培养人工智能高端人才，拓宽人工智能教育内容，英国提出创建人工智能 MOOC 平台，开设人工智能网络课程，帮助学生打牢人工智能的知识基础和掌握人工智能的专业技能。2017 年 10 月 15 日，英国政府官网发布题为《在英国发展人工智能产业》的报告，报告提出，大学应创建人工智能 MOOC 平台，开发人工智能在线专业课程[②]。报告还指出，该项提议成功落实的关键在于英国的大学需要为创建人工智能 MOOC 平台达成共识，共同为人工智能在线专业课程商定教学方案与学分设置。

随着人工智能在英国的广泛使用，人工智能人才的学科知识背景将变得越来越多样化：除了计算机和数据科学，还有其他与人工智能联系不甚紧密的学科。为了让更多本科毕业生具有许多与人工智能相关的基本技能，特别是能将人工智能运用到他们的核心专业领域。报告提议：大学应鼓励现有的本科人才继续深造，通过 1 年时间的学习，将计算机和数据科学专业以外的人才培养成人工智能领域的研究生，如让生物医学专业的本科毕业生用 1 年时间集中

---

① Paul Wilkinson.UK launches first 'data trust' pilots［EB/ OL］.（2018–11–20）［2018–12–11］. http:// blog.pwcom.co.uk/2018/11/20/uk–launches–first–data–trust–pilots/.

② Dame Wendy Hall and Jér6me Pesent. Growing the Artificial Intelligence Industry in the UK［R/OL］. （2017–10–15）［2018–01–13］. https://www.gov. uk/government/uploads/system/uploads/attachment_data/ file/65209/Growing_the_artificial_intelligence_industry_i n_the_UK.pdf.

学习人工智能研发技术，专注研发医学相关的人工智能应用①。鼓励学生继续往人工智能领域深造，有利于提升英国大学本科毕业生的综合技能及其就业竞争力，加速人工智能在科学、技术和工程等不同领域的应用，丰富人工智能人才专业背景的多样性。

（三）加大人工智能学科学位建设

学科学位建设是高等教育发展的重要内容，也是教育主动适应社会需求、完成自身使命的现实体现。英国为促进人工智能的发展要求，逐步对传统的学科与学位系统进行改革。

1. 深入推进人工智能交叉学科发展

所谓"交叉学科"是指在2门或多门学科交界领域内产生的新的学科生长点，学科边缘的交叉地带是产生新知识的重要源泉，大量新兴学科与交叉学科在学科边缘地带滋生与繁衍起来，这也成为科学与教育生生不息、蓬勃发展的奥秘所在②。人工智能具有很强的学科交叉性，为适应人工智能的快速发展，高等教育需要培养具有多元学科背景，拥有跨领域和跨行业理解力和整合力的复合型人才。为此，英国提出要高度重视学科之间的交叉融合，建设多元交叉的良好学科生态系统。以爱丁堡大学为例，作为英国历史悠久的人工智能研究中心，在人工智能学位课程设置方面做到了多学科交叉，既有与理工科交叉的人工智能课程，如算法博弈论及其应用、自然语言处理、认知神经科学等，又有与文科艺术类交叉的人工智能课程，如语言学、计算机动画与可视化、多媒体、艺术设计等③。另外，曼彻斯特大学充分利用其在医学、健康科学、物理科学、生命科学与人文科学等领域的跨学科研究优势，鼓励学生除了必修计算

① Dame Wendy Hall and Jér6me Pesent. Growing the Artificial Intelligence Industry in the UK［R/OL］.（2017-10-15）［2018-01-13］. https://www.gov.uk/government/uploads/system/uploads/attachment_data/file/65209/Growing_the_artificial_intelligence_industry_i n_the_UK.pdf.
② 王怀宇. 教授群体与研究型大学［M］.武汉：华中科技大学出版社，2008.
③ University of Edinburgh. Artificial Intelligence at Edinburgh［EB/OL］.（2017–08–31）［2018–12–11］. http://www.dai.ed.ac.uk/home.html.

机科学等核心课程，还需要跨学科选修其他人工智能课程，帮助学生养成适应人工智能发展的计算思维①。

在高等教育本科阶段，英国鼓励数据科学和计算机等与人工智能相关学科之外的其他学科毕业生继续深造，将人工智能与自己的原学科结合起来，从而拓宽人工智能的应用范围。这一举措可以极大地丰富人工智能的学科生态群，即从人工智能的内部学科交融到内外部学科的交叉，对于英国培养"人工智能+"复合型人才具有重要意义。

2. 开设人工智能硕士学位课程

为培养人工智能人才,《在英国发展智能产业》还提出实践性课程实施计划，强调要由行业商协会资助，在大学开设人工智能硕士研究生课程，先设定 300 个名额，以后再增至 3000 个名额。该硕士研究生课程为期 15 个月，前 12 个月在大学接受人工智能的基本培训、评估和认证，后 3 个月由行业商协会中的企业资助实习②。企业将在短期内受益于该计划，包括高质量实习生的供应，学徒税的有效利用以及吸引更多高水平人才进入人工智能领域③。英国大学开设人工智能硕士研究生课程需要通过由人工智能理事会、行业商协会和 EPSRC 组成的专家组选拔与考核。为保证人工智能硕士研究生课程的教学质量，开设人工智能硕士研究生课程的大学需要达到人工智能理事会提出的教学标准。并且，人工智能理事会将对这些大学进行定期审查，实行滚动淘汰制，以激励更多大学有机会参与人工智能硕士研究生课程的开设。与此同时，为了使企业充分利用学徒税，人工智能理事会可以代表企业向学徒协会申请人工智能学习的最新标准，以支持硕士研究生层面的学徒制发展。人工智能人才在高

---

① The University of Manchester. MSc ACS：Artificial Intelligence/Course details ［EB/OL］.（2018-01-01）［2018-12-11］. https://www.manchester.ac.uk/study/masters/courses/list/08342/msc-acs-artificial-intelligence/ course-details/#course-profile.

② Dame Wendy Hall and Jér6me Pesent. Growing the Artificial Intelligence Industry in the UK ［R/OL］.（2017-10-15）［2018-01-13］. https://www.gov. uk/government/uploads/system/uploads/attachment_data/file/65209/Growing_the_artificial_intelligence_industry_in_the_UK.pdf.

③ Tim Appenzeller. The AI revolution in science ［EB/OL］.（2017-07-07）［2018-12-11］. https://www.sciencemag.org/ news/2017/07/ai-revolution-science.

校和企业间实现自由流动，不但有助于人工智能理论体系的完善，而且有助于人工智能的成果转化与产业化。

这种产学交融的人工智能人才培养模式是英国现代学徒制在人工智能领域内的具体实践。现代学徒制中学徒的学习并不只是获得知识与技能的简单片面学习，而是更加立体、饱满与深刻的社会化学习，学徒也通过情景学习来建构自我的职业身份①。作为学徒的英国硕士研究生在获得人工智能知识与习得人工智能技能的同时，可以深度体验人工智能的多元价值，明晰自我在人工智能实践共同体中的社会角色，建构人工智能时代高技能人才的职业身份。

3. 增设人工智能博士学位点

人工智能产业的发展离不开高水平人才所提供的技术支撑，当前英国高水平人工智能人才面临流失严重与数量不足的困境，其中突出问题表现在人工智能领域的博士学位授予点数量不足，博士研究生的培养缺乏规模效应。一方面，英国高水平人工智能人才供应已无法适应人工智能产业对高水平人才日益增长的需求。英国"IT就业观察"机构在对英国IT就业市场进行跟踪研究后发现，自2015年以来，虽然英国对人工智能人才的需求量已经翻了一番，但英国政府尚未出台培养人工智能人才的法律条款②。另一方面，英国本土的高水平人工智能人才流失严重。由于英国大学较少开设人工智能博士学位，且缺乏培养人工智能人才的雄厚基础与完备条件，导致大量英国学生不得不选择前往美国攻读斯坦福大学和麻省理工学院等大学的人工智能博士学位。令人担忧的是，当前英国国内对人工智能相关技术领域的博士学位需求量已经超过了500个，与需求量形成对比的不仅是英国人工智能人才数量的短缺，更有质量的不足，只有40%的人工智能博士学位申请者被认为符合学位授予的最低标准③。

---

① 于让·莱夫，爱丁纳·温格.情境学习：合法的边缘性参与［M］.王文静，译.上海：华东师范大学出版社，2004.
② IT Jobs Watch. Tracking the IT job market［EB/OL］.（2017-12-31）［2018-01-13］. https://www.itjobswatch.co.uk/ default.
③ EPSRC. the Demand for PhD places in machine learning and technical fields relating to AI［EB/OL］.（2017-10-31）［2018-01-13］. https://www.epsrc.ac.uk/funding/calls/.

为了增加人工智能人才的数量，吸引本土人工智能人才留在国内，提高人工智能人才的培养质量，英国政府提出的应对策略是在顶尖大学增设至少200个人工智能博士学位名额，并逐年增加博士学位的名额，目标是到2025年英国国内的人工智能博士学位名额达到1000个[①]。英国大学还将改变对博士研究生的资助规则，对申请人工智能博士学位的国际学生给予奖学金的倾斜，同时鼓励皇家工程院等机构进一步扩大现在的人工智能博士学位招生名额，以吸引更多的国际人才来英国大学攻读人工智能博士学位。在博士研究生阶段增设人工智能学位的措施弥补了英国人工智能高端人才长期存在的缺口，推动了英国人工智能研究能力的整体提升。

英国此次高等教育改革基本依循了由本科、硕士研究生开设人工智能课程到博士研究生增设人工智能学位，再到完善人工智能人才培养体系的逻辑理路，由点及面、由低到高对人工智能背景下人才培养的课程设置、学位（科）建设等进行了周密规划，对英国加强人工智能人才的梯队建设、培养青年高端人工智能人才具有深远影响。

三、人工智能时代英国高等教育变革的启示

英国针对人工智能时代的新形势与新要求，对本国高等教育传统的人才培养模式、课程设置体系和学科学位制度进行了独具特色的改革。总体上看，英国在人工智能时代采取的教育改革措施在高等教育办学的理念、路径和制度等方面给人们带来启示。

（一）拓宽人才培养渠道，引进人工智能人才

英国留学生教育以优惠的移民政策和丰厚的奖学金为手段，吸引全球一流的人工智能人才到英国以加强人工智能人才储备，让英国成为未来人工智能

---

① Dame Wendy Hall and Jér6me Pesent. Growing the Artificial Intelligence Industry in the UK［R/OL］.（2017-10-15）［2018-01-13］. https://www.gov. uk/government/uploads/system/uploads/attachment_data/file/65209/Growing_the_artificial_intelligence_industry_in_the_UK.pdf.

人才荟萃高地。这一经验可为我国提供借鉴。国务院印发的《新一代人工智能发展规划》提出加大高端人工智能人才引进力度①。随着我国人工智能市场的不断壮大，以及人工智能科研平台的不断提升，高技能海归回国就业人数日益增多。我国应抓住海归回国热潮机遇，鼓励归国人才充分发挥自身学科优势进行人工智能创新创业，并提高配套待遇。并且，我国可以借鉴英国经验，对高水平的人工智能人才采取特殊政策与柔性办法，充分运用人才计划的优势，精准引进人工智能领域内有一定影响力的优秀青年人才。有重点地引进当前我国发展急需的自动驾驶、神经认知和智能机器人等领域高端人工智能人才及其创新团队。总的来说，我国高等教育机构应将人工智能纳入国际化战略。在鼓励在校学生"走出去"学习世界一流的人工智能理论知识与技能的同时，更要把海外人才"引进来"，借鉴全球领先的人工智能发展经验，充分提升我国高等教育在人工智能领域研发、应用的国际化水平，培养一批具有国际视野、世界担当、全球竞争力的高素质人工智能人才。

（二）灵活设置人工智能课程，科学建设人工智能学科

英国在回应人工智能时代的技术创新诉求时，在硕士研究生培养阶段开设人工智能课程，在博士研究生培养阶段增设人工智能学位，对系统培养人工智能高端人才和推动英国人工智能研究能力整体提升有着深远影响。英国高等教育从课程设置和学位增设层面建构出相对完整的人工智能人才培养体系，可以为我国拓宽人工智能教育内容、构建人工智能人才培养体系提供思考。国务院印发的《新一代人工智能发展规划》提出，支持人工智能科普活动，设置人工智能相关课程；建设人工智能学科，增加人工智能相关学科博士研究生、硕士研究生招生名额②。鉴于此，我国需要将人工智能贯穿于整个高等教育体系，在大学开设相关人工智能课程，面向在校学生开展人工智能科普活动，支持师

---

① 国务院．关于印发新一代人工智能发展规划的通知．[EB/OL]．（2017–07–08）[2018–01–13]．http://www.gov.cn/zhengce/content/2017–07/20/content_5211996.htm.
② 同①．

生进行多种形式的人工智能科普创作，建立与完善人工智能科普和推广平台，全面提升高等教育体系中学生对人工智能的认知与应用水平。由于人工智能在我国较多地分散于电子学和计算机等不同学科，因而高等教育需要加快对人工智能相关学科建设的谋划布局，科学规划建设人工智能领域的一级学科，尽早成立人工智能试点学院，适当灵活地增加人工智能相关学科的硕士研究生与博士研究生招生名额，培养一批具有世界一流水平的高端人工智能人才。

（三）鼓励学科深度交叉融合，促进校企人工智能合作

英国在高等教育本科阶段，鼓励毕业生继续深造，攻读与自己学科相关度不高的人工智能专业，充分将人工智能应用于不同学科，培育多元复合的人工智能人才。国务院印发的《新一代人工智能发展规划》也提出，鼓励高校形成"人工智能+X"的复合专业培养新模式，重视人工智能与数学等学科的交叉融合[1]。我国高等教育阶段需要重视各个学科与人工智能的交叉融合，既要鼓励人工智能相关学科（数据科学、自动化、计算机等）的内部融合，又要鼓励人工智能相关学科与非人工智能相关学科（心理学、社会学、法学、医学等）的内外融合，营建良好的人工智能多元学科生态系统，打造人工智能学科生态群，从而培养科学素养与人文素养兼备的多元复合人才。

英国实施的现代学徒制的人工智能硕士研究生教育，充分实现了人才在高校和企业间的自由流动，既有利于人工智能理论创新，又有利于人工智能实践创新。国务院印发的《新一代人工智能发展规划》也要求加强产学研合作，鼓励高校、科研院所与企业等机构合作开展人工智能建设[2]。为此，我国高等教育相关机构应积极与企业开展合作，联合开设人工智能课程或创建人工智能实验室，共同培养理论知识扎实和实践技能过硬的人工智能人才。另外，人工智能企业的创办主体可以向高校学生放开，鼓励在校学生开展人工智能创业创

---

[1] 国务院.关于印发新一代人工智能发展规划的通知.[EB/OL].（2017-07-08）[2018-01-13]. http://www.gov.cn/zhengce/content/2017-07/20/content_5211996.htm.
[2] 同[1].

新活动并为其提供顾问、资金设备等支持，建设一批为人工智能初创企业提供场地等的创业孵化器。同时，人工智能企业应与大学合作，成立民营的具有实体性质、有一定规模的人工智能研究机构，利用大学所提供的智力与人才支撑，加速人工智能的技术研发与成果应用。总的来说，突破传统体制与机制障碍束缚，打通产学研用创新通道，促进校企人工智能合作，充分运用大学、企业和科研机构资源是我国未来培养人工智能创新人才的必由之路。

对于我国来说，高等教育体系历来存在着僵化、单一的顽疾，这在改革开放初期或许不是一项严重弊端，但在以人工智能为代表的新技术时代却已经严重影响国家的创新力和竞争力。面对以英国为代表的世界主要国家掀起的高等教育领域的改革风潮，我们只有不忘初心，扎实推进灵活、多元的高等教育人才培养体系、课程设置体系和学科学位体系建设，才能在新时代整合新旧优势，赢得人工智能时代世界高等教育领域中的话语权。

（作者简介：段世飞，浙江大学教育学院特聘副研究员；张伟，江苏师范大学教育科学学院副教授）

招生与培养篇

英国大学招生考试制度的变迁及启示

2014 年 9 月，我国出台《关于深化考试招生制度改革的实施意见》，指出要形成分类考试、综合评价、多元录取的考试招生模式，着力解决"唯分数论""一考定终身"等一直以来为大众所诟病的问题，由此拉开大学招生考试制度改革的序幕。与此同时，英国也在 2015 年 9 月正式启动了大学招生考试改革，即 A–level 考试改革，由"一年多考"的模块化考试制度转变为"年终末考"的线性考试制度。在某种意义上，英国此轮 A–level 考试制度改革与我国的新高考改革是背道而驰的。在这样的背景下，探究 A–level 考试制度的改革与变迁历程或许能够为我国新高考改革提供些许启示，特别是能够为新高考改革过程中可能出现的问题作一些预测，并为问题的解决提供可能的方案。

一、2000 年以前的历史演变：线性考试制度的确立

A–level 课程考试制度建立于 1951 年。它作为英国 18 岁学生的学历证明，替代了传统的高中毕业证书。A–level 课程为期 2 年，主要由英国 16~18 岁（第 12 年级和第 13 年级）的学生就读，通过 A–level 考试的学生可进入大学学习。在该体系下，学生可根据自己的优势和兴趣选择相应的考试科目。A–level 课程考试体系鼓励学生选择 3~4 门学科，进行聚焦且深入的学习。

最初，A–level 考试成绩仅以"通过"和"不通过"作区分，通过考试的

学生可以选择参加奖学金等级考试，成绩优异的学生可获得由英国教育部提供的奖学金，每年约有 400 个名额。随着参加 A-level 考试人数的逐步增加，各方对于改变笼统的"通过 / 不通过"的评价方式的诉求越来越强，希望对考试成绩进行更加具体的区分。1963 年，中学考试委员会颁布并实施了常模参照的等级评价方式，即将学生考试成绩分为不同的等级，具体为 10% 的学生获得 A 级，15% 的学生获得 B 级，10% 的学生获得 C 级，15% 的学生获得 D 级，20% 的学生获得 E 级，20% 的学生获得 O 级[①]，另有 10% 的学生成绩不合格[②]。与之前简单的通过与否的评价方式相比，这种评价方式对学生成绩进行了更为细致的区分，使学生对自己的成绩有了更加准确的认识。但其中存在的一个主要问题是明确规定了不同等级学生的比例，导致不同等级学生的成绩差距很小。如 1982 年，在某学科取得 D 级的学生的成绩和取得 B 级的学生成绩之间仅差 8 分[③]。另外，这种常模参照的评价体系使得仅有小部分学生能够在考试中取得 A 级，并且由于等级根据当年考生的实际成绩划分，导致 A 级标准在不同年份会有一定的波动。因而，这一评价体系无法真实反映学生的学习水平，其效度遭到了质疑。

1984 年，中学考试委员会指出，A-level 考试成绩的等级应该依据分数而非考生比例来划分，并由此引进了标准参照评价体系。在这一评价体系下，考官负责等级 B 和等级 E 的判定，剩下的等级则通过等级 B 所对应的分数与等级 E 所对应的分数之差再除以相应的等级数而决定。这套评价体系于 1987 年的 A-level 考试中开始生效，直到 2000 年的新课程改革。标准参照评价指的是为学生所能达到的水平确立标准，是基于学生表现的评价，其困难在于如何确立学生表现水平的标准。这在科学、数学等自然学科比较容易实现，而

① O 级相当于通过了中学毕业证书普通水平（GCE Ordinary Level），GCE Ordinary Level 于 20 世纪 50 年代和 A-level 课程同时出现，之后在英格兰、威尔士和北爱尔兰 3 个地区，GCE Ordinary level 被英国普通中等教育证书（General Certificate of Secondary Education，GCSE）所取代。目前剑桥大学国际考试委员会（Cambridge International Examinations）等在一些地区仍授予 GCE Ordinary level 资格。
② UK Parliament. The background to the a levels debate［EB/OL］.［2016-08-16］. http://www. publications.parliament.uk/pa/cm200203/cmselect/cmeduski/153/15304.htm#a3.
③ 同②.

在人文社会科学领域存在较大的困难。经过几十年的发展，目前 A-level 考试采用的是一种温和的标准参照评价方式，即考官在一般而非具体的层面确立标准①。

1989 年，英国的高中引入一种新的考试形式，即高级补充（Advanced Supplementary，AS）考试，目的是拓展学生的学习经历。引进该考试的本意是对 A-level 课程进行补充，而非变成 A-level 课程的一部分。AS 课程持续 2 年，其包含的科目是未在 A-level 课程中出现的，AS 考试难度也与 A-level 考试持平。例如，学生可以选修 3 门 A-level 科目和 1 门 AS 科目。然而，这却不符合学生希望尽快缩短普通中等教育证书（General Certificate of Secondary Education，GCSE）考试②和 A-level 考试之间的时间诉求，因而选修 AS 课程的人数远未达到政府的预期③。1996 年，迪林勋爵（Lord Dearing）的评审报告指出，AS 考试对学生缺乏吸引力，建议改革为高级程度考试，新的考试既可以作为独立的资格证书，也可以作为 A-level 证书的先导资格④。由此，AS 考试逐渐演变为学生 2 年 A-level 课程学习中的第一年年末的考试，相当于 A-level 课程的期中考试。

通过几十年的发展，A-level 课程考试制度逐步完善，确立了在第一学年末进行 AS 考试，在第二学年末进行期末考试的线性制度。同时，作为 A-level 课程考试的一部分，AS 课程和 A-level 课程捆绑在了一起。

二、2000 年的模块化改革：从"年终末考"到"一年多考"

到了 20 世纪 90 年代末期，随着高校对高中毕业生知识面的要求提高，

---

① UK Parliament. The background to the a levels debate［EB/OL］.［2016-08-16］. http://www. publications.parliament.uk/pa/cm200203/cmselect/cmeduski/153/15304.htm#a3.

② GCSE 考试是英国 16 岁的中学生在完成第 10 年级和第 11 年级（即义务教育阶段）的课程学习后要参加的公开考试，类似于我国高中的会考。

③ UK Parliament. The AS Level［EB/OL］.［2018-10-16］. https://publications.parliament.uk/pa/cm200203/cmselect/cmeduski/153/15305.htm.

④ Lord Dearing. Review of Qualifications for 16-19 Year Olds［EB/OL］.［2019-02-18］. https://core. ac.uk/display/40634442.

改革 A-level 课程考试制度的呼声越来越高。在这一背景下，"课程 2000 年"应运而生。政府希望通过"课程 2000 年"的出台和实施，让高中生能够在 A-level 课程中修读更多的学科，并获得关键技能资格，从而将学术和职业学习结合起来。在"课程 2000 年"的影响下，A-level 课程考试的组织方式发生了巨大的变化，即从过去的"年终末考"的线性考试制度转变为"一年多考"的模块化考试制度，这不仅因为模块化课程能够为学生提供更宽泛的知识，也由于线性课程的效率较低，有高达30%的学生无法通过最后的期末考试[①]。"课程 2000 年"将 A-level 课程分为 2 个部分，即第一年的 AS 阶段和第二年的 A2 阶段。其中 AS 阶段包含 3 个课程模块，3 个模块加起来相当于传统 A-level 课程第一年的内容；A2 阶段也包含 3 个课程模块，3 个模块加起来相当于传统 A-level 课程的第二年，是 AS 阶段课程内容的进阶。这 6 个模块构成了一个完整的 A-level 课程，是 A-level 考试及证书授予的基础。另外，若学生只学习 AS 阶段的 3 个课程模块并通过相关考试，也可获得相应的资格证书。但实际上，6 个课程模块在 A-level 考试成绩中所占的权重相同，也即 AS 课程考试成绩和 A2 课程考试成绩各占 A-level 总成绩的50%[②]。因而，只通过 AS 阶段考试获得证书的含金量仅有 A-level 考试证书的一半。

（一）A-level 课程考试制度的实施

A-level 课程及考试由英国专业的考试委员会提供并组织，目前主要有五大考试委员会提供 A-level 课程考试，分别是：评估与学历资格联合会（Assessment and Qualifications Alliance，AQA），牛津、剑桥和皇家艺术协会考试委员会（Oxford，Cambridge and the Royal Society of Arts Examination Board，OCR），爱德思考试委员会（Edexcel），威尔士联合教育委员会（Wales Joint

---

① Ann Hodgson，Ken Spours，Martyn Waring. Higher Education，Curriculum 2000 and the Future Reform of 14-19 Qualifications in England［R/OL］.［2019-02-18］. http://eprints.ioe.ac.uk/1555/1/HodgsonSpoursWar-ing2005479.pdf.

② House of Commons-Education and Skills-Third Report. CURRICULUM 2000［R / OL］.［2019-02-18］. http://www.publications.parliament.uk/pa/cm200203/cmselect/cmeduski/153/15306.htm.

Education Committee），北爱尔兰课程、考试与评估委员会（Northern Ireland Council for the Curriculum，Examinations and Assessment）。五大考试委员会提供了人文、社会、自然科学、工程等多个领域的近百门 A-level 学科课程（表1），从而为学生提供了多样化的选择。各考试委员会根据英国教育部（DfE）和资格及考试监督局（Ofqual）的改革要求，遵循一定的专业标准和程序进行 A-level 考试的设计、评估及调整，具体主要由考试委员会的学科专家和高级主考官根据具体科目的课程标准拟定试题和评分标准，并受资格及考试监督办公室的管理和监督，以确保 A-level 考试能够准确衡量学生的学习水平，从而提升民众对 A-level 资格证书的信心。

表 1 五大考试委员会 A-level 课程核心科目

科目	AQA	OCR	Edexcel	WJEC	CCEA
会计学	√	√			
人类学	√				
阿拉伯语			√		
考古学	√				
艺术与设计	√	√	√	√	√
孟加拉语	√				
生物学	√	√	√	√	√
商学	√	√	√	√	
化学	√	√	√	√	√
中文			√		
公民学	√				
古典文明	√	√			
计算机	√			√	
创意写作	√				
批判性思维	√	√		√	
舞蹈	√				
戏剧	√		√	√	
设计与技术	√	√	√	√	√
设计与技术：食品科学	√		√		
设计与技术：产品设计学	√	√	√		
设计与技术：纺织学	√				

续表

科目	AQA	OCR	Edexcel	WJEC	CCEA
荷兰语		√			
经济学	√	√	√	√	√
电子学	√	√		√	
英语语言学	√	√	√	√	
英国文学	√	√	√	√	√
环境科学 / 技术	√				√
电影学		√		√	
法语	√	√	√	√	√
通识教育	√	√	√		
地理学	√	√	√	√	√
地质学		√		√	
德语	√	√	√	√	
政府与政治	√	√	√	√	√
希腊语		√	√		
古吉拉特语		√			
健康与社会保健	√	√		√	√
希伯来语	√	√			
历史	√	√	√	√	√
艺术与设计史	√				√
信息通信技术	√	√	√	√	
爱尔兰语					√
意大利语			√		
日语			√		
拉丁语		√			
法学	√	√		√	
数学	√	√	√	√	√
传媒学	√	√		√	
音乐	√	√	√	√	√
音乐技术			√		
旁遮普语	√				
波斯语		√			
哲学	√				
体育	√	√	√	√	
物理学	√	√	√	√	√

续表

科目	AQA	OCR	Edexcel	WJEC	CCEA
波兰语	√				
葡萄牙语		√			
心理学	√	√	√	√	
宗教学	√	√	√	√	√
俄语			√		
社会学	√	√		√	
西班牙语	√	√	√		√
运动科学					√
统计学	√	√			
土耳其语		√	√		
乌尔都语			√		
威尔士语				√	
世界发展				√	

资料来源：AQA subjects [EB/OL]. [2016-09-13]. http://www.aqa.org.uk/subjects；OCR AS/A Level GCE subjects [EB/OL]. [2016-09-13]. http://www.ocr.org.uk/subjects/；Pearson subjects [EB/OL]. [2016-09-13]. http://qualifications.pearson. com/en/subjects.html；WJEC subjects [EB/OL]. [2016-09-13]. http://www.wjec.co.uk/qualifications/#subjects；CCEA subjects [EB/OL]. [2016-09-13]. http://ccea.org.uk/qualifications/gce.

一般而言，每个学生会选修 3~4 门 A-level 学科，并参加相应的考试。多数学生通常会在 AS 阶段选修 4~5 门学科，到 A2 阶段则会放弃 1~2 门而继续学习其中的 3 门学科，并最终参加这 3 门学科的考试。通常，大学招生部门要求学生至少选修 3 门 A-level 学科，但学生选修的学科数没有上限，因而部分学生会选择 4~5 门学科。然而，OCR 的主管指出，随着公共教育经费的缩减，越来越多的高校将学生的 A-level 学习科目从 4 门减少为 3 门[①]。具体学科的选择，则主要由学生根据大学各专业的招生要求以及自身的学业基础与兴趣决定。特别是由于学生要根据 A-level 考试成绩申请大学，大学较为青睐的数学、物理、英语等学科受到很多高中生的欢迎。

① Teenagers forced to study fewer A-levels in squeeze on public spending，says exam boss [EB/OL]. [2016-09-03]. http://www.independent.co.uk/news/education/education-news/teenagers-forced-to-study-fewer-a-levels-in-squeeze-on-public-spending-says-exam-boss-10446807.html.

"课程 2000 年"在 2015 年新一轮改革之前的十几年中，A-level 课程考试实行模块化的组织方式。具体的考试安排在每年的 1 月和 6 月，即一年两考，在 AS 阶段和 A2 阶段分别有 2 次考试机会。在所有课程结束之后，学生参与最后的终结性评价，学校会综合学生 2 年的学习成绩，并结合学生的个人陈述、面试成绩等最终确定学生的成绩等级。需要指出的是，每门课程的每个模块都有多次考试机会，若学生一次考试成绩不理想，可以选择重考，直到获得满意的分数为止，最终成绩也以分数最高的一次为准。

在考试实施上，每个考试委员会都会提前发布年度考试日程安排表，为学生安排学习与考试提供便利。比如，AQA 在其 2015 年 9 月到 2016 年 8 月的考试安排表中详细公布了各项工作的进度，包括上一年度考试成绩的复核、考试科目单元的试卷审核、考试报名、课程作业的评定、考试科目单元的材料发放、考试成绩审核受理等[①]。在成绩认定上，A-level 考试成绩分为 A、B、C、D、E、U 6 个等级，A 为最优，E 为通过，U 为不及格。具体等级的决定有一套固定的标准和程序，其中一个关键因素是统一评分标准（Uniform Mark Scheme，UMS，相当于一个分数单位）。根据这一标准，对模块化的 A-level 考试成绩进行计算时规定，包含 4 个模块的学科考试成绩最高为 400 分（即 400 个 UMS），包含 6 个模块的学科考试成绩最高为 600 分（即 600 个 UMS），但是不同模块之间的分数并不是均等的。例如，物理学科的 AS 阶段共有 3 个课程模块，分别是 90 分的考试模块、150 分的考试模块和 60 分的作业模块，3 个模块加起来共 300 分。对于每个模块的考试，通过确立等级界限来实现原始分向 UMS 分数的转化[②]，这个过程是由学科专家和统计学专家经过协商后确定的，目的是保持每年等级标准的稳定性。最终，获得最高分数的 40% 以下的学生被评定为不及格（U），40% 以上的学生为及格，其中

① AQA Qualifications. Calendar of key dates September 2015–August 2016［EB/OL］.［2016-09-03］. http://filestore.aqa.org.uk/admin/calendar/AQA-KEY-DATES-2015-2016.PDF.

② OCR. Specification level UMS grade boundaries［EB/OL］.［2016-09-03］. http://www.ocr.org.uk/ Images/267743-specification-level-ums-grade-boundaries-november-2015-january-2016-and- june- 2016.pdf.

获得 40%~50% 的学生成绩为 E，50%~60% 的学生成绩为 D，60%~70% 的学生成绩为 C，70%~80% 的学生成绩为 B，80% 以上的学生成绩为 A。若以百分制计算，A、B、C、D、E 和 U 所对应的成绩分别为 80~100 分、70~80 分、60~70 分、50~60 分、40~50 分和 40 分以下。另外，一些竞争比较激烈的学科（如数学）引入了 A* 的成绩，所有课程模块的平均成绩在 80 分以上且 A2 阶段课程模块的平均成绩在 90 分以上的学生可以获得 A*。然而，随着 2015 年新一轮改革将 A-level 课程考试由模块化转为线性组织方式，UMS 的等级界限也随之消失，新的 A-level 考试的成绩认定不再使用 UMS。

（二）A-level 课程考试制度的特点

通过上述对 A-level 课程考试制度实施过程的介绍，可以发现该制度体现出以下几个特点。

1. 学生拥有多次考试机会

2015 年之前，A-level 考试以模块化的方式贯穿整个学习过程，即实行"一年多考"的政策，对学生考试次数不做限制。根据该政策，学生可以无限制地参加已学习过的课程模块的单元考试，直到获得满意的成绩为止。例如，学生在第一年选修的课程模块，最多可参加 4 次的考试。即便在获得了 A-level 资格证书后，学生依然可以重考所有的课程模块，并重新获得 A-level 成绩等级。这类似于我国新高考改革后实行的考试政策，与传统的"一考定终身"相比，"一年多考"能够缓解学生的考试压力，降低考试失利的风险，同时也避免了由于偶发因素给学生考试带来的不利影响，在某种程度上强化了考试的公平性。

2. 考试形式丰富多样

A-level 考试具有多样化的形式，除了纸笔测试以外，课程作业也是 A-level 课程评价的重要组成部分。在 2015 年改革之前，课程作业（包括必须完成与选择完成的课程作业）占 A-level 资格考试的 65%。课程作业存在多种形式，即书面作业与论文、研究项目与调查、实验、艺术作品制作、个人或小组合作成果、口头作业、统计与数据分析等。例如，地理学科在 A-level 课程第一个阶段即 AS 阶段，要求学生进行一个小范围的实地调查，还要就实地调查中发现的问题形成一份约 2500 字的研究方案，教师会对学生收集、呈现、分析数据的能力进行评价，并对得出的研究发现和结论进行评估。在第二个阶段即 A2 阶段，学生需要从 A-level 资格认定机构所提供的众多题目中选择一个，围绕该题目撰写并提交一份约 1500 字的报告。教师根据 A-level 资格认证机构确立的评价标准进行评分，并确保作业是学生自己完成的，认证机构则会对教师的评分进行监督和调节①。研究发现，课程作业是学生喜欢的评价方式，因为它不像考试一样让人有压力，允许学生按照自己的节奏完成，而且通过学生的独立学习与研究性学习，课程作业有助于培养学生的学术能力②。

3. 大学学科委员会参与考试设计

A-level 考试是高校招生的重要途径，因而资格证书必须满足高等教育机构的需要。为了及时回应高校的需要，各大考试委员会邀请高校的学科专家组成学科委员会来参与 A-level 考试的设计。在英国的高校每门学科都有一组学科专家，由各大学的系主任（院长）组成学科专业组织，如数学系主任联席会、历史系主任联席会等。考试委员会将中学支付给自己的资金转给大学的学科委员会，邀其共同参与 A-level 考试的设计。高校学科专家的参与能够保证 A-level 考试在对学科内容的考察上具有较高的有效性，从而使高中毕业生对大学有更好的准备，减少高校在大学新生学科知识补救性学习上的投入③。因此，大学的学科专家十分愿意就 A-level 考试体系的设计与考试委员会开展合作。

---

① Qualifications and Curriculum Authority. A review of GCE and GCSE coursework arrangement［R］. London：Qualifications and Curriculum Authority，2005.

② Qualifications and Curriculum Authority. A review of GCSE coursework［R］. London：Qualifications and Curriculum Authority，2006.

③ A better approach to higher education/exam board interaction for post-16 qualifications：a policy paper ［R/OL］.［2016-09-11］. http://www.cambridge assessment.org.uk/images/115994-a-better-approach-to-higher-education-exam-board-interactions-for-post-16-qualifications.pdf.

三、2015 年的线性改革：从"一年多考"回归"年终末考"

2015 年开始，A-level 考试制度取消了原有的模块化设计，转而回归直线式课程，一门课程贯穿 2 年，考试延至 2 年的课程学习结束时进行。学生在第一年学完 AS 课程后，可以选择考或不考 AS 证书，但 AS 证书不再用于换取 A-level 证书，即 AS 证书与 A-level 证书脱钩，以有效降低 AS 考试的重考率。由于 A-level 考试成绩计算以 2 年课程结束后进行的一次性考试为基础，各学科重考不复存在。此轮改革有其深刻的社会背景和原因，作为高校录取的重要考试，这一改革也引起了英国社会的集体关注。

（一）A-level 考试制度改革的原因

尽管模块化的 A-level 考试制度具有一定的优势，如结构较为灵活、能够及时反馈评价结果、有利于不断提高学生的考试成绩。但同时也存在一些弊端，如学生重复考试率过高、教学和学习的应试化倾向增强等，这也是新一轮 A-level 考试制度改革的原因所在。

1. 重考率过高

新一轮改革之前，A-level 考试实行一年多考的政策，学生若对自己的考试成绩不满意，可以不限次数地重考任意 1 个模块单元，用最好的成绩计算最后的等级。这在一定程度上缓解了学生的考试压力，但同时也带来了一些问题。由于考试的风险降低，学生对待考试的态度不够认真，从而形成了一种强烈的"重考文化"。很多学生不断重复进行考试，从而将本该花在学习上的时间浪费在了无意义的考试上。

对 AQA 考试数据的相关调查表明，43% 的 A-level 证书候选人重考了至少 1 个模块，1/4 的候选人重考了 2 个或 2 个以上模块，而成绩最好的候选人重考次数是最少的[①]。这说明，学生重考非常普遍，但重考次数过多的学生的

---

① Centre for Education Research and Policy. What is the impact of resitting at A-level？［EB/OL］.［2016-09-20］. https://ccrp.aqa.org.uk/sites/default/files/pdf_upload/CERP_IP_resitting_14072012.pdf.

成绩却不及想象的好。考试机会的不限制，使得学生往往不尽自己的最大努力进行备考，而寄希望于反复的重考，一定程度上不利于取得良好的成绩。同时，课程考试的过度模块化和考试次数的增多，使得学生将大量的时间花在考试上，造成了过重的备考负担，并对学习造成负面影响。调查显示，英国高中生到了 19 岁，在考试上花费的时间差不多有一年，这严重影响了学生的课程学习①。此外，重复考试打乱了学生的学习节奏，使得学生牺牲学习新知识的时间去复习已学习过的课程模块，从而无法全神贯注于当下的学习，并降低了对学习的责任意识。当然，重考率过高也给学校、考试委员会等机构增加了工作任务，造成了资源浪费。因此，一些大学特别是顶尖大学对学生重考持消极态度，甚至作出了只承认第一次考试成绩的规定。

2. 分数膨胀严重

与重考率过高相关联的另一个问题是分数膨胀，这也是新一轮改革前A-level 考试制度最受批评的地方。实际上，不仅教育部门，媒体也关注到学生的 A-level 考试成绩在过去几十年持续增加，特别是考试通过率和得 A 率都明显上升，这加剧了学生之间在升学上的竞争压力②。在一项关于 A-level 考试成绩变化的报告中，研究者比较了学生过去 20 年间在 A-level 信息系统能力测试中的得分与 A-level 考试得分的情况，发现同一能力水平的学生现在所取得的 A-level 成绩要比过去高 2 个等级，在数学学科甚至高了 3.5 个等级③。表 2具体显示出英国高中生 1989—2016 年间 A-level 成绩的情况。由表 2 可以看出，A-level 考试通过率在逐年上升，从 1989 年的 75.7% 上升到 2002 年的 94.3%，再继续上升到 2016 年的 98.1%。同时，获得等级 A 的学生比例也有较大幅度的增加，从 1989 年的 11.4% 增长到 2002 年的 20.7%，再到 2016 年的 25.8%。

① School pupils′ spend a year taking exams′–Telegraph［EB/OL］.［2016–09–20］. http://www.telegraph.co.uk/education/6943059/School–pupils–spend–a–year–taking–exams.html.
② The Guardian. A–level results 2011：pass rate hits new record high［EB/OL］.［2016–09–30］. https://www.theguardian.com/education/2011/aug/18/a–level–pass–rate–hits–new–high.
③ Robert Coe. Changes in standards at GCSE and A–level：Evidence from ALIS and YELLIS, CEM, Durham：6［EB/OL］.［2016–09–30］. http://www.cem.org/attachments/ ONS% 20report%20on% 20changes%20at%20GCSE%20and%20A–level.pdf.

对于学生 A-level 考试分数的持续上升，政府和高中认为其原因在于学校教师在教学上的改进和提高[1]。然而，一些教育学家和新闻人士指出，学生通过率提高的原因在于 A-level 考试分数膨胀以及考试变得越来越容易[2]。也有观点认为，高中面临来自政府的提高考试成绩的压力，从而更关注如何教导学生通过考试，而非更好地了解学科内容[3]。而且，学生为了获得好的成绩，也倾向于选择更容易的学科[4]。另外，模块化的课程考试制度允许学生在第二年（A2 阶段）放弃其在第一年（AS 阶段）所学的难度高的课程，且学生有了重复考试的机会，都使其更容易获得高分。特别是学生考试次数没有上限，导致 A-level 成绩的持续上升[5]。一项基于 AQA 考试数据的调查揭示出重复考试对于学生 A-level 成绩提高的影响，其中表 3 显示出重考对于学生 A-level 考试成绩提高的影响，图 1 显示出不同的重考次数对学生 A-level 考试成绩提高的影响。

表 2　1989—2016 年间学生 A-level 成绩情况

年份 / 年	A*/%	A（A*+A）/%	B/%	C/%	D/%	E/%	N/O/%	U/%	A-E（通过率）/%	考试总人数 / 人
2016	8.1	17.7（25.8）	27.1	24.7	14.6	5.9	—	1.9	98.1	836705
2015	8.2	17.7（25.9）	26.9	24.5	14.7	6.1	—	1.9	98.1	850749
2014	8.2	17.8（26.0）	26.4	24.3	14.8	6.5	—	2.0	98.0	833807
2013	7.6	18.7（26.3）	26.6	24.3	14.7	6.2	—	1.9	98.1	850752
2012	7.9	18.7（26.6）	26.0	24.0	14.9	6.5	—	2.0	98.0	861819
2011	8.2	18.8（27.0）	25.6	23.6	15.1	8.5	—	2.2	97.8	867317

① House of Commons. Education and Skills-Third Report［R/OL］.［2016-10-02］. http://www.publications.parliament.uk/pa/cm200203/cmselect/cmeduski/153/15303.htm.

② BBC News. So are A-levels getting easier?［EB/OL］.［2016-10-02］. http://news.bbc.co.uk/2/hi/ uk_news/education/1495184.stm.

③ BBC News. A-levels are not what they were［EB/OL］.［2016-10-02］. http://news.bbc.co.uk/2/ hi/uk_news/education/4153816.stm.

④ The Guardian. A-level pupils urged to spurn "soft" subjects［EB/OL］.［2016-10-02］. https://www.theguardian.com/education/2005/aug/12/alevels.secondaryschools.

⑤ BBC News. Warning of more trouble for A-levels［EB/OL］.［2016-10-02］. http://news.bbc.co.uk/2/hi/uk_news/education/2369981.stm.

续表

年份/年	A*/%	A (A*+A)/%	B/%	C/%	D/%	E/%	N/O/%	U/%	A–E（通过率）/%	考试总人数/人
2010	8.1	18.9（27.0）	25.2	23.2	15.2	7.0	—	2.4	97.6	853933
2009	—	26.7	25.3	23.1	15.2	7.2	—	2.5	97.5	846977
2008	—	25.9	24.9	23.1	15.7	7.6	—	2.8	97.2	827737
2007	—	25.3	24.4	23.1	16.0	8.1	—	3.1	96.9	805657
2006	—	24.1	24.0	23.2	16.6	8.7	—	3.4	96.6	805698
2005	—	22.8	23.8	23.3	17.2	9.1	—	3.8	96.2	783878
2004	—	22.4	23.4	23.2	17.5	9.5	—	4.0	96.0	766247
2003	—	21.6	22.9	23.0	17.8	10.1	—	4.6	95.4	750537
2002	—	20.7	21.9	22.7	18.1	10.9	—	5.7	94.3	701380
2001	—	18.6	19.3	21.4	18.1	12.4	6.3	3.9	89.8	748866
2000	—	17.8	19.2	21.2	18.5	12.4	6.6	4.3	89.1	771809
1999	—	17.5	19.0	21.0	18.3	12.7	6.9	4.6	88.5	783692
1998	—	16.8	18.9	20.8	18.3	13.0	7.2	5.0	87.8	794262
1997	—	16.0	18.9	20.3	18.5	13.4	7.4	5.5	87.1	776115
1996	—	16.0	18.0	19.8	18.3	7.8	7.8	6.4	85.8	739163
1995	—	15.8	17.1	19.0	18.1	14.1	8.4	7.5	84.1	730415
1994	—	14.8	17.1	18.6	18.1	14.4	8.8	8.1	83.0	732974
1993	—	13.8	16.7	17.7	18.1	14.8	9.3	9.6	81.1	734081
1992	—	12.8	16.3	17.4	18.0	15.3	9.8	10.4	79.8	731240
1991	—	11.9	15.5	16.9	18.1	15.6	10.5	11.5	78.0	699041
1990	—	11.7	15.5	16.9	17.7	15.2	10.7	12.3	76.7	684065
1989	—	11.4	15.2	16.4	17.4	15.3	10.9	13.4	75.7	682997

资料来源：Student performance analysis［EB/OL］.［2016-09-30］. http://www.bstubbs.co.uk/a-lev. htm.

　　由表 3 可以看出，重复考试明显改进了学生的 A-level 成绩等级，获得 E-A* 各等级的学生比例均有提高，即提升了 A-level 考试的通过率。特别是使获得等级 B 和等级 C 的学生比例显著提高，分别提高了 7.90% 和 7.54%。图 1 显示，相对于不重复考试，不管学生重考几次，都能够改进 A-level 考试的成绩。其中重考 1~2 个模块的学生获得 A* 和 A 的比例最高，D 和 E 的比例则较低，即重考 1~2 次最能提高最后的考试成绩。

表 3　重考对学生 A-level 考试成绩提高的影响

学生数 / 人	A*/%	A/%	B/%	C/%	D/%	E/%
299038	0.58	4.90	7.90	7.54	4.32	1.29

资料来源：Centre for Education Research and Policy. What is the impact of resitting at A-level?［EB/OL］.［2016-10-02］. http://cerp.aqa.org.uk/sites/default/files/pdf_upload/CERP_IP_resitting_14072012.pdf.

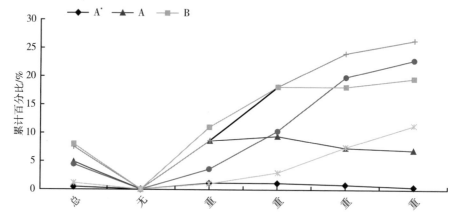

图 1　不同重考次数对学生 A-level 考试成绩提高的影响（n=299038）

资料来源：Centre for Education Research and Policy. What is the impact of resitting at A-level?［EB/OL］.［2016-10-02］. http://cerp.aqa.org.uk/sites/default/files/pdf_upload/CERP_IP_resitting_14072012.pdf.

　　学生 A-level 成绩的持续膨胀引起了高校的不满，因为越来越多的学生获得了 A 等级，导致难以对这些尖子生进行区分。过去，C 等级代表了学生的平均能力水平，然而随着分数的持续膨胀，学生的平均成绩达到了 B 等级。面对这种情况，一些大学针对不同学科引进了额外的入学考试，如报考法学专业的学生需要另参加全国法律入学考试①；还有一些大学在招生过程中增加了面试环节，以筛选合适的候选人；另外一些大学在审阅候选人材料时，要求查

---

① BBC News. New entry test for law students［EB/OL］.［2016-10-02］. http://news.bbc.co.uk/2/hi/ uk_news/education/3451897.stm.

看候选人在每个模块的成绩，以判断其成绩是如何得来的[①]。A-level 考试分数膨胀所带来的另一个严重后果是高校担心 A-level 考试无法准确测试学生的能力，不能成为学生未来学业水平的有效预测工具[②]。

3. 应试文化加重

A-level 课程考试体系被批评的另一个问题是过于关注考试成绩的测量和比较，对学生真正学习的关注不够。特别是高校招生高度依赖于 A-level 考试成绩，使学校更加注重训练学生通过考试，而非强调真正意义上的学生发展及其对学习的内在热情。另外，学校对成绩排名的重视，加之学生对成绩等级要求的关注，使学校和教师的应试教育倾向越来越明显，具体表现在 4 个方面：①学校为了追求高分数，选择考试通过率较高的考试委员会的课程；②学校利用 A-level 课程考试体系的特点来提高成绩，如加快教学进度，让学生提前参加模块考试，以增加获得好成绩的机会；③教师的教学关注学生通过考试而非为其提供更为丰富的教育经历；④学生选修容易获得好成绩的学科，并热衷于考试技巧及获取高分的学习方法等。

过度关注考试结果，对学生的发展产生了负面影响。有研究显示，在应试教育的影响下，学生很少独立思考，无法成为高等教育所需要的独立的学习者；学生难以理解关于具体学科的哲学和逻辑；部分学生在考试结束后就忘记了所学的知识；学生缺乏高等教育所要求的对知识的深度理解等素养[③]。可见，应试教育不利于学生大学阶段的学习。剑桥大学甚至提出警告，不会选择选修了 2 门或 2 门以上 A-level "软学科"（即容易获取高分的学科）的候选人，并列出了一系列不适宜申请的学科，包括会计学、设计与技术、电影学、信息与

---

① The Guardian. Universities to see breakdowns of A-level results ［EB/ OL］. ［2016-10-02］. https://www.theguardian.com/education/2005/aug/10/accesstouniversity.highereducation.

② House of Commons-Education and Skills-Third Report. CURRICULUM 2000 ［R / OL］. http://www.publications.parliament.uk/pa/cm200203/cmselect/cmeduski/153/15306.htm.

③ Higton J，Noble J，Pope S，et al.Fit for Purpose? The view of the higher education sector，teachers and employyerson the suitability of A-levels ［R］. Ipsos MORI Social Research Institute，2012.

通信技术、传媒学、摄影和运动等[①]。

4. 知识宽度不够

A-level 课程考试制度的初衷是鼓励学生选择 3~4 门学科进行深度学习，这导致知识面的宽度不够成为受批评的原因之一。实际上，3~4 门学科也能为学生提供一定宽度的知识，如学生若在数学、化学、生物等自然科学中选择一门学科，在英语、法语、德语、西班牙语等语言学科中选择一门学科，再选择一门有创意的学科，如艺术研究，则能够涉猎广泛的知识。但实际上，学生往往选择彼此之间具有紧密联系的学科，如数学、物理、化学或者社会学、心理学、政治学。这不仅因为学习同一门类的学科更加容易，还在于高校各专业的招生要求鼓励学生修读互相关联的学科，即选修相近学科更容易申请高校。在这种情况下，尽管"课程 2000 年"鼓励学生选修跨度大、差异大的学科，以拓展其能力基础，但学生更倾向于选择相似的学科，从而造成了学生学习面过窄的现象出现。

除了在学科选择上体现出的知识面过窄问题，A-level 课程知识宽度的局限性还体现在具体某一学科的学习上。由于 A-level 课程以模块化方式组织，即将一门学科的内容分解为若干个模块，这导致了学科知识的碎片化，使学生很难对具体学科有全面的掌握。若学科的课程模块分布在不同的年级，则更不利于学生形成对学科知识的持续的、循序渐进的理解。因此，模块化的课程体系难以为学生提供宽广的学科知识基础[②]。

由于选科和模块化制度带来的知识宽度的限制，越来越多的高中开始向学生提供 IB 国际高级文凭课程。该课程提供更加多样化的学科，并且采用线性而非模块化的组织方式，得到了越来越多学校的青睐。英国前首相布莱尔还建议每个郡至少应有一所公立高中向学生提供 IB 国际高级文凭课程，作为除

---

① BBC News. University "soft" A-level warning［EB/OL］.［2016-10-04］. http://news.bbc.co.uk/ 2/hi/uk_news/education/7174848.stm.

② Ofqual. An Update on the Reforms Being Made to AS Qualifications and A-levels［EB/OL］.［2016-10-04］. http://qualifications.pearson.com/content/dam/pdf/A%20Level/Reforms/2014-04-08-an-update-on-the-reforms-being-made-to-as-qualifications-and-a-levels.pdf.

A-level 课程以外的另一选择①。

5. 评价方式有待改进

除了"一年多考"的考试评价制度，高校人员对 A-level 课程的其他评价方式也提出了质疑。A-level 课程评价应以对学生达到的知识和能力水平进行准确、有效地测试为标准。只有这样，A-level 证书才能成为高校招生的黄金标准。然而，一些 A-level 学科的评价方式并未达到这一要求，还有待进一步改进。

STEM 学科的教师对自然学科实践能力的考核表示了担心，特别是如何公平地对学生的实践能力进行评价。实践能力测试需要提前准备好必备的器材和资源，而教师能够在真正的考试之前收到试卷，这为教师提前指导学生提供了时间，如一些教师在考试之前把相似实验的方法教给学生，从而帮助其取得好成绩。此外，一些教师表达了另外的担心，如实践能力测试所需要的设备超出了学校的财政能力范围，从而影响了对学生的考核等②。

人文社科领域的教师对课程作业这一评价方式提出了质疑，特别是课程作业在不同学科之间以及不同的考试委员会之间的考核标准上缺乏一致性。与传统的纸笔测试相比，课程作业更能够测试学生的各种能力。在 A-level 考试评价体系中，考试的主要目的是测试学生对知识的掌握水平，课程作业用于测试学生的论文写作能力、实践操作能力和自主学习能力等。在教师看来，尽管对能力的考核应根据具体学科的特点来进行，但在同类学科之间确立一致性的标准也十分必要，如所有的科学学科应该采用相似的方法对课程作业进行评价③。然而，不同的考试委员会以及不同学科在考核上缺乏一致性的标准，容易导致学校和学生利用不同的评价体系来获取高分，如选择容易取得好成绩的

---

① Fears of "two-tier" education system as pupils taking rival exam to A-levels rise by 40%〔EB/OL〕.〔2016-10-04〕. http://www.dailymail.co.uk/news/article-1184567/Fears-tier-education-pupils-taking-rival-exam-A-levels-rise-40.html.

② Higton J, Noble J, Pope S, et al. Fit for Purpose? The view of the higher education sector, teachers and employerson the suitability of A-levels〔R〕. Ipsos MORI Social Research Institute, 2012.

③ Higton J, Noble J, Pope S, et al. Fit for Purpose? The view of the higher education sector, teachers and employerson the suitability of A-levels〔R〕. Ipsos MORI Social Research Institute, 2012.

委员会的课程和学科，这削弱了课程评价的有效性。此外，A-level 考试在高校招生中的重要作用使其具有高利害性，容易导致舞弊行为的发生。特别是课程作业属于内部评价，且与学生的利益息息相关，往往使得教师和家长给予学生过多的指导和帮助，以获得更好的成绩等级，从而影响了评价的客观性。

综上所述，A-level 考试制度面临着重考率过高、分数膨胀严重、应试文化加重、知识宽度不够、评价方式有待改进等问题。进一步分析可以发现，这些问题之间存在着内在的联系，且在一定程度上都与 A-level 课程考试的模块化组织方式相关。考试的模块化组织催生了"一年多考"的政策，并进一步导致分数膨胀，同时使应试文化不断发酵。模块化的课程安排也造成了学科知识内容的碎片化和窄化，不利于学生对学科内容形成全面的理解。另外，对非考试的评价方式的公平性和有效性的质疑，也成为 A-level 考试制度面临的主要挑战之一。

（二）A-level 考试制度改革的内容与进程

鉴于上述问题，2013 年 1 月，英国国务大臣要求资格及考试监督局对 A-level 考试制度进行改革，内容包括：从 2015 年 9 月开始，A-level 课程考试回归线性的组织方式，所有的考核都在 2 年学习结束后进行，AS 课程考试将变成一个独立的资格证书[①]。然而，工党呼吁将 A-level 考试改革延迟到 2017 年，从而使已经注册 AS 考试的学生不会中断学习[②]。经过系列咨询和多方协商，资格及考试监督局于 2014 年 4 月发布了《关于改革 AS 证书和 A-level 课程的更新说明》的报告，确认了 A-level 课程将会改革成为 2 年的线性课程，并将 AS 课程与 A-level 课程剥离，且对 A-level 各学科的内容和评价方式进行改革。同时，该报告给出了 A-level 课程考试改革的详细时间表，即分别将

① Department for Education. Changes to A-levels［R/OL］.［2016-08-26］. http://webarchive. nationalarchives.gov.uk/20140430095946/http://www.education.gov.uk/nctl/examsadmin/news/archive/ a00217355/alevels.

② Labour Pledges To Halt A-Level Reforms［EB/OL］.［2016-08-26］. http://www.teachingtimes.com/ news/a-level-reforms.htm.

于 2015 年和 2016 年对相应的学科实施新的资格授予，并在 2017 年完成各学科的评价改革[1]。2016 年 3 月，资格及考试监督局发布《2015 年以来有关 AS 和 A-level 课程的变化总结》的报告，明确指出所有学科的内容都会根据新的 AS 和 A-level 证书进行调整；AS 课程作为单独的资格证书，考生得分不再汇总到 A-level 考试成绩中；不论 AS 还是 A-level 课程，都将回归线性的组织方式，即所有学科的考试都在课程结束后进行；取消"一年多考"政策，学生仅有一次考试机会，所有的考试都将安排在暑期；非考试的评价方式仅适用于难以通过考试检测学生学习水平的学科，即以非考试方式进行课程评价的学科比例会大大降低[2]。

此次改革于 2015 年启动，分别于 2015 年、2016 年和 2017 年对相应学科进行新的资格授予。不同学科的改革进程见表 4。如表 4 所示，各考试委员会分别在 2015 年、2016 年和 2017 年对不同学科的教学内容进行改革，学生所修读的学科也在这 3 年分别被授予新的 AS 证书和 A-level 证书。因此，学生在这 3 年选择学习科目时，可能会遇到一些科目采用旧体系而一些科目采用新体系的情况，需要参照表 4 的改革进程来决定学习内容和将获取的证书类型。

同时，各学科的考核方式也将与教学内容同步进行改革。改革后，大部分学科都将以考试作为唯一的考核方式，只有少部分难以通过考试进行评价的学科会采用其他考核方式。例如，课程作业这一考核方式仅会出现在艺术和设计类学科中，而且仅占最后成绩的 20%。一些科学课程，如生物学、化学和物理学等学科，将引进一个独立的科学实践评价，考核结果仅为通过或不通过，具体通过 2 种方式进行：其一，在 2 年的学习过程中共开展 12 次实践活动，根据学生在活动中的表现形成一个单独的实践成绩，且学生的期末笔试成

———————————

[1] Ofqual. AS and A-level changes：a summary［R/OL］.［2016-09-06］. https://www.gov.uk/government/publications/as-and-a-level-changes-a-summary.

[2] Ofqual. Summary of changes to AS and A-levels from 2015［R/OL］.［2016-08-31］. https://www.gov.uk/government/publications/as-and-a-level-changes-a-summary/summary-of-changes-to-as-and-a-levels-from-2015#fn2.

绩将参照其在这些活动中的表现；其二，学生笔试中有 15% 的内容来考核学生对实践工作的理解，也即实践考核成绩占学科总成绩的 15%[①]。

表 4　A-level 各学科课程改革时间安排

2015 年开始改革的学科	2016 年开始改革的学科	2017 年开始改革的学科
艺术与设计 生物学 商学 化学 计算机科学 经济学 英语语言学 英语与英国文学 英国文学 历史 物理学 心理学 社会学	古希腊语 舞蹈 戏剧 法语 地理 德语 拉丁语 音乐 体育 宗教学 西班牙语	会计学 古代史 考古学 古典文明 设计与技术 电子学 环境科学 电影学 艺术史 法学 传媒学 音乐技术 哲学 统计学
以上学科分别于 2016 年和 2017 年被授予新的 AS 证书和 A-level 证书，AS 考试（2016 年暑期进行）成绩不纳入 A-level 考试（2017 年暑期进行）成绩中	以上学科分别于 2017 年和 2018 年被授予新的 AS 证书和 A-level 证书，2016 年的 AS 考试成绩依然纳入 A-level 成绩中	以上学科分别于 2018 年和 2019 年被授予新的 AS 证书和 A- level 证书，2016 年和 2017 年的 AS 考试成绩依然纳入 A-level 成绩中

资料来源：Ofqual.Summary of changes to AS and A levels from 2015［EB/OL］.［2016-08-31］. http://www.gov.uk/government/publications/as-and-a-level-changes-a-summary/summary-of-changes-to-as-and-a-levels-from-2015#fn:2.

（三）利益相关者的反应

　　此轮改革不仅改变了 A-level 课程考试的组织方式，而且对课程内容和考核方式进行了全方位的改革，因此给高中和大学带来了诸多挑战。特别是将 AS 证书和 A-level 证书剥离，加重了高中在课程安排和教学上的负担，高校也需要对其招生方式进行改革，如处理在一些学科上获得旧的资格证书而在另

---

① UCAS. Changes to a levels［R］. London：UCAS，2014.

一些学科上获得新的资格证书的学生的申请时，需要灵活应对，以保证招生的公正，这些无疑充满了挑战。对于此次改革，高中、大学、官方机构、大众传媒等不同利益相关者作出了如下反应。

1. 高中

针对高中如何应对此次 A-level 考试制度改革，英国大学和学院招生服务中心 [1] 对所有注册该中心大学招生服务的高中（约 500 所）展开了一项调查研究，发现 21% 的学校表示无法明确在 2017 年后的 AS 课程和 A-level 课程，68% 的学校认为此次改革不会影响学生选择 A-level 课程，24% 的学校则认为未来选择 A-level 课程的学生会减少 [2]。可见，不同学校对于 A-level 考试制度改革所持的态度存在一定的差异，此次改革的实施及效果也有待进一步观察和研究。在参与调查的 500 所高中中，有 1/4 的学校表示他们会让学生在 A-level 考试中选择比以前更少数量的科目；还有学校抱怨道，现在不知道给学生和教师怎样的建议，因为目前没有明确的目标，要尽量考虑学生们的利益。英国大学和学院招生服务中心首席执行官玛丽·科诺克·库克表示，这项调查反映出高中普遍存在高度的不确定性和焦虑情绪 [3]。多数高中表示，他们计划无视教育部的一项改变，即 AS 课程和 A-level 课程"脱钩"，而继续让学生参加 AS 课程。还有学校指出，来自贫困家庭的学生很可能会推迟参加 A-level 课程。如果英国普通中等教育证书成绩不佳，AS 就会起到极大的提升信心的作用 [4]。

---

[1] 大学和学院招生服务中心（Universities and Colleges Admissions Service，UCAS）是英国为大学提供招生服务的公共机构。所有修读 A-level 课程的学生要在考试前通过 UCAS 进行大学申请，英国各高校也通过该中心来选择合适的候选人。作为独立于高中和大学的组织，大学和学院招生服务中心的主要职能是为学生提供关于高等院校入学的信息、咨询和申请服务，并协助高等院校招到理想的学生，其经费主要来自学生申请费、高校招生所缴纳的费用以及慈善捐助。参见 https://www.ucas.com/corporate/about-us。

[2] UCAS. Unpacking Qualification Reform：Results of the UCAS survey on A-level reform［R］. UCAS，2015.

[3] Ucas warns some students may be disadvantaged by A-level changes［EB/OL］.［2015-01-18］. https://www.theguardian.com/education/2015/jan/16/ucas-warns-students-disadvantaged-a-level-re-forms.

[4] Ucas warns some students may be disadvantaged by A-level changes［EB/OL］.［2015-01-18］. https://www.theguardian.com/education/2015/jan/16/ucas-warns-students-disadvantaged-a-level-re-forms.

2. 大学

面对 A-level 考试制度改革引起的一系列变化，大部分的大学都在官网上作出了回应，表示将尽量降低对申请学生的影响。牛津大学称，该校录取程序旨在确保对来自各个国家和背景的学生进行公平和透明的评估，并不依赖于 A-level 考试或 AS 考试，学校将根据学生的申请材料，考虑学业成绩、个人陈述、学术参考（包括任何预测成绩）以及所选学位可能需要的书面作业或考试[1]。在被问及若改革后的 A-level 考试难度更高，大学是否会改变招生政策时，利物浦大学回应称，新的改革对考生们会有怎样的影响还有待观察，如果真的改变原先的评价体系，我们会改变录取政策[2]。伯明翰大学也表示，不会更加看重改革后的 A-level 考试，但是这个决定是否会变化，还要根据新一轮的 A-level 考试成绩结果再斟酌[3]。由此可见，大学对于 A-level 考试的结果也难以预测，其应对方式有待进一步观察。

3. 官方机构

英国教育部的发言人表示，通过将 AS 考试与 A-level 考试脱钩，将结束在学生 12 年级末（即 A-level 课程第一学年末）对其进行外部评估的做法。虽然学生仍然可以在参加 A-level 考试之前决定是否参加 AS 考试，但是政府不再强制要求，而是由学生和教师自行决定。从教师和学生身上消除这种不必要的负担，意味着学生将有更多的时间来学习一门学科的基本概念，而不是无休止地考试[4]。大学和学院招生服务中心称，由于 A-level 考试制度改革，新旧考试系统将在一段时间内并存，即一些 A-level 考试包括模块化的 AS 考试，

---

① FAQs on A-level reform［EB/OL］.［2018-09-05］. https://www.ox.ac.uk/admissions/undergrad-uate/courses/entrance-requirements/faqs-level-reform?wssl=1.

② AS Levels following Curriculum Reform in England from 2015［EB/OL］.［2018-09-05］. https://www.liverpool.ac.uk/study/undergraduate/applying/a-as-level-reform/.

③ University of Birmingham policy statement in response to qualification reforms in England［EB/OL］.［2018-09-05］. https://www.birmingham.ac.uk/undergraduate/requirements/qualification-reform-statement.aspx.

④ Ucas warns some students may be disadvantaged by A-level changes［EB/OL］.［2019-02-18］. https://www.theguardian.com/education/2015/jan/16/ucas-warns-students-disadvantaged-a-level-reforms.

另一些则不包括模块化的 AS 考试，这种混乱状态将持续到 2020 年，从而给一些申请大学的学生带来麻烦。该中心进一步指出，A-level 考试制度改革使英国大学招生环境变得更加复杂，大学应该重新审视他们的招生制度，以确保学生不会因为高中为其选择的课程而在入学竞争中处于不利地位[①]。

4. 大众传媒

知名期刊《连线》在题为《A-level 改革真的有严谨的依据吗？》的报道中称，此次政府主导的 A-level 考试制度改革很大部分是基于资格及考试监督办公室的研究报告，该报告认为考生分数膨胀严重，考试区分度下降；虽然在近 20 年里获得高分的人确实在稳步增长，但是与此同时，参加考试的人数也大幅提升，没有明确的证据表示 A-level 考试变得更加容易。该报道进一步指出，虽然资格及考试监督办公室的报告是通过与高等教育工作人员的 71 次面对面访谈、与 A-level 教师的 10 个讨论组以及与雇主的 25 次电话访谈编制而成的，但是政府没有提供关于报告结论的证据的具体清单，A-level 考试制度改革只在意"轶事"调查证据，而忽视了顶尖大学所代表的大众需求。因此，没有人知道这些改革将如何产生作用，A-level 考试制度改革带给大众的困惑只能通过时间来解决了[②]。

可见，高中、大学、官方机构、大众传媒等不同利益相关者对此次 A-level 考试制度改革的态度存在一定的差异，虽然他们全都表示改革的影响和效果有待进一步观察，但高中普遍表现出一定的焦虑情绪，大学相对较为从容和积极，官方机构和大众传媒则对此次改革的合法性进行论证或提出质疑。

四、英国大学招生考试制度变迁对我国新高考改革的启示

作为英国最主流的大学招生考试，A-level 考试制度自 20 世纪 50 年代建

---

① Ucas warns some students may be disadvantaged by A-level changes［EB/OL］.［2019-02-18］. https://www.theguardian.com/education/2015/jan/16/ucas-warns-students-disadvantaged-a-level-reforms.

② Was there even any evidence for the UK's A-level exam reforms?［EB/OL］.［2018-09-05］. https://www.wired.co.uk/article/new-a-levels-results-and-reform.

立以来经历了 2 次重大改革，一是 2000 年的模块化改革，将"年终末考"的线性考试制度变革为"一年多考"的模块化考试制度，目的是为学生提供更加宽泛的学科知识，并提高其考试通过率。这一制度在运行了十几年后，暴露出了重考率过高、分数膨胀严重、应试文化加重、知识宽度不够、评价方式不够合理等问题，由此引发了第二次改革，即 2015 年的线性改革，即从"一年多考"的模块化考试制度回归"年终末考"的线性考试制度。

我国新高考改革与新一轮 A-level 考试制度改革的方向明显不同，尽管新高考提出的学生选科与 A-level 课程考试体系一致，但推出的模块化课程、走班教学、一年两考、综合素质评价等正是 A-level 考试制度所要改革的内容。需要指出的是，我国新高考改革中的一年两考是以学科为单位，即学生参加具体学科的选考，不同于英国 A-level 考试制度改革之前学生以课程模块为单位参加考试，但二者的方向是一致的，都通过增加考试机会来避免"一考定终身"带来的弊端。在实施过程中，我国新高考改革遭遇了一系列问题，如高中通过操作考试规则制定学生"提分策略"[1]，物理学等学习难度大的学科选考人数显著下降[2]，一年两考制度给学校教学模式造成冲击[3]，学生考试压力不降反增[4]。实际上，这些正是英国 A-level 考试制度改革之前所面临的问题，也是导致新一轮改革的直接原因。从这个意义上看，一年多考的模块化制度设计本身并不必然带来学生考试压力的缓解，若实施不当，反而可能会增大学校和学生的考试压力。特别是我国具有独特的科举考试的传统和儒家文化的背景，考试成绩被赋予极其重要的价值，加之高考本身具有的选拔功能，使得制度改革在缓解学生考试压力上更加显得力不从心。鉴于此，英国大学招生考试制度的变

---

① 李润洲. 从"选考"走向"优质"：何以及如何可能——兼论新高考背景下普通高中的发展之路 [J]. 教育发展研究，2017,（22）：25-30.

② 潘昆峰，刘佳辰，何章立. 新高考改革下高中生选考的"理科萎缩"现象探究 [J]. 中国教育学刊，2017,（8）：31-36.

③ 边新灿，蒋丽君，雷炜. 论新高考改革的价值取向与两难抉择 [J]. 中国高教研究，2017,（4）：61-65.

④ 刘盾. 新高考改革之现实审思与理论分析——以考试科目、次数及赋分方式为重点 [J]. 复旦教育论坛，2017,（3）：11-17.

迁历程或许能够为我国新高考改革的实施提供些许借鉴或启示。

（一）限制学生重复考试次数

英国 A-level 课程考试制度改革的经验表明，不限制考试次数使学生将大量的时间花费在重复考试上，打乱了学校和教师的教学节奏，加剧了应试教育文化，并造成严重的分数膨胀，降低了成绩的区分度。一年多考的初衷在于为那些由于偶发因素而发挥失常的考生提供第二次机会，缓解"一考定终身"的压力，而非让所有学生毫无代价地任意重考，将本该花在学习上的时间浪费在无意义的考试上。因此，应进一步优化考试制度设计，限制学生考试次数，从而打破学校、教师和学生疲于应试的状态，使其回归到真正的教学和学习中。

（二）改革学业水平考试的评价方式

将常模参照的评价方式转换为基于学生表现的标准参照评价方式。英国 A-level 考试曾实施过规定不同等级学生比例的常模参照的评价方式，但产生了不同等级学生之间的成绩差距过小、不同年份等级标准波动较大等问题，因而后来改以采用更具效度的标准参照评价体系。目前，我国普通高中学业水平考试采用常模参照的评价方式，规定了 A、B、C、D、E 各等级的学生比例。这使学生不同科目的考试成绩可以加总求和，从而可以依据考试总分对学生进行排序，但这种评价方式下的学生成绩与选科/选考人数挂钩，导致学生在科目选择上进行"博弈"，在考试安排上采用"田忌赛马"的提分策略，从而不能准确反映学生的实际水平，效度存在一定的问题。因此，将常模参照改为标准参照的评价方式，能够缓解目前学生在选科和选考上的投机行为。

（三）优化招生制度设计，强化高校在招生中的作用

该思路与第二点紧密关联，因为若学业水平考试改为标准参照的评价方式，那么在我国高校招生中起关键作用的各省教育考试院将无法对学生不同

科目的成绩进行加总求和，因而也无法根据学生的高考总分进行排序。正因如此，需要进一步对以往通过各科目总分对学生进行排序，再由高校按成绩高低进行录取的招生方式进行改革。英国的大学招生制度能够为此提供重要启示，英国的 UCAS 类似于我国的省教育考试院，它作为独立于高中和大学的组织，为学生提供关于高校入学的信息、咨询和申请服务，并协助高校招到理想的学生。即 UCAS 并不对学生总成绩进行排序，而是协助高校处理学生的申请信息，将学生的申请资料包括各科目的考试成绩交给高校使用，由高校确定报考学生的排序情况。因此，对于我国在招生中起重要作用的各省教育考试院而言，如何将以往计算学生各科目总分的做法变成综合处理学生各方面申请信息的平台，是可以进一步思考的方向。在这个意义上，新高考改革绝非单纯的考试改革，而是涉及考试、招生、录取等多环节、多主体的系统变革，需要系统性、复杂性的思维方式。

（作者简介：张佳，浙江大学教育学院教授）

考察个人背景：
英国大学促进招生公平的实践

英国的高等教育体系与我国类似，以公立大学为主。2014—2015年，英国共有162所经英国权威机构（英国和苏格兰议会、威尔士与北爱尔兰议会）认证可授予学位的高等教育提供机构（包括大学和从事高等教育的学院2类，本文统一以"大学"指代），其中161所为公共财政资助的大学，在读学生总数达230万人，1所为私立的白金汉大学[①]。因此，高等教育入学机会的公平在英国尤为重要，是英国政府和社会对大学招生制度问责的核心议题。英国大学解决入学机会不平等的途径包括开展拓展工作、调整录取标准，以及录取模式的整体转向，即由坚持学术标准的综合评价转向考察背景的综合评价[②]。本文聚焦于近10年来在英国大学本科招生领域兴起的背景考察运动，探析背景考察引入和发展的历程及原因，描述背景考察的具体操作并佐以案例进行说明，同时对背景考察的实施效果进行评价。

---

① Higher Education Statistics Agency. Introduction: Higher education statistics 2014/15［EB/OL］.［2016–10–19］. https://www.hesa.ac.uk/data–and–analysis/publications/higher–education–2014–15/introduction.
② ZIMDARSAM. Meritocracy and the University：Selective Admission in England and the USA［M］. London: Bloomsbury Academic，2016.

一、背景考察的引入和发展历程

英国高校的招生传统是基于个人陈述、推荐信、GCSE 成绩和 A-level 成绩①来选拔新生。其中，以罗素大学联盟②为代表的精英大学由于申请者众多，往往还依据入学考试成绩、写作质量、面试表现等多个方面的表现对申请者的学业成就和潜能进行综合评价。进入 21 世纪以来，个人背景也开始被英国大学正式和广泛地纳入综合评价的考察范畴。其基本理念是将申请者已经取得的成就置于个人背景中进行考察，录取那些成绩可能比其他申请者低而同样具备成功潜能的来自弱势背景的学生③。这一方式的正式兴起与英国政府的推动密切相关。2003 年，英国教育与技能大臣查尔斯·克拉克任命高等教育招生监管委员会主席斯蒂文·施瓦茨教授检视在大学招生过程中考察个人背景的情况。2004 年，调查报告《高等教育入学公平：有效实施的建议》出台。这份被称为《施瓦茨报告》的文件提出，基于学生的教育机会和环境存在差异的事实，除已有的教育成就外，考察背景是公平且恰当的……尽管补偿教育或社会弱势不是高等教育招生的任务，但识别考试结果无法充分证明的潜在才能和潜力，是大学和学院寻求不管背景如何、最可能成功的生源的合理目标。因此，建议大学将背景考察作为公平招生体系的组成部分④。《施瓦茨报告》是倡导英国大学在招生中正式引入背景考察的里程碑式文件，奠定了后续政策、相关研究和大学实践的基础。2004 年，英国政府也建立了公平入学办公室（Office For Fair Access，OFFA），与所有收取学费超过 6000 英镑的大学签署《入学机会协议》，要求大学明确设定扩大弱势学生群体的占比目标，并说明录取过

---

① GCSE 为英国普通中等教育证书，类似于我国的中考；A-level 为普通教育证书中的高级水平（Advanced level）考试，类似于高考。

② 罗素大学联盟由英国 24 所一流研究型大学组成，包括牛津大学、剑桥大学、伦敦政治经济学院、帝国理工学院等，每年囊括英国所有大学 65% 以上的科研经费和赞助资金。

③ ZIMDARS A M, MOORE J, GRAHAM J. Is contextualized admission the answer to the access challenge? [J]. Perspectives：Policy and Practice in Higher Education, 2016, 20（4）：143-150.

④ Admissions to Higher Education Steering Group. Fair admissions to higher education：recommendations for good practice [R/OL]. [2016-09-11]. http://dera.ioe.ac.uk/5284/1/finalreport.pdf.

程中如何开展背景考察。2006 年，高等教育质量保障署（Quality Assurance Agency for Higher Education，QAA）编制的《英国高等教育质量编码》根据《施瓦茨报告》的建议，对"高校招募和录取"部分的内容做了相应修改，督促高校通过背景考察来改进招生过程[1]。同年，招生专业化支持（Supporting Professionalism in Admissions，SPA）组织在《施瓦茨报告》的影响下成立，旨在提供与招生相关的、循证式有效实践和建议的集中资源，其中调查和监督背景考察的实施为其核心工作内容之一。

在《施瓦茨报告》出台的同一年，爱丁堡大学在录取决策中正式采用个人背景信息，成为首批系统实施背景考察的大学之一[2]。随后，在英国政府、SPA、英国大学与学院招生服务处（Universities and Colleges Admissions Service，UCAS）等众多力量的支持下[3]，其他英国大学纷纷在招生实践中引入了背景考察，如牛津大学于 2008 年开始使用背景信息。从全英国范围看，SPA 的证据显示，纳入背景考察的英国大学数量呈逐年增长态势，而且包含几乎所有罗素大学联盟在内[4]。2008 年，SPA 关于《施瓦茨报告》实施情况审查的研究发现，尽管 49% 的大学认为出于获得多样化学生群体的考虑而减少对某些申请者的录取是不公平的，但超过一半的大学都认同申请者的背景应该得到考虑[5]。该研究还指出，一些大学正在逐步实施《施瓦茨报告》提出的建

[1] MCCAIGC, BROWN TB, SLACK K, et al. Fair admissions to higher education-a review of the implementation of the Schwartz Report principles three years on：Report 1-Executive Summary and Conclusions ［R/OL］.［2016-09-11］. https://www.spa.ac.uk/sites/default/files/Schwartz-review-executive-summary-conclusions.pdf.
[2] University of Edinburgh. Student recruitment & admissions briefing：Contextual data in undergraduate admissions at the University of Edinburgh ［R/OL］.［2017-03-13］. http://www.ed.ac.uk/files/atoms/files/sra contextualdatabriefing2017entry_0.pdf.
[3] ZIMDARS A M, MOORE J, GRAHAM J. Is contextualized admission the answer to the access challenge? ［J］. Perspectives：Policy and Practice in Higher Education，2016，20（4）：143-150.
[4] ZIMDARSAM. Meritocracy and the University：Selective Admission in England and the USA ［M］. London：Bloomsbury Academic，2016.
[5] MCCAIGC, BROWN TB, SLACK K, et al. Fair admissions to higher education-a review of the implementation of the Schwartz Report principles three years on：Report 1-Executive Summary and Conclusions ［R/OL］.［2016-09-11］. https://www.spa.ac.uk/sites/default/files/Schwartz-review-executive-summary-conclusions.pdf.

议，特别是精英大学持欢迎态度，因为该报告凸显了它们一直坚持的公平招生理念[1]。2012 年，SPA 定期开展的有关背景考察的调查报告显示，在回应调查的 67 所 UCAS 成员大学中，有 37% 的大学已经使用某种形式的背景性信息，有 57% 的大学计划在未来纳入对个人背景的考察。2015 年，回应 SPA 调查的大学为 68 所，其中 84% 的大学在 2015 年招生季使用了考察背景的综合评价，还有 6 所大学正在计划或考虑之中[2]。

二、背景考察运动的成因

从驱动逻辑的角度来看，背景考察运动是多重逻辑共同作用的结果，包括社会正义、多样性、公民利益、经济和社会流动以及实践需求在内的一系列理论依据可以共同对其成因做出解释[3]。从推动主体的角度来看，纵览上述引入和发展历程不难发现，背景考察运动的推行既有强烈的政府主导色彩，也有大学的主动选择意志。

（一）政府的大力倡导

就政府的立场而言，第二次世界大战后由于传统的精英高等教育模式无法满足市场的需求，英国政府开始广泛介入高等教育事务[4]，引导并监督大学承担起培养人力资本和促进阶层流动的社会责任。1963 年，英国政府组建罗宾斯委员会，对大学的全日制生源状况进行调查。调查发现：学生的社会经济背景与学业成绩密切相关；尽管接受高等教育的人数大幅增加，但来自社会各

① MCCAIGC, BROWN TB, SLACK K, et al. Fair admissions to higher education-a review of the implementation of the Schwartz Report principles three years on：Report 1-Executive Summary and Conclusions［R/OL］.［2016-09-11］. https://www.spa.ac.uk/sites/default/files/Schwartz-review-executive-summary-conclusions.pdf.

② WOODFIELD L, GRAHAM J. SPA's use of contextualized admissions survey report 2015（with HEDIIP）［R/OL］.［2016-09-10］. https://www. spa. ac. uk/sites/default/files/Research-CA-survey-report-2015_0.pdf.

③ ZIMDARS A M, MOORE J, GRAHAM J. Is contextualized admission the answer to the access challenge?［J］. Perspectives：Policy and Practice in Higher Education，2016，20（4）：143-150.

④ 王立科. 英国高校招生考试制度研究［M］.武汉：华中师范大学出版社，2008.

阶层的学生占比并没有明显变化。《罗宾斯报告》出台后，英国政府通过建立"绿地大学"和多科技术学院、升格高级技术学院为大学等途径，为弱势阶层广泛打开高等教育的大门[①]。1997 年，英国布莱尔政府提出，在高等教育领域推行"扩大参与"政策，并于 2003 年发布《高等教育的未来》和扩大高教参与的文件，致力于通过开展拓展活动和提高奖学金资助等手段扩大贫穷学生、女性、少数族裔、残疾学生等弱势群体在高等教育特别是精英高等教育体系中的参与[②]。同年，政府委任施瓦茨教授开展如何构建公平的招生体系的调查，其中就包括探索将个人背景纳入综合评价的必要性和可行性。由此可以看出，英国政府历来高度重视探索如何提高弱势学生群体的高等教育参与率。为弱势学生提供入学机会既是人力资本回报的重要途径，也是维护社会稳定、优化社会结构的必备手段。督促高校将个人成就置于所处背景中进行考察，无疑可以实现政府的双重利益诉求。

（二）大学的主动选择

就高校的立场而言，背景考察这一理念本身并不是 21 世纪才出现的，也并不完全是政府强加意志的结果。它源于对卓越和公平的主动追求。在英国，大学招生中的卓越理念体现为选拔具备优异学术成就和成功潜力的生源。然而，对于如何有效判断学生进入大学后能否获得成功一直存在争论。是否来自好学校、拥有高分数的学生大学表现更好？安娜·蒙特福德·钦姆达斯博士认为，背景考察理念至少可以回溯至 20 世纪中后期，因为牛津大学的招生导师认为该校早在 20 世纪 70 年代初期就留意到来自弱势学校的学生在大学也拥有优秀的学业表现，但当时个人背景信息并没有得到正式、系统的考虑[③]。进入 21 世纪以来，基于对录取学生大学阶段学业表现的实证研究，越来越多

① 王立科 . 英国高校招生考试制度研究［M］. 武汉：华中师范大学出版社，2008.
② 同①.
③ ZIMDARS A M，MOORE J，GRAHAM J. Is contextualized admission the answer to the access challenge?［J］. Perspectives：Policy and Practice in Higher Education，2016，20（4）：143–150.

的大学认识到来自一般的学校、已有学业成就相对而言不算"优秀",但仍属于"不错"范畴的学生在大学也能获得成功,因为他们在教育资源有限的情况下仍然可以跨越障碍、获得蓬勃发展。剑桥大学的院校研究表明,就读学校GCSE 成绩表现低于全国平均水平而自身 GCSE 成绩优秀的学生在大学荣誉学位考试中表现甚佳[①]。同时,有研究显示,在精英大学以相同成绩录取的生源中,与来自私立学校的学生相比,来自免费公立学校的学生在大学学业考试中表现更好[②]。因此,考察个人背景有助于大学发现能够在大学获得成功的卓越生源,因为在弱势背景中仍能取得突出个人成就的申请者同样具备发展前景,只要给予其好的发展平台和机会,他们便能获得成功。

作为接受公共财政资助、具备"公共产品"属性的专业组织,英国大学(特别是精英大学)对于为弱势阶层提供向上流动的公平机会负有强烈的责任。围绕背景考察的讨论主要与精英大学有关。鉴于精英大学的申请者人数远远超过录取名额,谁应该获得宝贵的入学机会?如果仅以绝对的学术成就为分配标准,那么精英大学这一稀缺资源会严重偏向于特权阶层。这是因为在文化资本、社会资本、经济资本等因素的影响下,具备优势背景的学生往往比弱势学生成绩更好。关于入学机会和教育成就差异的诸多研究证实,优秀的学业成就和潜力往往源自个人背景的优势,许多社会经济地位低或受教育机会有限的学生群体,其中学成绩一致性地偏低,从而反驳了智力本身决定学业表现的观点[③]。正如爱丁堡大学所言,他们认识到申请者拥有不同的背景和经历,不是每一个人都拥有平等的机会,以学校的实力证明个人的潜能。因此,他们在选拔过程中考虑相关的数据和信息,以助识别已有的学业成绩可能不是大学成功

① PARTINGTON R. Predictive effectiveness of metrics in admission to the University of Cambridge［R/OL］.（2011-04-11）［2016-11-02］. http://www.cao.cam.ac.uk/sites/www.cao.cam.ac.uk/files/ar_predictive_effectiveness_of_metrics_in_admission.pdf.

② ZIMDARSAM. Meritocracy and the University：Selective Admission in England and the USA［M］. London：Bloomsbury Academic，2016.

③ OxPolicy. Contextual admissions：a method of improving accessibility to Oxbridge? Examing current policy，national trends and attitudes to contextual data［R/OL］.（2016-04-30）［2016-09-11］. http://www.oxpolicy.co.uk/portfolio/increasing-accessibility-to-oxbridge/.

潜能的真实反映的申请者①。英国的大学坚信，背景考察既可以促进入学机会公平，也有助于选拔具备成功潜力的学生。

三、背景考察的实施概况

英国大学背景考察的范畴主要涉及 3 个领域，即教育环境、地理—人口学信息和社会经济背景②。教育环境指向申请者就读学校的情况，如就读学校学生的平均 A–Level 成绩；地理—人口学信息指向地理位置和人口学特征，如成长所在的社区或个人种族身份；社会经济背景指向家庭状况，如是否为家庭中第一个接受高等教育的人。英国大学背景考察的具体内容和实施方式概述如下。

（一）背景考察的内容

背景考察的具体内容包括背景性信息、背景数据和拓展参与中记录的信息③。背景性信息指通过个人陈述、推荐信、额外的问卷或表格等途径获取的相关信息。例如，剑桥大学为有特殊遭遇或教育中断经历的申请者提供《特殊情况声明表》，表格由就读学校的教师或申请者的医生 / 社会工作者填写并提交；牛津大学则鼓励中学教师在 UCAS 申请表中提供关于任何特殊情况的细节④。选拔者基于对中学的了解和审查的专业经验，对各种渠道提供的背景性信息进行公平的评价。

背景数据包括 2 类，一类是申请表中记载的数据，如是否为残疾人、是

---

① University of Edinburgh. How we select［EB/OL］.［2018–03–13］. http://www.ed.ac.uk/studying/ undergraduate/applying/selection/select.

② Quality Assurance Agency for Higher Education. UK Quality Code for Higher Education，Chapter B2：Recruitment and admission to higher education（Consultation draft）［EB/OL］.［2016–09–10］. http://dera. ioe.ac.uk/17847/1/Chapter–B2–Draft–Consultation.pdf.

③ BRIDGER K，SHAW J，MOORE J. Research to describe the use of contextual data in admissions at a sample of universities and colleges in the UK［R/OL］.［2016–09–10］. https://www.spa.ac.uk/ sites/default/ files/Research–CA–Report–2012–full.pdf.

④ University of Oxford. Oxford and Cambridge：the similarities and differences［EB/OL］.［2016–09–03］. http://www.ox.ac.uk/admissions/ undergraduate/applying-to-oxford/supporting-an-applicant/resources-teachers/oxford-and-cambridge-similarities-and-differences.

否处于养育状态[①]；另一类是 UCAS、政府部门、专业机构或商业机构提供的公共数据，如住宿社区分类（A Classification of Residential Neighborhoods，ACORN）和年轻人高等教育参与率分类（Participation of Local Area Rate，POLAR），这 2 项是辅助背景考察的主要公共数据集。ACORN 是关于工作类型、教育水平、财产状况、失业状态等一系列因素的数据，将英国所有居民分成地理—人口学信息系统中的 5 个大类，其中组 4 或组 5 通常为收入低、家庭人数多、无房产的贫困人群。POLAR 由英格兰高等教育基金委员会（Higher Education Funding Council for England，HEFCE）编制，根据 18 岁或 19 岁年轻人高等教育参与率把英国各地区分成 5 组数据集，其中组 1 代表高等教育参与率最低的地区，组 5 代表高等教育参与率最高的地区。背景数据通常被以旗帜的形式做出标记或编码，从而为选拔者提供决策参考。

拓展参与中记录的信息是指通过关注学生在拓展项目中的参与情况来收集相关的个人信息。因为拓展活动在申请大学之前开展，大学可以对弱势群体进行定位和辨识，如英格兰地区（以东南部为主）推行的“高等教育入学追踪”拓展项目为与其合作的 20 所大学提供网络数据系统，使这些大学能够获得活动参与者的细节信息，并将信息与 UCAS 和高等教育统计局的记录相匹配。大学可以查看参与者的学校表现、POLAR 数据等一系列背景性数据，并追踪他们最终就读的大学，获取他们在申请阶段展现的相关背景性信息[②]。大学收集申请者个人信息的做法因校而异，一般都会通过多种渠道来全面掌握申请者的背景情况，其中背景数据是英国精英大学考察个人背景的主要依据。

（二）背景考察的实施

英国大学的选拔者如何处理背景信息并没有统一的模式，有可能给予被

---

① 英国有研究表明，经历养育状态的青年人接受的教育质量往往偏差，因此大学招生通常将其列为弱势群体之一。详见 JACKSONS，AJAYIS，QUIGLEY M. Going to University from care［R/OL］.［2016-09-10］. http://www.buttleuk.org/research/by-degrees-going-to-university-from-care.
② MOORE J，ZIMDARSA M，WIGGANS J. Contextualised admissions：Examing the evidence［R/OL］.［2016-09-10］. https://www.spa.ac.uk/sites/default/files/Research-CA-Report-2013-full_0.pdf.

标记申请者的个人自述第二次阅读的机会，或者取代一个学术表现类似但未被标记的候选者的录取资格，也有可能人为提高被标记申请者的成绩以补偿其所遭遇的教育阻碍，或者给予调整后的录取资格，即降低录取标准[①]。一些选拔者还会使用更细微的方式来考察申请者的学术档案，如注意就读学校是否提供高级数学课程，以免不利于在面试中没有表现出相应数学知识的候选者[②]。2011 年，SPA 的调查结果显示，在回应调查的 93 所大学中，有 38 所回答了关于"背景数据的使用方式和范围"的问题，其中 34% 的大学基于背景数据对某些类别的申请者给予调整后的录取资格，在确认阶段审查学术表现勉强合格的候选者时考虑背景数据的大学最多（占 68%），结合背景数据阐释招生考试成绩的大学最少（占 16%），见表 1。

表 1　英国大学对于背景数据的使用方式

背景数据 如何使用	不同专业的使用程度						
	所有	大部分	一些	很少	一个	没有 表明	总数
对某些类别的申请者降低录取标准	8	5					13
满足学术标准即可录取	9	7	3	2	1	1	23
用以决定是否邀请参加面试	9	5	2	1	1		18
评价招生考试的成绩	3	3					6
在确认阶段考虑学术表现勉强合格者	11	6	4	2	2	1	26
在额外、清档或调整阶段予以考虑	5	6	3	1			15
其他	4	3	2	1			10

资料来源：ZIMDARS A M, MOORE J, GRAHAM J. Is contextualized admission the answer to the access challenge?[J]. Perspectives：Policy and Practice in Higher Education, 2016, 20（4）: 143–150.

① OxPolicy. Contextual admissions：a method of improving accessibility to Oxbridge? Examing current policy, national trends and attitudes to contextual data [R/OL].（2016–04–30）[2016–09–11]. http://www.oxpolicy.co.uk/portfolio/increasing–accessibility–to–oxbridge/.
② ZIMDARSAM. Meritocracy and the University：Selective Admission in England and the USA [M]. London：Bloomsbury Academic, 2016.

为了更好地实施背景考察，SPA 提出了 5 条指导原则，期待各高校共同遵守。第一，需要基于证据且具备公平性，以确保为录取决策过程增加了价值。第二，需要与使用目的相关，如为录取决策过程提供背景性信息。第三，需要有效且可信（注意许多背景性信息，如 UCAS 申请表提供的信息都是自我声称的）。第四，能够提升包容性。选拔者应通过使用基于证据的专业判断，认识到申请者的潜能（如选拔者基于对不同因素的考量，不会以完全相同的方式评审每一位申请者，所有的申请者都是具备不同背景的个体）。第五，相关信息需要对申请者及其指导者保持透明，包括现在如何使用（如果有的话，将来会如何使用）、什么时候使用以及以往的招生季如何使用背景信息①。

四、背景考察的案例探究

牛津大学和剑桥大学的入学机会公平问题是英国社会的核心问题，两校扮演着在英国获得社会、经济和政治成功的守门人的角色②。两校在招生中都引入了生源背景考察。尽管对背景考察的重要性和理念有共同的认识，但两校在具体实施上却不尽相同。以牛津大学和剑桥大学为案例，有助于从微观层面更为细致地了解背景考察的具体运作。

（一）牛津大学

从 2008 年开始，牛津大学在录取决策过程中引入基于证据的背景信息，一个以"旗帜标记"申请者身份的系统被所有专业所采用，以确保招生导师能够辨识出拥有高成就但在社会地位、经济状况和教育背景上处于弱势的学生群体。2009 年，牛津大学与曼彻斯特大学一起采用了新的操作方案，即基于住

---

① WOODFIELD L, GRAHAM J. SPA's use of contextualized admissions survey report 2015（with HEDIIP）[R/OL].[2016–09–10]. https://www.spa.ac.uk/sites/default/files/Research–CA–survey–report–2015_0.pdf.

② OxPolicy. Racial inequalities in UK higher education：qualitative research into the under–representation of BME students at Oxford [R/OL].（2016–04–30）[2016–09–11]. http://www.oxpolicy.co.uk/portfolio/increasing–accessibility–to–oxbridge/.

址邮编以及就读学校在 GCSE 和 A-level 上的表现对申请者予以标记。该方案还对来自教育和社会经济弱势背景以及处于养育状态的申请者予以标记，以引起招生导师的额外注意。2011 年，来自高等教育参与率低的社区的申请者开始被标记。2012 年，来自牛津大学历史就读率低的学校的申请者开始被标记[1]。2016 年，牛津大学背景数据的使用情况见表 2。除表中标记类别外，牛津大学也会特别留意残疾学生的身份。残疾学生可在申请和面试前与牛津大学残疾学生咨询服务（Disability Advisory Service，DAS）部门联系，DAS 会对招生过程进行相应调整，如出台专门针对残疾学生面试调整的指导手册，以确保这些学生能够在筛选阶段得到特别的、认真的考量[2]。

表 2 牛津大学背景数据使用情况

标记维度	测量指标	指标解释	占申请总人数的比例	占面试总人数的比例	占录取总人数的比例	占注册总人数的比例
教育背景	pre-l6	标记就读学校 GCSE 表现（或同等证书）低于全国平均水平的申请者	6.53%	6.42%	6.22%	6.05%
	post-16	标记就读学校 A-level 表现（或同等证书）低于全国平均水平的申请者	13.78%	13.52%	13.19%	12.82%
	目标学校	标记来自 3 年内 A-level 成绩达到 AAA 的学生不超过 30 人（如每年平均 0~10 个学生达到 AAA），且历来很少为牛津大学输送生源的学校的申请者	18.18%	17.97%	16.89%	16.56%
住址	ACORN	标记住址邮编属于 ACORN 组 4 和组 5（即居民为"财政困难"或住在"城市贫民区"）的申请者	6.73%	6.55%	6.23%	6.05%
邮编	POLAR3	标记住址邮编属于 POLAR3 组 1 和组 2（即高等教育参与率排名为倒数 40% 的地区）的申请者	8.57%	8.75%	8.67%	8.49%

---

① University of Oxford. Agreement with the Office for Fair Access 2016–17［R/OL］.［2016–09–10］. https://www.offa.org.uk/agreements/University%20of%20Oxford%201617%20amended%20December%20 2015.pdf.

② University of Oxford. Agreement with the Office for Fair Access 2016–17［R/OL］.［2016–09–10］. https://www.offa.org.uk/agreements/University%20of%20Oxford%201617%20amended%20December%20 2015.pdf.

续表

标记维度	测量指标	指标解释	占申请总人数的比例	占面试总人数的比例	占录取总人数的比例	占注册总人数的比例
养育状态	养育	标记处于养育状态超过3个月的申请者	0.12%	0.12%	0.12%	0.11%

注：① GCSE 表现指数学和英语（或威尔士语）科目的 GCSE 成绩；② Pre-16 相当于初中，Post-16 相当于高中；③ POLAR3 为 POLAR 数据集的最新版本；④养育状态记录在 UCAS 申请表中，牛津大学在后期的验证过程中也会再次核查该信息；⑤表格前3列数据源自文献①；⑥表格后4列数据源自 2009—2015 年牛津大学关于标记学生群体的申请、面试和录取情况，见文献②。

在背景考察的具体操作上，牛津大学招生办公室会集中核对所有英国申请者的背景数据，并对符合任一维度的学生进行标记后发送给各专业。如果被标记学生的 A-level 预测成绩达到要求（某些专业还要求入学考试成绩达到一定分值），招生办公室会强烈建议专业学院给予该生额外的面试机会，即不占用学院依据正常学术标准邀请面试人员的名额。如果被标记的弱势学生没有得到面试机会，学院需要提供解释，同时相关学生在录取决定公布后可以要求核查③。

（二）剑桥大学

为了确保所有申请者得到公平、完整的评价，剑桥大学招生办公室也会将包含背景性数据在内的一系列申请信息以电子表格的形式发给各学院负责招生的导师。背景性数据涉及 6 个维度（表3），如果申请者符合其中一个维度，相应的领域则会加入"旗帜"标记。在地理—人口学数据的使用上，剑桥大学意识到，尽管 OAC 和 POLAR3 可以甄别出在当前剑桥申请者中未被充分代表

① University of Oxford. Contextual data［EB/OL］.［2016-09-04］. https://www.ox.ac.uk/admissions/undergraduate/applying-to-oxford/decisions/contextual-data?wssl=1.
② OxPolicy. Contextual admissions：a method of improving accessibility to Oxbridge? Examing current policy, national trends and attitudes to contextual data［R/OL］.（2016-04-30）［2016-09-11］. http://www.oxpolicy.co.uk/portfolio/increasing-accessibility-to-oxbridge/.
③ 同①.

的学生群体，这些数据也并非有关社会经济状态或社区高等教育参与率的完美指标，并且个人的境遇与所居住的区域不一定一致（如可能存在贫穷学生居住在富人区的情况）。因此，剑桥大学非常谨慎地使用背景性数据，并不将这些信息从申请材料中单独分离出来。在就读学校数据的使用上，剑桥大学声明，对被牛津大学和剑桥大学两校录取情况的审查不是用来测量学校的质量或申请者的相对表现，而在于使招生导师意识到学校在为学生申请剑桥提供的建议上和帮助学生准备面试上给予的帮助是有限的[①]。

表3　剑桥大学背景数据使用情况

标记维度	测量指标	指标解释	占申请总人数的比例	占录取总人数的比例	录取率
地理—人口学	OAC	标记来自相对弱势背景和剑桥大学申请率低的社区的申请者	7.1%	6.4%	23.9%
数据	POLAR3	标记住址邮编属于POLAR3组1和组2的申请者	8.4%	8.1%	25.6%
就读学校	GCSE	标记来自限额GCSE成绩低于40的学校的表现申请者	13.1%	13.4%	27.2%
数据	被牛津大学、剑桥大学录取情况	标记来自过去5年内被牛津大学或剑桥大学录取的学生少于5人的学校的申请者	18.4%	12.7%	18.6%
个人境遇	养育	标记不论时长、在地方权威养育机构有生活经历的申请者	0.2%	0.1%	19.2%
数据	《特殊情况声明表》	标记完成了该表的申请者，使得招生团队意识到特殊情况对申请造成的影响			

注：①OAC即输出地区分类，为英国的国家统计局办公室（Office of National Statistics）使用人口普查数据对区域社会经济状况做出的分类；②限额GCSE成绩的计算为学校每位学生8门最好的GCSE成绩的平均值。GCSE成绩等级从高到低依次为A*、A至G。计算限额GCSE成绩时，A*计为8分，G计为1分；③就读学校数据由招生考试服务处（Admissions Testing Service）提供，仅包括英国的学校；④表格前3列数据源自文献[②]；⑤表格后3列数据源自2014—2015年剑桥大学关于标记学生群体的申请和录取情况，见文献[③]。

① University of Cambridge. Contextual data ［EB/OL］. ［2016–11–02］. http://www.undergraduate.study. cam.ac.uk/applying/decisions/contextual–data.

② University of Cambridge. Contextual data ［EB/OL］. ［2016–11–02］. http://www.undergraduate.study. cam.ac.uk/applying/decisions/contextual–data.

③ OxPolicy. Contextual admissions：a method of improving accessibility to Oxbridge? Examing current policy，national trends and attitudes to contextual data ［R/OL］.（2016–04–30）［2016–09–11］. http:// www.oxpolicy.co.uk/portfolio/increasing–accessibility–to–oxbridge/.

与牛津大学给予被标记的申请者额外的面试机会不同，剑桥大学对背景性数据的使用旨在为招生导师提供申请者最全面的情况及其取得成就的背景信息，而非用以提供面试机会或录取资格，抑或降低录取标准。剑桥大学也不要求招生导师就为何没有邀请被标记的申请者参加面试做出相应的解释。剑桥大学认为，这种方式可以使所有申请者得到整体性评价，在不对普通学生造成影响的同时，给予被标记的申请者特别仔细的审查，从而使得各学院可以做出与《公平入学协议》所设目标更加契合的录取决定①。尽管剑桥大学声明不会对弱势学生给予额外的照顾，但如果申请者获得多个旗帜标记且 As-Level 的 UMS 分数②很高，剑桥大学招生办公室会提醒招生导师在录取决策时给予特别严肃的考虑。剑桥大学基于 UMS 分数对所有申请者进行五分位制的排名，并期待各学院不会邀请排名在后 20% 的申请者来面试，除非他们得到多个标记或有特殊情况。对排名前 20% 的申请者，剑桥大学希望各学院可以给予录取资格，特别是在他们被标记的情况下③。因此，学术成就是剑桥大学录取决策的核心标准。只有当被标记申请者的学业表现优异时，才能得到一定程度的倾斜。

五、背景考察的实施效果评价

英国大学在录取过程中正式采用背景考察，显然对弱势学生传递了"欢迎申请"的信号，同时通过不同的形式尽可能地予以倾斜。然而，在精英大学的录取环节中，弱势学生在多大程度上获得实质性受益尚有待考证。就牛津大

① University of Cambridge. Contextual data［EB/OL］.［2016-11-02］. http://www.undergraduate.study. cam.ac.uk/applying/decisions/contextual-data.
② 传统 A-level 需要 2 年时间完成，由中学高级阶段中第一年末的 AS-level 和第二年末的 A2-level 组成。科目考核在课程每个模块结束时进行，各学年最后得到的加权总成绩分别为 AS-level 成绩和 A2-level 成绩，其中前者占 A-level 成绩的 50%。但在 2015 年英国政府开始实行的 A-level 改革中，新 AS 将从 A-level 中独立出来，考试成绩不再计入 A-level 成绩。另外，由于英国中学证书成绩以字母 表示，同时证书考试的科目和试卷组合难度、评分标准都不一样，为易于比较，UCAS 会根据统一计分量表将证书原始成绩转换成以百分比形式表示的 UMS 标准分。目前大部分英国大学都采用该体系，但也有一些大学例外，如牛津大学。
③ OxPolicy. Contextual admissions：a method of improving accessibility to Oxbridge？Examing current policy，national trends and attitudes to contextual data［R/OL］.（2016-04-30）［2016-09-11］. http:// www.oxpolicy.co.uk/portfolio/increasing-accessibility-to-oxbridge/.

学而言，表 2 中被标记学生在申请、面试、录取和注册人数中的占比显示，各类弱势群体基本上都能获得额外的面试机会，但与普通学生相比，弱势学生未必拥有更高的录取率。以 2015 年为例，所有被标记学生的录取率为 20.2%[1]，英国学生的整体录取率为 22.2%[2]，二者相差 2%。就剑桥大学而言，表 3 中被标记学生在申请和录取总人数中的占比显示，与牛津大学类似，各类被标记学生群体的录取概率也较高。然而，不管是哪一类别的弱势学生，均低于普通学生 28.5% 的录取率（普通学生占申请总人数的 67.3%，占录取总人数的 71.7%）[3]。另外，1997—2014 年，牛津大学录取的公立学校学生从 47% 增长至 56.3%，剑桥大学录取的公立学校学生从 51% 增长至 62.2%，但基于英国只有 7% 的年轻人就读于富裕的私立学校的事实，公立学校和私立学校生源进入两校的概率仍然存在很大差异[4]。

牛津大学和剑桥大学两校不同生源群体的入学机会差距可能与其背景考察的实施方式不够完善有关，更可能与其入学机会作为稀缺资源如何科学、公平地分配有关。在实施方式上，就牛津大学而言，有的招生导师非常反对依赖邮编作为评判标准，因为邮编掩盖的信息和揭示的信息一样多[5]。就剑桥大学而言，有批判的观点认为，目前的政策并没有解决入学机会的不平等问题，高成就的弱势群体并没有得到明显的补偿，也许招生导师应该给予更多被标记学生面试的机会，或者要求招生导师就为何没有录取被标记学生做出解释。同

[1] University of Oxford. Agreement with the Office for Fair Access 2016–17 [R/OL]. [2016–09–10]. https://www.offa.org.uk/agreements/University%20of%20Oxford%201617%20amended%20December%20 2015.pdf.
[2] 2015 年入学的学生中，11729 位申请者来自英国本土，其中 2599 人被录取。数据源自 https://public. tableau.com/views/UoO_UG_Admissions/ Domicile?%3Aembed=y&%3Adisplay_count=yes&%3AshowTabs =y&%3AshowVizHome=no.
[3] OxPolicy. Contextual admissions：a method of improving accessibility to Oxbridge? Examing current policy，national trends and attitudes to contextual data [R/OL].（2016–04–30）[2016–09–11]. http://www. oxpolicy.co.uk/portfolio/increasing–accessibility–to–oxbridge/.
[4] Sutton Trust. Oxbridge Admissions [R/OL].（2016–02–04）[2016–09–09]. http://www.suttontrust. com/researcharchive/oxbridge–admissions/.
[5] NAHAIR. "Decoupling" meritocratic policy from ground–level practice in elite university admissions? The case of Oxford University [D]. Kellogg College Dissertation at University of Oxford，2011.

时，牛津大学和剑桥大学两校录取决策中对背景数据的利用依赖于各学院招生导师自身的喜好，导师是否使用、如何使用并没有统一的标准[①]。在入学机会分配上，对诸如牛津大学和剑桥大学的精英大学而言，学术质量与公平之间的平衡更为艰难、充满争议。毕竟弱势群体的学业表现再好，也往往是相对个人弱势背景中的其他同伴而言的，而非是与所有申请者之间绝对水平的比较。一项关于牛津大学招生的研究指出，如果考虑到私立学校学生的高学术成就，他们实际上在选拔过程中处于不利地位[②]。因此，英国精英大学对个人背景的考虑和对弱势群体的倾斜，和美国大学招生中对少数族裔使用的肯定性行动一样，也被一些人质疑为存在逆向歧视，不利于来自良好背景的优秀学生。某罗素大学联盟的战略分析师也表示，考察背景的综合评价可能是政治上最有争议也是最难实施的录取决策方式，因为许多大学监管委员会成员的子女接受的都是私立教育[③]。

六、结语

在英国政府和高校的共同努力下，将申请者的学术成就置于个人的成长背景和教育背景中进行考察已成为英国大学招生的共识。然而，由于公众对精英教育资源的渴求，英国精英大学通过考察个人背景来提高弱势群体入学机会的实践一直存在争议。尽管如此，笔者相信背景考察仍将成为英国大学招生的常态，但使用方式将更为精细化和个体化，即将每位申请者作为独立的案例来考察，不自动录取被标记的某位弱势学生或某类弱势群体，而是认识到每位学生所处的生活和教育环境及其在逆境中取得的成就，从而对其发展潜力和专业学术要求之间的匹配性做出判断。另外，背景考察只是促进招生公平的路径之

---

① University of Oxford. Agreement with the Office for Fair Access 2016–17［R/OL］.［2016–09–10］. https://www.offa.org.uk/agreements/University%20of%20Oxford%201617%20amended%20December%202015.pdf.

② ZIMDARS A M. Challenges to Meritocracy? A study of the social mechanisms in student selection and attainment at the University of Oxford［D］. New College DPhil thesis at the University of Oxford，2007.

③ ZIMDARSAM. Meritocracy and the University：Selective Admission in England and the USA［M］. London：Bloomsbury Academic，2016.

一，需要与拓展工作、资助策略等共同作用，才能发挥作为干预手段的最大效力，扩大弱势群体在高等教育（特别是精英高等教育）中的参与。

（作者简介：万圆，华东政法大学中国法治战略研究院副研究员）

英国研究生学科专业目录：演变轨迹与启示

2015 年，我国启动实施了"世界一流大学和一流学科建设"战略。这一决策对于促进人才培养，提升高等教育水平与国家综合竞争力具有关键的战略意义。其中，加强一流学科建设离不开健全、科学的学科体系和有效的专业动态调整机制。因此，在"双一流"建设背景下，探讨我国学科专业设置及其调整具有重要意义。在我国，高等教育学科专业目录包括研究生学科专业目录与本科生学科专业目录。其中，研究生学科专业目录经过多次分类调整，已成为指导我国高校研究生教育层次设立学科专业和培养人才的重要依据。

在英国，研究生学科专业目录经历了从无到有、从层级分明到结构扁平化的演变轨迹。由于政治经济体制、高等教育机构历史沿革等因素，英国的学科专业目录设置与演进具有与我国不同的特点。本文通过回溯英国高等教育学科专业目录从 JACS 到 HECoS 体系的演变，探讨了其推进原因，进而结合其社会背景，分析了英国学科专业目录在其研究生教育中的功能与意义，并对我国今后修订和管理学科专业目录提出了政策建议。

一、英国学科专业设置的历史回顾

学科指知识按照学术的性质而分成的科学门类[①]。学科体系指某学科的范围和各个分支学科构成的一个有机联系的整体，具有规范性、稳定性、系统性和开放性的特点[②]。学科是高等学校最重要的组织基础，是高校发挥教学、科研、社会服务和文化传承四大功能的基本平台。

在英国[③]，学位制度起源于12世纪末。当时，取得学位授予权的大学拥有自主决策并设定学科与专业的权力。随着高等教育大众化的不断发展，知识生产与分工的不断细化，高等学校在国民经济发展中的位置愈发重要，大学的专业设置与人才培养日益需要回应社会和政府的需求。与此同时，政府不断加强对高等教育的支持与管理，1919年的大学拨款委员会成立即为一例。政府的介入进一步推进了大学专业分类的步伐。

20世纪60年代，英国高等教育进入大学与多科技术学院并存的二元制时期，其中的突出事件即为多科技术学院的建立。大学拨款委员会规定，为了发展科技教育，多科技术学院中2/3的学额应为攻读纯科学和应用科学的学生提供[④]。这一时期，不同机构的专业设置和集群方式也存在不同（表1）。例如，以牛津大学和剑桥大学为代表的古典大学主要依托院系—专业的模式，而部分红砖大学则以学部—专业的模式进行专业集群。具体来说，第二次世界大战后社会经济的发展需求推进了自然科学和技术专业的不断发展，双学科和多学科专业相继设立。在多科技术学院中，学科设置可以被概括提炼为学群—专业的模式。在某一学群内，设置横跨不同学科门类的专业，而某一专业可同时被设置在不同的学群之中。

[①] 商务印书馆辞书研究中心.新华词典［M］.北京：商务印书馆，2001.
[②] 叶继元.国内外人文社会科学学科体系比较研究［J］.学术界，2008，（5）：35-36.
[③] 英国包括英格兰、苏格兰、威尔士和北爱尔兰4个地区，本研究考察的英国高等教育以英格兰为主，也适当顾及其他地区情况。
[④] 张烨.英国传统文化对其高等教育大众化进程的影响［J］.理工高教研究，2003，（12）：17-20.

表1　20世纪60年代至20世纪90年代英国大学专业设置与集群分类

类型	专业设置与分类	具体示例
古典大学	院系—专业	单科专业：农学、生物学、工程学、地质学、法学、哲学、物理学等。 双学科专业：农学—林学、经济学—哲学、哲学—物理学等。 跨多学科专业：经济学—哲学—政治学、工程学—经济学—管理学等
城市大学	学部—专业	理科学部：设动物学、植物学、化学、遗传学、地理学、数学—物理学、物理学—化学、植物学—地理学等专业
多科技术学院	学群—专业	数学和物理科学群：设有物理学、天文学、数学、逻辑学和一些跨学科的专业，包括逻辑和物理学、物理化学、数学经济学等。 同一学科设在不同的学科群：如历史学在亚非研究学群、文化与社区研究学群、欧洲研究学群、英美研究学群和社会学学群都有设置

20世纪60年代先后成立的大学统一招生委员会和全国学位授予委员会开始对各高校的专业进行编码。2002年开始，英国高等教育统计局（The Higher Education Statistics Agency，HESA）与高等院校招生委员会（The Universities and Colleges Admissions Service，UCAS）协作制定并通过了一个具有普适性的学科专业分类体系，英文缩写为JACS，即综合学科编码体系。这一高等教育学科专业分类体系同时涵盖本科生教育和研究生教育。自此开始，JACS成为指导政府质量监控、高校学科专业设置和企业雇佣毕业生的普适性学科专业分类体系。

二、英国学科专业目录的演变

（一）从JACS1.7版到JACS3.0版

2002年首次发布的JACS即JACS1.7版本。它对英国高等教育的专业设置起到了重要的指导作用。这一学科分类体系由高等教育统计处与高等院校招生委员会共同拥有和维护，并且定期进行评估与更新。随着高等教育学科范围和口径的不断变化，JACS体系在运行过程中分别经过了2次调整，形成了

JACS2.0体系（2007/2008）和JACS3.0体系（2012/2013）[①]。通过对JACS学科领域和主要学科代码的翻译、分析与整理，我们可以提炼概括其主要变化，并从具体学科变化中识别3个版本之间的异同。

总的来说，JACS的3个版本延续了其主要的学科领域设置思想，这一思想反映了其对于知识生产与分类的基本认知。这些学科领域包括医学及牙医、药物学、生物科学、兽医学、农学、物理科学、数学科学、计算机科学、工程与技术等大类，每个学科领域以字母开头。在每个学科领域中，设置数个学科主题，并以字母与3位数字组合为学科代码，在每个学科主题下详细描述其学科口径与内容。表2以JACS3.0版本中的法学为例进行具体说明。在JACS3个版本中，法学的主题没有发生明显变化，维持了一定的稳定性。其中，M100地区法和M200主题法虽与其他学科编码相似，但一定程度上指引了后续的学科分类与编码。

从2002年JACS1.7版本的发布，到2012年JAC3.0的更新版本面世，在每一个学科领域之中，均发生了学科及代码的变化。这些变化或是增减相关学科，或是重新界定某一学科的口径。例如，在社会研究这一学科领域中，JACS3.0版本中加入了发展研究这一专业，并将其定义为对于低收入和中等收入国家文化、地理、经济、环境、政治、技术和社会变革的区域性和全球性研究。传统学科如法学和数学变化相对较少，而在一些处在不断变革之中的学科，如计算机科学，则呈现出较为明显的学科分类变化。

表3梳理了计算机科学领域JACS 3个版本的变化情况。因篇幅所限，只涉及其中的主要学科代码，不穷尽所有专业。举例来说，JACS1.7版本和JACS2.0版本中的G400为计算机科学，统领随后的G410计算机结构与操作系统、G420网络与通信、G430计算科学基础、G440人机互动、G450多媒体计算科学等专业设置。其中，最为明显的变化是计算机科学从"G数学与计算机科学"这一大的学科门类中独立出来，在JACS3.0版本中成为单独的学科

① The Higher Education Statistics Agency. JACS［EB/OL］.［2019-01-15］. https://www.hesa.ac.uk/support/documentation/jacs.

领域"I 计算机科学",原有的学科专业也进行了增补和转移。其中,I500 健康信息学作为一个主题学科被增加,它是学习和设计在医疗健康行业捕捉、处理和使用信息的系统学科,包含 I510 健康技术、I520 生物信息学、I530 远程医疗及 I590 其他健康信息学相关专业。与此类似,同样回应社会和市场需求的 I600 游戏专业作为一个主题学科增加到 JACS3.0 版本的编码目录中,包括 I610 计算机游戏程序、I620 计算机游戏设计、I630 计算机游戏图形学等。I700 计算机生成的视觉及音频效果也成为一个单独的主题学科。可以说,这一变化与英国及全球的社会经济、科学技术的迅猛发展、企业和公民的需求变化是紧密相连的,也反映了 JACS 为代表的学科编码体系的时代性与指导性。

表 2　JACS3.0 版本的学科分类与口径:以法学为例

主要学科领域编码	学科编码	口径描述
M- 法学	M100 地区法	对于特定地理地区的法律研究
	M110 英国司法体系	英国的司法体系研究
	M111 英格兰法	对于英格兰地区的法律研究
	M112 威尔士法	对于威尔士地区的法律研究
	M113 北爱尔兰法	对于北爱尔兰地区的法律研究
	Ml14 苏格兰法	对于苏格兰地区的法律研究
	M120 欧盟法	对于欧盟的法律研究
	M130 公共国际法	对于欧盟法不适用地区的法律研究
	M140 比较法	对于不同法律结构和体系的研究
	M190 未涉及的地区法	与地区法相关但不适用于上述专业的研究,较少使用
	M200 主题法	对于法体某一主题的研究
	M210 公共法	对于公共法的定义与应用的研究
	M211 刑法	对于刑法的定义与应用的研究

续表

主要学科 领域编码	学科编码	口径描述
M– 法学	M220 私法	对于私法的定义与应用的研究
	M221 商贸法	对于商贸法的定义与应用的研究
	M222 合同法	对于合同法的定义与应用的研究
	M223 物权法	对于物权法的定义与应用的研究
	M224 侵权行为法	对于民事侵权与伤害的研究
	M240 法理学	法律的科学或哲学研究
	M250 法律实务	对律师的义务与要求的研究
	M260 医事法	与医疗行为有关法律的研究
	M270 法学社会学	从社会学和交叉学科视角对法律现象进行研究，链接法学、社会学、社会政策学和经济学
	M290 未涉及的主题法	与主题相关但不适用于上述专业的研究，较少使用
	M990 法律领域的其他学科	与法律相关但不适用于上述专业的研究，较少使用

表 3　JACS 主要学科代码变化：以计算机科学为例

学科 领域	JACS 主要学科代码		
	JACS1.7(2002/03–2006/07)	JACS2.0（2007/08–2011/12 ）	JACS3.0(2012/13–2019/09)
G 数字与计算机—I 计算机科学	—	G020 计算机科学领域的广泛项目	—
	G400 计算机科学	G400 计算机科学	I100 计算机科学
	G500 信息系统学	G500 信息系统学	I200 信息系统学
	G600 软件工程	G600 软件工程	I300 软件工程
	G700 人工智能	G700 人工智能	I400 人工智能
	—	—	T500 健康信息学
	—	—	I600 游戏

续表

学科领域	JACS 主要学科代码		
	JACS1.7（2002/03–2006/07）	JACS2.0（2007/08–2011/12）	JACS3.0（2012/13–2019/09）
G 数字与计算机—I 计算机科学	—	—	I700 计算机生成的视觉及音频效果
	G920 计算机科学领域的其他学科	G920 计算机科学领域的其他学科	I900 计算机科学领域的其他学科

（二）从 JACS 体系到 HECoS 体系

随着高等教育系统的不断发展，特别是科学技术的进步、全球化的不断加深、跨学科研究的推进，JACS 目录存在的一些弊端也逐渐显露。一方面，JACS 将主要群体的数量以及每个分支下面可能存在的学科数量限制在 21 个，这导致了许多复杂的学科领域受限于编码框架，一些学科为了获得足够的发展空间而被迫降低层次。因此，一些组织并不认可和使用 JACS 体系的编码，一些数据收集者也因此没有使用 JACS。另一方面，JACS 经历了 2 次重大的修改，到了第三版发布之后，层次结构中没有了任何进一步发展的空间，一定程度上限制了新兴学科与专业的发展。不仅如此，虽然英国高等教育统计处与高等院校招生委员会都使用了 JACS，但实施方法的差异意味着 2 个组织发布的主题数据没有可比性[1]。

基于此，近年来高等教育统计处与高等院校招生委员会开发了一套新的学科编码系统，即高等教育学科分类系统（The Higher Education Classification of Subjects，HECoS）。该学科编码系统将取代 JACS3.0，在 2019—2020 学年首次实施。本研究翻译并还原了 HECoS 体系的全部学科编码，通过对比其与 JACS 的异同，进而探讨该体系演变的主要原因。

---

① The Higher Education Statistics Agency. HECoS［EB/OL］.［2019-01-15］. https://www.hesa.ac.uk/innovation/hecos.

与 JACS 体系进行对比，HECoS 体系主要呈现出以下 2 个变化。

第一，打乱了学科脉络与层次。JACS 体系本质上是依托不同的学科领域分类，纵向细分其学科主题与具体专业，而 HECoS 从根本上打乱了这一纵向的学科体系和横向的学科联系。HECoS 包含与 JACS 类似的代码数量，但是与 JACS 不同的是，HECoS 是一个没有内在层级的简单学科列表，且 HECoS 的学科代码标识符是随机生成的六位数字，没有具体的意义，可以避免编码框架空间不足。

第二，学科分类更加细致。HECoS 因其不受学科层次和代码标识限制而使学科的分类细致化获得了极大的空间。以教育学为例，在原有的 JACS 体系中，共存在 4 个学科主题，统辖 34 个专业，其相互之间重叠交叉不大且数量有限。在 HECoS 体系中，与教育学相关的学科专业达到了 58 个，不仅在传统学科主题下有了更加细致的划分，且包含交叉学科和跨学科所衍生的新兴专业。

为了更好地展现 HECoS 体系的变化及其与我国学科体系的不同，本研究以教育学为例，说明我国学科体系与 JACS3.0 和 HECoS 体系的不同（表 4）。具体来说，无论是我国的学科目录体系还是 JACS 体系，均有较为明显的层次结构，如我国一级学科和二级学科，JACS 体系以 X100 和 X200 为代表的学科主题。HECoS 编码体系打乱了这种纵向的学科层次和横向的学科联系，形成了扁平化结构的学科设置。同时，在 HECoS 学科编码中，学科分类更加细致，出现了一系列之前没有的专业名称，如 101320 艺术心理疗法、101319 健康运动、101294 教练心理学，反映了不断细致的知识分工和基于现实需求的专业划分。如果我们认为学科划分是对特定知识领域及其界限进行的合理分类[1]，在一定程度上，HECoS 体系打破了这一分类体系。

---

[1] 华勒斯坦，等.学科·知识·权力［M］.刘健芝，译.北京：三联书店，1999.

表 4　英国 HECoS 学科分类体系、JACS3.0 学科分类体系与我国学科目录对比
（以教育学为例）

我国学科目录（一级学科与二级学科）	英国 JACS3.0 学科目录	英国 HECoS 学科编码相关学科
04 教育学	0401 教育学 040101 教育学原理 040102 课程与教学论 04010 教育史 040104 比较教育学 040105 学前教育学 040106 高等教育学 040107 成人教育学 040108 职业技术教育 040109 特殊教育学 040110 教育技术学	I 教育学	X100 教师教育 X110 教师教育——学前 X120 教师教育——小学 X121 教师教育——小学前期 X122 教师教育——小学后期 X130 教师教育——中学 X131 教师教育——3 阶段 X132 教师教育——4 阶段 X140 教师教育——高等教育 X141 教师教育——继续教育 X142 教师教育——大学教育 X150 教师教育——成人教育 X151 教师教育——教练 X160 教师教育——专业教育 X161 教师教育——特殊教育 X162 英语作为外语教学 X190 与教师教育相关的其他领域	100095 体育教练，100096 体育发展，100097 体育管理，100098 体育研究，100433 运动和锻炼科学，100454 成人教育，100455 童年和青年研究，100456 童年的研究，100457 幼儿教育，100459 教育研究，100460 继续教育，100461 高等教育，100462 学习支持，100463 早年教育，100464 小学教育，100465 中学教育，100466 青年和社区工作，应用心理学，临床心理学，100496 教育心理学，100497 心理学，100498 社会心理学，100499 运动和运动心理学，100507 成人教育教学，100580 岗位义务教育和培训，100509 高等教育教学，100510 早年的教学，100511 小学教学，100512 中学教学，101320 艺术心理疗法，101319 健康运动，101294 教练心理学，101341 沟通性心理学，101342 记忆和学习心理学，101343 超个人心理学，101344 生物心理学，101345 进化心理学，100950 职业心理学，100952 发展心理学，100953 儿童心理学，100954 商业心理学，100958 老化心理学，100959 心理学研究方法，100251 心理治疗，100985 健康心理学，101003 宗教心理学，101381 认知神经科学，101382 情感神经科学，101383 心理测验，101035 心理语言学，101462 定量心理学，101463 定性心理学，101246 专业的教育实践，100495 辅导服务，100513 英语作为外语教学，101322 导师，101276 工作实习经验（个人学习），101277 基于工作的学习，101278 就业能力（个人学习），101279 建议和指导（个人学习）
	0402 心理学 040201 基础心理学 040202 发展与教育心理学 040203 应用心理学		X200 学习技巧 X210 研究方法 X220 学习能力 X290 研究与学习相关领域	
	0403 体育学 040301 体育与人文社会学 040302 运动人体科学 040303 体育教育训练学 040304 民族传统教育学		X300 教与学研究 X310 早期教育中教与学 X320 小学教育中教与学 X330 中学教育中教与学 X340 高等教育中教与学 X341 继续教育中教与学 X342 大学教育中教与学 X350 成人教育中教与学 X360 专业教育中教与学 X370 全时期的教与学 X390 未被分类的教与学 X900 教育学其他学科 X990 未被分类的教与学其他学科	

（三）走向 HECoS 体系的主要原因

结合英国的学科历史沿革、社会经济发展背景和新时期的社会需求，可以认为，推动 JACS 体系向 HECoS 体系变化的主要原因有以下 3 个。

一是回应经济发展的需要。脱胎于以牛津大学和剑桥大学为代表的古典大学的英国高等教育，随着国民经济社会发展的需求，逐步更加重视实用技术专业。特别是 20 世纪 60 年代多科技术学院的建立为应用型和职业性专业课程设置带来了发展空间。20 世纪 80 年代后，多项改革措施的实施，如与企业共同制定教学合作计划、实施研究生综合培训计划等，进一步加强了高等教育与经济发展的紧密联系。更加适应社会经济发展需求的专业在近些年呈迅猛发展态势，如医学、计算机科学、艺术设计等，这一趋势也呈现在学科编码体系的变化。

二是科技发展的影响。英国高等教育专业设置同时受科学技术发展的影响，这一点早在 20 世纪 60 年代即现端倪。当时多科技术学院盛行的学群式方式是一种跨学科性更强的新型专业设置方式。进入 21 世纪以来，现代学科发展既高度分化又高度综合的特点，导致大量新兴学科的出现，如激光物理学，促进了交叉学科的融合发展，如可持续农业和景观发展专业。

三是原有体系的局限。JACS 系统的层次性在创立时期的社会背景下具有一定优势，为学科体系分层和系统性质量保障提供了可能。随着科学技术的迅速进步和学科的不断发展，该学科编码系统越来越不能满足现实的需要。在此情况下应运而生的 HECoS 有效地回应了这一问题，其结构设置一定程度上打破了原有学科结构和层级关系，使得系统随着新学科的出现具有更大的扩展空间。

三、英国学科目录在研究生教育中的功能

受高等教育发展历史影响，英国大学的学科专业设置更多地采用了"分散为政"的模式。2002 年发布并不断完善的 JACS 体系通过设置一个普适性的、

非强制性的学科专业目录，在英国高等教育质量保障署（Quality Assurance Agency for Higher Education，QAA）所提供的规范框架中对英国高等教育机构招生和学科设置发挥作用①。据此，英国的高等教育得以在一个政府、社会与高校共同认可的框架中运行。具体来说，JACS 体系及其学科编码在英国研究生教育中的功能可以概括为以下 2 个方面。

第一，提供系统的、权威的统计信息。英国研究生招生虽然是不同学校按照各自的学科专业设置进行的，但从归纳的角度出发，这些纷繁复杂的学科专业都可以在 JACS 中找到相应的位置。需要指出的是，这并不意味着国家对研究生教育以及高等教育进行直接控制和约束，不同的大学和学院可以根据自身条件和社会需求给学生提供形式多样、内容丰富的专业课程，但是学科专业目录的作用在于使这些多样性的课程更加容易为人们所理解。在当今社会，学生进行学校和学科的选择时往往通过网络搜索大规模数据，这就要求存在一个电子化而可比较的分类，JACS 就起到了这样的作用。

第二，为高等教育在学科设置、质量保障等方面提供支撑。通过学科专业分类和相应的学科代码对照，使英国传统上可以自主设置的学科专业具有了可以参照的标准，有利于其毕业生的职业资格认证，使雇主能够更好地识别其文凭和专业所发出的信号，并便于学生在不同学校和系统之间迁移流动。同时，这一目录的存在和大学对它的接纳有利于吸引潜在学生，也使得大学各学科专业可以在一个能够相互比较的基础上影响政府及社会对于高等教育的评估和决策。

由于 HECoS 体系在 2019—2020 学年投入使用，目前尚无法对作用和功能进行全面评估。从结构来说，该体系为以交叉学科为代表的新兴学科的出现和发展创造了空间。由于没有了学科层次和体系的限制，该编码语言可以被整个行业的数据收集者采用，使数据流标准化和合理化，为将来更大范围的利益相关者提供了使用共同学科编码系统的机会。同时，HECoS 还提供了不建

---

① Quality Assurance Agency for Higher Education. Code of practice［EB/OL］.［2019–01–15］. http://www. qaa.ac.uk/AssuringStandardsAndQuality/code–of–practice/Pages/default.aspx.

议的学科名称清单，并提供了与规范名称的对应关系，为学科名称的规范使用提供了指导，也可帮助使用者快速查找到规范的学科名称。在一定意义上，HECoS 学科编码的变化回应了社会、企业和个人发展的需求。然而，HECoS 对传统认可的纵向学科层次和横向学科联系进行了有意识地打乱，形成扁平化结构学科设置，这一体系能够在多大程度上得到高校认可，并指导高校有意识、有规划地进行学科专业设置与人才培养，仍旧是未知数。

四、对我国研究生学科专业目录设置的启示

通过将英国运行 10 余年的 JACS 体系、最新的 HECoS 体系和我国的学科目录进行对比分析，可看出两国在学科目录设置目的与机构、设计内容与功能等方面有较大的不同。

从设置目的和管理机构来看，我国学科目录是研究生教育的基础性工作，是国家进行学位授权审核与学科管理的基本依据，直接决定了学士、硕士研究生、博士研究生学位的授予、招生和培养，直接影响学科建设和教育统计分类工作。至于决策、制定、维护与调整是由国务院学位委员会、教育部等有关机构执行的，发布具备指令性的特点。在英国，研究生教育学科专业设置并非由全国统一指导，高等院校招生委员会、高等教育统计处、高等教育质量保障署、大学拨款委员会、教育与技能局等机构为了各自管理与控制的需要而采取了一些分类办法。前述的 JACS 和 HECoS 即是着眼于对高校人才培养项目分类和高等教育经费投入而进行的学科专业分类，服务于统计信息，并且为高等教育在学科设置、质量保障等方面提供支撑，学科的具体设置权力主要集中在英国大学手中。

从设计内容来看，根据国务院学位委员会、教育部印发的《学位授予和人才培养学科目录设置与管理办法》的规定,《学位授予和人才培养学科目录》实行分层管理，目前形成了 3 个层次构成的学科分类体系。我国学科分类的主要依据是学科属性和研究领域，强调相对独立、自成体系的理论、知识基础和研究方法，即使在与实际应用关系更紧密的专业学位目录设置上，很多也与学

术学位名称类似。而英国 HECoS 的编制则是根据实际高等教育活动和社会对学科专业概念的理解，区分了基于知识生产的学术活动中使用的学科概念和基于传授知识和人才培养项目的专业设置。通过对 JACS 的应用场景、英国社会和国际学生对学科目录的需求等方面的分析，HECoS 主要采用了基于传授知识和人才培养项目的专业设置方案，偏重于人才培养的方向而不是学科属性，以便多数部门和社会机构中获得更广泛的应用。HECoS 通过采取扁平化的学科分类体系，取消了层次分类，取而代之的是提供各学科专业的相关对应表，为利益相关者快速查找和应用相关学科专业服务提供了方便，也为新兴学科和交叉学科的发展提供了巨大的空间。

由于高等教育发展历史、政治制度和社会经济发展状况不同，我国和英国在学科设置方面存在着明显的差异。尽管如此，英国研究生学科专业目录仍旧能够为我国修订和管理学科专业目录提供有益借鉴。

一是整合不同层次的学科专业目录。学科专业目录是学位授予单位开展学位授予与人才培养工作的基本依据。我国现存多个学科体系，国家技术监督局于 1992 年发布的国家标准《中华人民共和国学科分类与代码》，共设 5 个门类，即自然科学、农业科学、医药科学、工程与技术科学和人文社会科学，下设有 58 个一级学科、573 个二级学科、近 6000 个三级学科。其中人文社会科学门类下共有 19 个一级学科和 42 个二级学科。教育部颁布的《学位授予和人才培养学科目录》中共设置了 13 个学科门类，包含 111 个一级学科。此外，还存在着由国家社会科学基金和社科院指定的学科级别分类目录（主要用于基金项目申请）和中国图书馆分类法（主要用于文献分类）。整合不同部门颁布的学科专业目录，不仅有利于学科建设和各类教育统计，扩大学科目录的使用范围和社会接受程度，也可以加快教育一体化进程，促进不同教育层次的衔接。

二是增加高校学科专业设置自主权。我国现行学科目录虽然包括了《专业学位授予和人才培养目录》，但学科名称与学术学位存在类似或雷同，专业学位类别和领域存在培养范围重复的情况。高校在专业学位设置和调整方面缺少应有的自主权，这一点和英国形成鲜明差异。不可否认的是，随着英国政府对高等教育控制的逐步加大，大学在学科、专业、课程设置方面的自主程度有所减弱；许多专业课程的开设也需要经过相关专业团体批准[①]，但高校仍旧具备一定的学科专业设置自主权。一定程度上，这为高校灵活地根据社会经济发展、科学技术进步与知识分工的细化与融合调整其专业设置提供了保障。

三是重视学科专业目录的公开渠道。从 JACS 到 HECoS，英国相关机构会定期在专门网站上公布和维护目录，便于使用者获取有关信息并及时了解变动情况，且其更新周期相对较短。由于我国学科目录的公布采用文件发布的形式，汇总整理时间间隔长，不利于社会全面了解目录的最新变化，二级学科尤其是难以通过公开渠道了解二级学科的全貌。相较于英国，我国的学科目录不仅关系教育统计，还直接规范人才培养过程并对社会招聘提供参考，影响范围更为广泛。近年来，时有发生的落户专业限制、招聘专业与现行目录脱节等事件，反映出社会对学科目录变动信息的接受滞后性较大。目录信息的公开和获取难易，直接影响到社会各方对目录的接受程度，这对新兴学科的影响尤为显著。

学科专业目录调整是高等教育领域知识生产与人才培养的重要依据，是我国研究生教育的学科建设和一流学科发展的重要保障。本文通过追溯英国高等教育学科专业目录从 JACS 体系到 HECoS 体系的演变轨迹，探讨了其体系特征与推进原因。英国国家指导性与高校自主性相结合、应用导向和用户导向相结合的具有较高灵活度的学科目录设置，可以为我国修订和管理学科专业目录提供有益借鉴。

（作者简介：韩双淼，浙江大学教育学院长聘副教授；许为民，浙江大学研究生院教授；衣龙涛，浙江大学研究生院办公室主任）

---

① 赵婷婷，张婷婷.英国高等教育学科专业结构的调整与启示［J］.中国大学教学，2002，（2）：52-54.

质量与评估篇

英国大学评价新动向：
基于"知识交流框架"的分析

知识创新是大学的共同使命与永恒主题。继"教学卓越框架"（TEF）和"科研卓越框架"（REF）之后，英国政府于2019年推出"知识交流框架"（Knowledge Exchange Framework，KEF），以评价大学知识生产与转化的经济社会贡献度，完善对大学服务社会的问责制度，推动大学与产业建立更为广泛、紧密的联系。步入新时代，我国大学面临着适应与促进经济社会发展的新挑战，高等教育评价体制机制改革迫在眉睫。英国KEF的新探索对我国完善高等教育评价机制具有一定的借鉴意义。

一、知识转化：新时代英国大学的新使命

21世纪以来，英国高等教育面临着新的社会责任，大学评价机制改革是对新使命的时代回应。

（一）创新型经济对大学知识转化的持续推动

2011年以来，英国政府采取多项措施以恢复公共财政和拯救破产企业，并将失业率降至40多年来的最低水平[1]，但薄弱的经济产出能力使英国在国际

---

[1] Industrial Strategy：Building a Britain Fit for the Future［EB/OL］.［2020-06-21］. https：//assets. publishing.service.gov.uk/government/uploads/system/uploads/attachment data/file/664563/ industrial-strategy-white-paper-web-ready-version.pdf.

竞争中面临着巨大压力，低生产率产生的长尾效应持续阻碍英国的经济增长和居民收入提升。"脱欧"行动也进一步加剧了英国研发投入不足和科研成果商业化能力不足等矛盾。为应对新时期的经济挑战，英国政府开始作出战略性回应。2017 年 1 月，特蕾莎·梅政府发布《产业战略》绿皮书，强调英国现代工业战略的目标是充分发挥既有优势，缩小产业、地方和个体间生产力的差距，通过提高全国的生产力来推动经济增长，提升人民的生活水平，同时提出了实现现代英国产业战略愿景的十大支柱领域[①]。同年，英国政府发布《产业战略：建设适合未来的英国》白皮书，将实现经济转型的路径确定为"五大要素"和"四大挑战"[②]，并提出制定一个新的知识交流框架来衡量大学在促进知识共享、知识交流和科研成果商业化方面所作的贡献，以更好地实现产业战略目标。2019 年 7 月，约翰逊接任英国首相后，提出"变革国家，完善基础设施，提升教育和促进科技发展"的理念[③]，将梅政府时期产业战略的十大支柱领域聚焦到航空、汽车、医药和化学领域，将"五大要素"调整为基础设施、人才技能和科研创新，试图通过完善科学管理评估体系，加强创新扩散能力和知识应用能力[④]，从而继续维持英国作为世界科学大国的领先地位。可以说，确保"全球英国"战略的实现成为促成 KEF 启动和实施的直接推手。

（二）英国政府对大学知识创新的政策引导

英国大学素有自治的传统，在国家创新体系中独领风骚。20 世纪 90 年代，英国政府进一步加强对国家创新体系建设的政策引导。1993 年，英国政府发

① Building Our Industrial Strategy Green Paper［EB/OL］.［2020-06-21］. https：//assets.publishing. service.gov.uk/government/uploads/system/uploads/attachment data/file/611705/building-our-industrial-strategy-green-paper.pdf.

② Industrial Strategy：Building a Britain Fit for the Future［EB/OL］.［2020-06-21］. https：//assets. publishing.service.gov.uk/government/uploads/system/uploads/attachment data/file/664563/industrial-strategy-white-paper-web-ready-version.pdf.

③ Boris Johnson's Victory Speech in Full BBC［EB/OL］.［2020-06-21］. http：//www.bbc.com/news/election-2019-50777071.

④ KITSON M. Innovation Policy and Place：A Critical Assessment［EB/OL］.［2020-06-21］. https：//michaelkitson.files.wordpress.com/2019/07/innovation-policy-and-place-final-draft-preprint-version.pdf.

布"新科技政策宣言"——《实现我们的潜力：科学、工程与技术战略》白皮书，强调科学研究和知识创新在国家创新体系构建中的重要作用。之后的《迪尔英报告》《大学与企业合作兰伯特回顾》《赛恩斯伯里评论》，不断推动创新政策在大学校企合作和知识成果转化领域的实施。知识交流是提升企业竞争力和促进创新驱动发展的重要因素，因此英国政府于 2014 年制定的《科学与创新战略》和 2016 年发表的《高等教育：知识经济的成功》白皮书都明确提出，应开发一个基于证据的"知识交流框架"，以评估大学知识交流绩效，鼓励创新创业的开展和经验分享，促进大学知识交流能力专业化，同时鼓励大学的科学研究要面向实际需求，从而创造经济价值和社会价值，服务国家和地方创新体系建设 ①②。

（三）英国大学对履行社会责任的新回应

19 世纪末的英国高等教育系统改革，折射出大学如何更好地履行为经济社会发展服务的使命③。回应社会问责激发了大学参与知识交流活动的兴趣和热情，也使大学经费来源多元化。21 世纪初，英国工党政府力图以"第三渠道活动"的形式推动高等教育机构与私营部门、公共部门等外部机构之间的知识交流④。英国高等教育商业和社区互动调查数据显示，2016—2017 年，英国30 余所大学与 36902 家中小型企业、其他商业机构、非商业机构、第三方公共部门等外部机构进行了各种形式的知识交流活动，如合作研究、委托研究、

① Success as a Knowledge Economy：Teaching Excellence, Social Mobility and Student Choice ［EB/OL］.［2020-06-21］. https：//assets.publishing.service.gov. uk/government/uploads/system/uploads/attachmentdata/file/523546/bis-16-265-success-as-a-knowledge-economy-web.pdf.

② Our Plan for Growth：Science and Innovation ［EB/OL］.［2020-06-21］. https：//assets.publishing.service.gov.uk/government/uploads/system/uploads/attachment _data/ file/387780/PU1719HMTScience.pdf.

③ BARNESSV. England'Civic Universities and the Triumph of the Oxbridge Ideal ［J］.History of Education Quarterly，1996，36：271-305.

④ MOORE B，HUGHES A，ABREU M. Evaluation of the Effectiveness and Role of HEFCE/OSI Third Stream Funding：Report to HEFCE by PACEC and the Centre for Business Research, University of Cambridge ［EB/OL］.［2020-06-21］. https：//www.cbr.cam.ac.uk/fileadmin/userupload/centre-for-business-researchdownloads/special-reports/special report-evaluation effectiveness hefce.pdf.

咨询服务、专业教育课程（CPD）、设备（设施）租赁服务等，累计创收 14.4 亿英镑[①]。对此，乌尔里克森指出，英国大学的知识交流活动范围广泛，具有"围绕个人活动开展"的个体性特征、"商业性质"的市场化特征、"外部参与"的互动性特征和"覆盖广泛"的多样性特征[②]。

二、"知识交流框架"的评价指向与特征分析

作为大学评价的重要工具，KEF 是在细致考察、反复酝酿的基础上产生的，具有明显的英国特色。

（一）目标与过程：KEF 的提出与推进

KEF 的目标主要包括 2 个方面：一方面，通过为英国大学提供开展知识交流活动的有效信息，引导大学根据自身办学定位、伙伴关系、研究实力和教学能力确定潜在优势领域和优先发展领域，提高学术创业的整体质量和标准，以取得卓越的知识应用成效；另一方面，为企业等知识用户提供与大学建立合作伙伴关系的信息，指导用户作出有效决策[③]。KEF 由英格兰高等教育基金委员会（HEFCE）主导开发和实施，从整体上看历经了 3 个阶段。

1. **数据收集阶段：明确决策依据**

麦克米兰专家团队受英格兰高等教育基金委员会委托，收集和整理全球大学的优秀技术转移实践案例，编写了《大学知识交流框架：技术转移的优秀实践》报告。该报告梳理了技术转移典型案例中采取的策略和路径，对大学参与外部知识交流活动的有效性做出了全面分析。此外，根据英国知识产

① The Higher Education–Business and Community Interaction(HE–BCI) Survey［EB/OL］.［2020–06–21］. https：//www.hesa.ac.uk/data–and–analysis/providers/business– community.

② ULRICHSEN T C. Knowledge Exchange Performance and the Impact of HEIF in the English Higher Education Sector［EB/OL］.［2020–06–21］. https：//www.Researchgate.net/publication/304247021 Knowledge_ExchangePerformance and the Impact of HEIF in the English Higher Education Sector/download.

③ JOHNSON M T. The Knowledge Exchange Framework：Understanding Parameters and the Capacity for Transformative Engagement［J］. Studies in Higher Education，2020,（3）：1–18.

权办公室（UK Intellectual Property Office，UKIPO）和英国公营机构技术转移专业人士协会（Praxis Unico）提供的培训课程、许可证协议、期权、衍生公司等数据进行整理和分类，旨在为研究成果商业化提供咨询服务的私营公司——研究咨询公司建立了知识交流智库，细化知识交流的内涵，预估框架实施成本及实施中可能遇到的问题等[①]，分析知识交流活动的类型、领域以及不同类型活动所需要的支持要素和影响因素，为框架基准的制定提供重要参考依据。

2. 基准制定阶段：确定评价指标

根据英格兰高等教育基金委员会的定义，"基准"是在对知识交流项目进行分析的基础上，为大学提供绩效衡量指标以及与其他部门进行比较的有效标准[②]。基准的科学制定有利于大学对知识交流活动的重要性和复杂性进行研判，制定针对性的战略战术，进而影响大学的资源配置。"框架"的确定分3个步骤：首先，英国研究与创新署（UK Research and Innovation，UKRI）依据大学学科集中度的聚类关联设定集群划分的标准[③]。其次，英国研究与创新署委托 Jisc 公司分析实验室制作 KEF 仪表盘，为参与 KEF 的大学提供更易于理解、对比和改进知识交流成效的指标[④]。最后，英格兰研究基金会（Research England，RE）根据知识的呈现形式和类型设定评估维度、指标和观测点。

---

① Effective Practice in Knowledge Exchange：Identifying Common and Ttransferable Practice in Knowledge Exchange between Universities，Business and Society. Prepared by Research Consulting on behalf of HEFCE［EB/OL］. http://webarchive. nationalarchives.gov.uk/20180319114541/http://www.hefce.ac.uk/pubs/rereports/year/2016/kepilots/.

② EGGINGTON E，OSBORN R. Knowledge Exchange. Key Areas in Development of a Set of Bench marking Indicators and a Benchmarking Toll for Higher Education Knowledge Exchange：A Small Scale Expert Study by IP Pragmatics Ltd［EB/OL］. https：//webarchive.nationalarchives.gov.uk/20180319114541/http/www.hefce.ac.uk/pub/rere– ports/year/2016/kepilots/.

③ ULRICHSEN T C. Knowledge Exchange Framework Metrics：A Cluster Analysis of Higher Education Institutions［R］.UKRI，2018.

④ Knowledge Exchange Framework Dashboards Demo［EB/OL］. http：//re.ukri.org/documents/2019kef–dashboards–demo–transcript/.

3. 框架实施阶段：自愿分期推进

2018—2019 年，在自愿申请的前提下，英格兰研究院选取 21 所大学参与试点，并在 2019 年和 2020 年先后发布《知识交流框架咨询报告》和《推动高等教育知识交流发展协定》，标志着 KEF 正式步入实施阶段。2020 年 1 月，英格兰高等教育基金委员会设立的高等教育创新基金（Higher Education Innovation Fund，HEIF）投入 2.5 亿英镑用于 KEF 第一轮建设[①]，建设期分为起步与发展、试点计划、实施和公布 4 个阶段。

（二）基本特征：探索更加科学合理的评价机制

从评估主体、评估维度、评估原则、评估方法和评估结果方面来看，KEF 呈现出多元性、聚焦性、均衡性、整体性、导向性特征。

1. 多元性：评估主体多方参与，提高了评估工作的整体效益

KEF 遵循"知识交流应确保合作伙伴的利益最大化"[②]原则，自提议到运作、建设、评估和改进等阶段，都有多元主体的广泛参与。具体而言，第一，组织方全程参与。英格兰高等教育基金委员会、英国研究与创新署和英格兰研究院是 KEF 提议、启动和实施的关键力量，也是助推 KEF 服务产业转型升级的主要规划者和掌舵人。第二，协助方大力推动。英国大学协会（Universities UK，UUK）、大学研究与工业联络协会（Association of University Research and Industry Liaison，AURIL）、英国公营机构技术转移专业人士协会是框架实施的重要推动者和合作方，分别代表大学、产业、公共部门等各层面的利益，协同组织方共同开发、设计和制定框架的具体方案。第三，研究方精心策划。麦克米兰专家团队和研究咨询公司为框架体系的设计进行了大量前期调研和案例

---

① Effective Knowledge Exchange to Put Universities at the Heart of Our Country's Future Universities Minister Chris Skidmore's Speech to Engagement Forum［EB/OL］. https://re.ukri.org/news-opinions-e-vents/news/effective-knowledge-exchange-to-put-universities-at-the-heart-of-our-countrys-future-universities-minister-chris-skidmores-speech-to-engagement-forum/.

② Concordat for the Advancement of Knowledge Exchange in Higher Education［EB/OL］. Httpss://www.universitiesuk.ac.uk/policy-and-analysis/reports/ Documents/2020/kec-concordat-consultation.pdf.

收集分析，为框架的制定提供理论支持。Jisc 分析实验室和英国知识产权办公室在这一基础上确定评估维度、指标和观测点，为 KEF 的具体实施提供具有可操作性的评估工具。第四，数据方有力保障。英国高等教育统计局（Higher Education Statistics Agency，HESA）、高等教育商业与社区互动中心（Higher Education–Business and Community Interaction，HEBCI）和高等教育创新基金为专家团队提供数据以评估知识交流成果，确保了知识交流活动证据来源的科学性和客观性。

可见，KEF 是政府、大学、产业部门、企业用户和公众社区等共同参与的多元利益相关者网络，在大学知识交流战略的制定和出台、大学知识交流活动信息的统计和公布、知识交流活动经费的资助和支持、知识交流活动优秀案例的宣传和推广等方面搭建了有效的合作平台。

2. 聚焦性：评估维度以"知识"为核心，激发知识生产模式重组

KEF 是以"知识"为核心要素的学术创业活动，在知识储备、新知识和实物平台等要素基础上形成了 3 个评估维度：现有知识基础、知识生成和有形资产。这 3 个维度构成了专家团队的主要观测点（表 1）

表 1　KEF 评估维度与指标

维度	类型	指标 / 变量	数据来源
现有知识基础	按职能划分的学术机构数量	教学 / 研究 教学 研究	高等教育统计局（HESA）
	按学科划分的学术机构比例	临床医学 / 综合医疗及牙医学 / 农林与兽医学 物理科学与数学 / 生物科学 工程与材料科学 / 计算机科学 / 建筑与规划 社会科学与法学 / 商业与管理学 人文、语言与教育学 / 创意、表演艺术与设计学	高等教育统计局（HESA）
	按教育背景划分的在校学生类型	全日制本科生 教学型全日制研究生 研究型全日制研究生	高等教育统计局（HESA）

维度	类型	指标／变量	数据来源
知识生成	不同领域知识生产规模	经常性研究收入 科学、技术、工程和数学（STEM），社会商业科学（SSB）和人文艺术（AH）研究性拨款与委托研究项目的收入 STEM、SSB 和 AH 研究质量	高等教育统计局（HESA）
	不同类型知识生产规模	不同来源的研究资助和委托研究项目 英国研究委员会／慈善机构 政府部门／地方部门／产业机构	高等教育统计局（HESA）
	研究领域国际联系规模	海外研究资助	高等教育统计局（HESA）
	高等教育机构知识生产强度	提交纳入"研究卓越框架"（REF）评审的全职学术人员所占比例在校研究生所占比例	高等教育统计局（HESA）
	学科知识生产强度	STEM、SSB 和 AH 各学院研究性拨款与委托研究项目的收入 根据 2014 年"研究卓越框架"（REF）统计 STEM、SSB 和 AH 发表的四星以上论文的比例	高等教育统计局（HESA） 2014 年"研究卓越框架"
	知识生产类型强度	学术人员从不同渠道（基金会、政府、产业和慈善机构）获取的研究性拨款与委托研究项目的收入	高等教育统计局（HESA）
	研究领域国际化程度	学术人员从海外获取研究性拨款与委托研究项目的收入	高等教育统计局（HESA）
有形资产	实物资产投入规模	研究性设施资本开支规模	高等教育统计局（HESA）
	实物资产投入强度	每学年资本开支强度	高等教育统计局（HESA）

资料来源：T. C. Ulrichsen. Knowledge Exchange Framework Metrics：A Cluster Analysis of Higher Education Institutions［R］. Research England，2018.

这种以大学知识传承、知识创造和知识应用为核心的评估维度具有明显的聚焦性，有利于推动知识生产模式的变革。一方面，高等教育系统内部资源将朝着更有利于知识生产和交流的领域集中，提高大学获取知识、生成知识和应用知识的能力；另一方面，以知识为核心的评估维度使大学更加重视高等教育系统外部生态环境，因为外部投入的合作、设施和资产等资源越多，其从事知识交流活动的机会就越频繁，知识交流活动的效率越高，与外部机构的互动越紧密[①]。

3. 均衡性：按集群划分评估对象，促进大学分类建设和学科生态发展

为有效考察大学的"影响力和贡献度"[②]，KEF 依据学科特征、研究经费来源、办学规模和学生类型等将大学分为 7 个集群：集群 E、集群 J、集群 M、集群 V、集群 X、艺术类集群和 STEM 类集群（表 2）。在评估时强调技术知识推动的生产力提升、商业知识贡献的经济效益、人文艺术知识产出的文化影响具有同等重要的意义，对平衡不同学科的知识贡献度和学科影响力至关重要。

表 2　KEF 大学集群划分及集群特征

集群及代表院校	集群特征
集群 E（29 所）：安格利亚鲁斯金大学、阿斯顿大学等	拥有 STEM 和非 STEM 学科在内并具备世界级中等水平以上研究实力的综合型大学； 研究经费主要来自政府部门、医院，产业部门资助经费占 9.5%； 以非全日制本科生为主，有小部分教学型研究生
集群 J（17 所）：伯明翰城市大学、提赛德大学等	以教学为主的中等规模大学，同时开展研究活动； 开展跨学科学术活动，如医疗卫生、计算机、建筑规划、社会科学、商科、人文、艺术设计等； 研究经费主要来自政府部门、医院，产业部门资助经费占 13.7%
集群 M（18 所）：法尔茅斯大学、利兹三一大学等	以教学为主的小规模大学； 涉及医疗卫生和非 STEM 学科领域的跨学科学术活动； 研究经费主要来自政府部门、医院，产业部门资助经费占 14.7%
集群 V（17 所）：剑桥大学、牛津大学、帝国理工学院、沃里克大学等	具备广泛的综合类学科且拥有卓越研究实力的研究型大学； 研究经费资助主要来自政府部门和慈善机构，产业部门资助经费占 10.2%； 重要学术活动集中在临床医学和 STEM 学科； 拥有相当数量的教学型研究生和学术型研究生

① Strengthening the Contribution of English Higher Education Institutions to the Innovation System：Knowledge Exchange and HEIF Funding：A Report for HEFCE ［R］. Public and Corporate Economic Consultants，2012.

② University Knowledge Exchange (KE) Framework：Good Practice in Technology Transfer. Report to the UK Higher Education Sector and HEFCE by the McMillan Group ［R］. Higher Education Funding Council for England，2016.

续表

集群及代表院校	集群特征
集群 X（20 所）：布鲁内尔大学、伦敦政治经济学院、拉夫堡大学、杜伦大学、郝尔大学、肯特大学等	大规模研究型大学，具备综合性学科和雄厚的研究实力； 研究经费主要来自政府部门，产业部门资助经费占 8.5%； 学科设置呈现出临床医学学科偏少以及 STEM 和非 STEM 学科数量相当的特点； 以教学型研究生为主
艺术类集群（21 所）：伯恩茅斯艺术大学、英国皇家音乐学院等	涵盖艺术、音乐、戏剧等学科的专业机构，拥有高度集中的相关学科学术人员，机构规模相对较小
STEM 类集群（12 所）：英国癌症研究院、克兰菲尔德大学等	涵盖科学、技术、工程和数学等学科的专业机构，拥有高度集中的相关学科学术人员； 在生物科学、兽医学和工程学领域拥有较强的研究实力

资料来源：UKRI, Research England. Knowledge Exchange Framework Clustering and Narrative Templates：Report Detailing the Clustering Arrangements and Providing Narrative Statement Templates for the First Iteration of the Knowledge Exchange Framework［R］. Open Government Licence by the UK Government，2020.

4. 整体性：评估方法动态综合，加强评估的针对性和客观性

在评估方法上，KEF 采取聚类关联分析、定量公式计算和定性材料陈述等混合评价方式，在对评估对象进行集群划分的基础上，根据评估基准和观测点进行公式量化，同时参考评估对象提交的定性陈述材料。首先，采用聚类关联法分析，即根据现有知识、新知识和有形资产 3 个维度，采用分层隔离联动聚类法确定院校聚类数量和重心位置，测算院校成员的聚合度[1]，并兼顾各类院校共性、个性与群性等机构特征。其次，采用定量分析，选取 7 个指标维度和 17 个观测点作为大学知识交流活动开展情况的评价依据[2]。参评院校提供评估要求数据，同时使用 3 年内动态权重数据作为有关指标与观测点的评估变量，保证评估数据的准确性和可预测性。最后，开展定性分析，即参评院校可根据自身背景、区域发展与重建、公众与社区参与 3 个方面的情况提交书面陈

[1] ULRICHSEN T C. Knowledge Exchange Framework Metrics：A Cluster Analysis of Higher Education Institutions［R］.UKRI，2018.
[2] Research England Knowledge Exchange Framework Clustering and Narrative Templates［EB/OL］.https：//re.ukri.org/documents/2020/knowledge-exchange-framework-clustering-and-narrative-tem-plates/.

述,对办学使命、历史背景、财务状况以及所处地理区域的战略价值等进行自评。

5. **导向性:评估结果采取应用导向,推动大学办学方向和资源配置调整**

在评估结果方面,通过交互式仪表盘的形式对大学的知识交流成效进行观测,以 3 年平均值核算的十分位数评估参评院校的表现,并从机构、集群和比较 3 个维度呈现参评院校的排名情况,依据参评院校与同类集群平均水平的比较情况,排名分为前 10%~50%、后 10%~50%[①]。从 2021 年 3 月 31 日发布的首轮评估结果来看(表 3),排名具有 3 个特点:一是研究型大学(集群 V)占据了研究合作、商业合作、公共部门合作、知识产权商业化和公众与社区参与 5 个指标前 20% 的排名,表现出雄厚的研究实力和知识服务能力;二是教学型大学(集群 E 和集群 J)在商业合作、创新创业和公众与社区参与中发挥了积极的作用,承担着推动区域经济发展的重要职责;三是 STEM 类集群和艺术类集群院校依托专业优势在"创新创业"领域取得显著成效,是创新创业教育领域不可忽视的力量。

表 3 KEF 第一轮评估结果

指标	排名前 10% 的大学机构	排名前 50% 的大学集群
研究合作	坎特伯雷基督教会大学、哈珀亚当斯大学、帝国理工学院、基尔大学、伦敦大学国王学院、利物浦热带医学院、伦敦卫生与热带医学院、约克大学等	集群 V(20%)、STEM 类集群(40%)、集群 X(40%)、集群 E(50%)
商业合作	克兰菲尔德大学、哈珀亚当斯大学、帝国理工学院、伦敦音乐戏剧艺术学院、利兹贝克特大学、拉夫堡大学、牛津大学、谢菲尔德大学、诺丁汉大学等	集群 V(20%)、集群 E(50%)、集群 J(50%)、STEM 类集群(50%)、集群 X(50%)
公共部门合作	帝国理工学院、利物浦热带医学院、伦敦卫生与热带医学院、牛津大学、利兹大学、谢菲尔德大学等	集群 V(20%)、集群 X(30%)、STEM 类集群(50%)

---

① The Government's New Knowledge Exchange Framework(KEF) Report [EB/OL]. https://kef.ac.uk/dashboard.

续表

指标	排名前 10%的大学机构	排名前 50%的大学集群
创新创业技能	安格利亚鲁斯金大学、克兰菲尔德大学、伦敦音乐戏剧艺术学院、利兹贝克特大学、利物浦热带医学院、伦敦商学院、提赛德大学等	艺术类集群（50%）、集群 E（50%）、集群 J（50%）、STEM 类集群（50%）
区域发展与重建	法尔茅斯大学、基尔大学、普利茅斯大学、赫特福德大学等。	集群 E（50%）、集群 M（50%）、集群 X（50%）
知识产权商业化	考文垂大学、伦敦大学国王学院、牛津大学、利兹大学、谢菲尔德大学、约克大学等。	集群 V（20%）、集群 X（40%）、集群 E（50%）
公众与社区参与	考文垂大学、帝国理工学院、伦敦音乐戏剧艺术学院、利兹贝克特大学、牛津大学、利兹大学、谢菲尔德大学、沃里克大学、约克大学等	集群 V（20%）、集群 E（50%）、集群 J（50%）

资料来源：UKRI，RE. The Government's New Knowledge Exchange Framework（KEF）Report［R］. London: UKRI，2021.

三、启示：构建以知识增值为导向的绩效评价机制

进入 21 世纪以来，英国在构建政府、大学、企业相互协同的创新体系上持续发力。KEF 是以知识增值和创新孵化为核心、以政府政策为推手、以大学与产业合作为主体的评价方式，对提升知识转化率、促进大学履行社会责任具有重要意义。

一方面，KEF 推动大学与知识用户间进行双向交流，提升了大学知识生产的经济社会效益。知识交流是一种双向的互动交流[①]。KEF 通过英国大学联盟协会、英格兰高等教育基金会、大学研究与工业联络协会、英国公营机构技术转移专业人士协会等第三方中介机构推动大学与知识用户间的双向合作交流[②]，并

[①] MARSHALL J, REID G. Value in a Knowledge Exchange Framework［EB/OL］. https://www.ncub. co.uk/blog/value–in–a–knowledge–exchange–frame–work.

[②] The Dowling Review of Business University Research Collaborations［EB/OL］. https://assets.publishing. service.gov.uk/government/uploads/system/uploads/attachment data/file/440927/bis15352 The dowling review of business university research collaborations 2.pdf.

依托英国高等教育统计局和高等教育商业与社区互动中心实时统计和发布数据，为知识交流双方提供准确可靠的信息来源。大学从知识交流活动中获得了丰厚的办学资源，据 2018—2019 年调查数据统计，英国大学与中小型企业、其他商业机构、非商业机构、第三方公共部门等外部机构开展了密切的知识交流活动，参与知识交流的大学累积获得约 44.02 亿英镑的年度收益[①]，大学知识转化率得到大幅提升。

另一方面，KEF 在完善问责制度、健全大学绩效评估体系方面发挥了重要作用。教学、研究和社会服务是现代大学的三大职能，评价体系是检验高等教育质量的重要手段。英国从 2013 年实施"科研卓越框架"（REF），2017 年实施"教学卓越框架"（TEF），到 2019 年正式启动"知识交流框架"（KEF），已逐步建立起一套涵盖教学质量、科研质量和服务质量的整体评估体系，被英国政府学生事务办公室和英国研究与创新署视为"互为补充的三大支柱"[②]，对人才培养、科研创新和社会服务的整体质量提升与均衡发展产生了积极影响。

但是，强调市场逻辑的 KEF 是新自由主义对高等教育渗透的表现，也隐藏着一些不利于大学发展的因素。有学者指出，新自由主义强调市场逻辑与商业价值，承认资本利益介入教育的正当性，导致学术资本主义的产生[③]。KEF 的市场逻辑助推了学术资本主义的产生，并进一步强化了大学企业化的思维模式，加剧了学术职业群体的分层和分化[④]。随着新自由主义在高等教育的渗透，学术职业身份出现由"学术精英"向"知识工人"的转变[⑤]，如英格兰高等教育创新基金、英国大学科学院的联络能力基金项目（Connecting

---

① The Higher Education Business and Community Interaction(HEBCI) Survey［EB/OL］.https：//www.hesa.ac.uk/data－and－analysis/business－community/services.

② Collaboration Agreement between The Office for Students (Ofs) and UK Research and Innovation［EB/OL］. https://www.ukri.org/wp-content/uploads/2020/10/UKRI-050920-CollaborationAgreementWith-OfficeForStudents.pdf.

③ 姜添辉.新自由主义对高等教育发展与治理模式之影响［J］.清华大学教育研究，2012，（4）：39-46.

④ 张银霞.新管理主义背景下西方学术职业群体的困境［J］.高等教育研究，2012，（4）：105-109.

⑤ 黄亚婷，彭新强.新管理主义改革进程中西方学术职业的变革与坚守［J］.比较教育研究，2015，（2）：45-52.

Capability Fund，CCF）、英国工程与物理科学研究委员会的影响力加速器基金项目（Impact Acceleration Accounts，IAA）、英国研究与创新署的弹射创新基金（Catapult Center，CC）等对知识交流活动提供专项经费资助，但同时也对知识交流实施成效与经费资助进行指令性捆绑，有可能助长大学在学科规划、项目申报和研究导向上的逐利行为。

大学的多种职能使其承载着艰巨复杂的任务。建立合理的评价制度来引导大学良性发展是新时代我国高等教育治理体系建设的重要内容。因此，KEF对我国高等教育评价体制改革具有启迪意义。

首先，要构建适应时代发展的多元化评价体系。高等教育系统是个生态集群，不同类型的大学既发挥整体性功能，又各具办学特色与优势。因此，一方面，开展评价时要注重大学教学、科研和社会服务等整体性功能的发挥，避免割裂式评判；另一方面，要重视不同类型大学的办学特色，避免"一刀切"。

其次，要健全科学合理的绩效评价机制。绩效是大学活力的外部表现，是衡量大学能力的关键指标。大学评价要内外兼顾，一方面，大学内部要重视基于知识生产与应用的评价指标，通过大学能力建设提高核心竞争力与社会贡献度；另一方面，大学外部要完善评价方法，通过合理的反馈与激励机制推动大学知识创新与技术应用。

最后，要完善互动式知识交流长效机制。高深知识既是大学生存的逻辑起点，也是大学发展的生命线。无论是在大学内部还是外部，知识交流都是双向甚至多向互动的过程，需要建立集数据统计、规范制定、框架实施和评价监管为一体的长效评价机制，推动知识生产与转移的多样化和生态化。

（作者简介：徐小洲，浙江大学教育学院教授；王劼丹，贵州大学外国语学院讲师）

竞争与卓越：英国 REF 2014 科研评估的实践与反思

　　英国高等教育科研评估是一种周期性评价高校各学科科研活动的典型绩效评价机制。经科研评估考核科研质量优异的高校通常能够获得更多的科研质量拨款。英国于 1986 年启动首轮科研评估，之后在 1989 年、1992 年、1996 年、2001 年和 2008 年连续开展了 5 轮科研评估（以下简称"RAE 科研评估"）活动。在对以往科研评估理念与方法做出重大调整的基础上，最新一轮以"科研卓越"为指向的 2014 年科研评估（以下简称"REF 科研评估"）已拉开帷幕。

一、REF2014 科研评估的推出背景

　　英国高等教育科研评估的主要目的是为英国高校所有学科的科研活动提供一种具有权威的和综合性的质量评价，并以此作为英国高等教育拨款机构科研拨款的依据[①]。科研评估反映出英国政府、高等教育主管部门，以及高等教育拨款机构的政策目标，即根据科研质量有选择性地进行资源配置。此外，高等教育科研评估在提供信息和基准，以及高等教育科研公共支出的绩效责任等方面也发挥了重要的作用。英国议会也发表报告认为，科研评估体制是有效

---

① HEFCE. Research Excellence Framework：Second Consultation on the Assessment and Funding of Research［R］. Bristol：HEFCE, 2009.

的。科研评估及科研质量拨款有助于高校更有战略性的管理其科研活动，鼓励高校将拨款用在取得卓越科研成果的领域，从而有利于改善整个高等教育科研的质量，实现科研投资的价值①。

如同英国教育与技能部（DfES）在政策咨询文件中认识到，RAE 科研评估虽然在提升科研质量方面发挥了巨大的作用，但在实施过程中也遇到诸多挑战：其一是 RAE 科研评估的规模过大、成本太高，已超过其本身的价值，因此未来的科研评估应更加高效；其二是科研质量拨款与其他渠道科研资助具有很大的相关性，因此实施一种基于计量的体制将更有利于分配经费；其三是既有的科研评估体制在一定程度上阻碍了科研战略的发展，影响了某些领域的科研活动②。对此，教育大臣约翰逊致函英格兰高等教育基金委员会主席大卫·杨，他也提出，2008 年以后的科研评估应该为减少官僚和更加透明创造条件，同时新的评估安排应确保减轻评估对高校及教职员工造成的官僚主义负担③。

正因如此，2006 年 3 月，英国财政部在发表的《科学与创新投资框架 2004—2014：下一步》中提出，2008 年后以一种基于计量的评价体系取代 RAE 科研评估的计划④。2006 年 6 月，英国教育与技能部发表政策咨询报告《高等教育科研评估与拨款的改革》就改革 RAE 科研评估开展公众咨询。2006 年 12 月，教育大臣阿兰·约翰逊在公函和教育与技能部在新闻公告中都提出 2008 年后将以新的科研评估和拨款框架取代 RAE 科研评估，并就改革的具体细节做出说明。2007 年 3 月，英格兰高等教育基金委员会（HEFCE）推出初步改革方案《未来科研评估与拨款的框架》。2007 年 11 月，英格兰高等教育基金委员会就学科划分、理科及其他学科评价和拨款方法、量化指标的使用、

① House of Commons Science and Technology Committee. The Research Assessment Exercise：Government Response to the Committee's Second Report［R］. London：The Stationery Office Limited，2002.

② DfES. Reform of Higher Education Research Assessment and Funding［R］. Bristol：HEFCE，2006.

③ Alan Johnson. Reform of Research Assessment and Funding［R］. London：DfES，2006.

④ DH, DfES, DTI and HM Treasury. Science and Innovation Investment Framework 2004–2014：Next Steps［R］. Norwich：HMSO，2006.

专家评审委员会的作用等科研评估改革的主要问题开展第一轮公共咨询①。此后，2009 年 9 月，英格兰高等教育基金委员会再次就科研评估改革的所有重要方面问题展开第二轮公众咨询②。2010 年 3 月和 2011 年 3 月，英格兰高等教育基金委员会先后发布《关于科研卓越框架设计的初步决定》和《关于评价科研影响的决定》，为改革后科研评估的实施提供了政策实施的框架和基础。

二、REF2014 科研评估的目标指向

追求科研卓越和实现更好的资源配置，从政府的角度而言，英国政府认为，过去 RAE 科研评估在推动高效科研管理变革方面发挥了重要作用，成为树立高校科研标杆的可靠手段，但 RAE 科研评估已不再是分配资源和提升质量的最好和最有效的方式，这也是英国政府探索科研评估体制改革的主要原因③。英国政府指出，政府的科研拨款比较有限，也正因如此，拨款应该用在"刀刃上"。科研拨款的首要目标就是要支持和鼓励开展世界一流的研究，而科研评估和科研质量拨款是实现上述目标的重要机制④。2004 年 7 月，英国政府制定了未来 10 年科学与创新投资框架。英国政府确认，将继续实施科研公共拨款双重支持制度，并以此作为大学科研拨款的组织原则⑤。英国政府指出，国家层面上的公共科研拨款主要是用以支持卓越研究，而"卓越原则"是维护英国科研的国际地位和科学信誉，奠定杰出、多样和有活力的科学基础，以及实现公共投资物有所值的基本原则⑥。英国政府承诺支持对卓越科学研究的公共拨款，并明确提出要通过科研评估来实现这种卓越，将评估的质量等级作为

① HEFCE. Research Excellence Framework：Consultation on the Assessment and Funding of Higher Education Research Post-2008［R］. Bristol：HEFCE，2007.
② HEFCE. Research Excellence Framework：Second Consultation on the Assessment and Funding of Research［R］. Bristol：HEFCE，2009.
③ DfES. Reform of Higher Education Research Assessment and Funding［R］. London：DfES，2006.
④ House of Commons Science and Technology Committee. The Research Assessment Exercise：Government Response to the Committee's Second Report［R］. London：The Stationery Office Limited，2002.
⑤ HM Treasury，DTI and DfES. Science and Innovation Investment Framework 2004-2014［R］. Norwich：HMSO，2004.
⑥ 同⑤.

"科研质量拨款"的主要依据应用于对大学的总项拨款①。英国政府认为，有必要继续实施一种甄别最佳科研活动体制，而其应遵循 2 个基本原则：一是评估能够使决策者和高校领导对高校科研绩效的比较与衡量时提供一种能够提振所有利益相关者信心的方式；二是评估要成为英格兰及其他各地区对高校选择性分配科研质量拨款的基础②。

从作为中介的拨款机构而言，英国高等教育拨款机构的宗旨是促进和维护科研部门的活力和国际竞争力，使其能够对经济繁荣、国民福祉和知识的扩展与传播做出重要贡献，而科研评估是实现上述战略目标的重要途径。科研评估政策的主要目的就是要保障高等教育各学术领域科研活动能够持久居于世界水平、充满活力和有效满足社会需求。具体而言，就是通过开展质量评估实施选择性的拨款分配，通过提供基准和信息树立声誉标杆，通过问责彰显科研投资的有效性和公共利益达成度。基于上述思想，新推出的 REF2014 科研评估作为一种科研评估框架其目标指向为：① 提升英国科研基础和各种形式科研活动的质量；② 支持和鼓励创新性和探索性研究，包括以新方法在新领域开展的跨学科研究；③ 奖励和鼓励有效分享、传播和应用科研发现，以及科研人员的思想在高校、工商业界和其他研究使用者之间的有效交流；④ 奖励和鼓励高校通过开展卓越研究为产业界、经济和社会做出贡献；⑤ 以国际标准为基准，实施并发布全面的和过程透明的质量评价，遴选最佳的高等教育科研成果；⑥ 支持高校改善科研管理和可持续发展③。

三、REF2014 科研评估的运作实施

作为一种长时段的评估活动，REF2014 科研评估在 2008 年 RAE 科研评估结束后便开始酝酿准备，并于 2010 年 3 月正式启动，截至 2015 年春季全部

① HM Treasury, DTI and DfES. Science and Innovation Investment Framework 2004–2014［R］. Norwich：HMSO，2004.
② DfES. Reform of Higher Education Research Assessment and Funding［R］. London：DfES，2006.
③ HEFCE. Research Excellence Framework：Second Consultation on the Assessment and Funding of Research［R］. Bristol：HEFCE，2009.

完成，其间，整个评估活动要持续 6 年时间，其主要运行程序包括以下 3 个方面。

（一）确定评估单元

REF2014 科研评估确定了 4 个学科大组，其中 A 组主要为医学、农学和食品科学，B 组主要为理学和工程学科，C 组主要为社会科学学科，D 组主要为人文、艺术、传播和宗教相关学科。4 个学科大组其下又设置了 36 个子学科组，即评估单元，36 个评估单元覆盖到所有的研究门类。各高校可自行选择评估单元并提交各类经费渠道资助的各种科研项目进行评估。专家评审委员会负责对每个评估单元的参评项目做出评价并打出等级。

（二）组建专家评审委员会

REF2014 科研评估专家评审委员会主要由科研人员和科研成果使用者组成。专家评审委员会的组建是一个"自下而上"开放的申请、提名和遴选过程。评审委员会根据评估单元划分为 4 个学科大组和 36 个子学科组。学科大组主要由组长、各子学科组组长，以及具有国际评估经验的专家和科研成果使用方的代表组成，主要负责领导和指导所属的各子学科组，制定相关的评估标准和工作方法。子学科组由组长和 10~30 名成员（具体人数根据所在学科组的规模和范围来决定）组成，负责根据学科大组评估标准和工作方法制定各具体学科的标准与方法，并据此评估各高校提交的评估材料。此外，REF2014 科研评估还聘请了相当数量的评估员负责在评估实施阶段帮助各子学科组开展评估活动。在学科组成员和评估员的任用上，英国各高等教育拨款机构在征求意见的基础上认定了 1950 个涵盖各类学术协会组织和科研利益相关组织的提名机构，被提名的学科评估组成员和评估员在满足相关学科领域的专业知识和评估活动经验的基础上，由高等教育拨款机构的首席执行官来任命[1]。

---

[1] REF2014. Units of Assessment and Recruitment of Expert Panels［R］. Bristol：REF，2010.

（三）确定评价标准

与此前的 RAE 科研评估相类似，REF2014 科研评估过程主要是基于专家的评审。各子学科评估组将在其评估单元内就提交材料进行评审。各子学科评估组将采用集体专业判断的方式对每个提交的材料做出总体评价，并向学科大组提供被评价高校的质量等级的建议。REF2014 科研评估各学科评审组对高校科研工作的评估主要根据科研产出、科研影响和科研环境这 3 个独立的指标来进行。（有关 REF2014 科研评估的指标构成和评价标准可参见表 1）

表 1　REF2014 科研评估指标构成及评价标准

指标	科研成果质量	科研在学术界外的影响	科研环境
权重	65%	20%	15%
评价标准	每位教师最多 4 项科研成果（限 2008—2013 年发表）	科研影响案例研究以及取得该影响策略的详细描述	有关科研战略、学生、教师、科研收入、设施和合作等方面的数据信息

资料来源：REF2014. Assessment Criteria and Level Definitions［EB/OL］.［2014-04-02］http：// www.ref.ac.uk/panels/assessmentcriteriaandleveldefinitions/.

新的 REF 科研评估延续了 RAE 对科研成果质量的高度关注，在新的评估体系中该指标仍具有举足轻重的位置，权重占到 65%。评价科研产出即科研成果质量的主要指标是根据国际科研质量标准衡量科研成果的原创性、重要性和严谨性。其中，科研产出包括原创性的研究发现、研究报告、数据综合、书评、案例研究、方法和理论成果，以及技术鉴定等。同时，上述科研成果需要以同行评议期刊论文、会议论文、学术专著及著作章节、专利等知识产权，提交给政府部门、慈善团体、专业团体和工商业界的研究报告等形式公开发表，以及以新材料、软件包、图像、设备等其他应用性研究成果的形式呈现。各高校相关学科每位教师需要提交最多 4 项科研成果（限 2008—2013 年发表）。据此，高校提交的科研成果可被评定为从 1* 到 4* 的 4 个等级，如果科研成果的质量尚未达到国内水平或科研成果不符合本评估中对科研的定义则无等级。

　　除了从学术角度对科研成果的卓越进行评价外，REF2014 科研评估首次明确提出对科研成果在学术界以外的影响进行评价。REF2014 科研评估此举的主要目的是激励高校与企业界、公共部门和公民社会组织合作开展科研开发项目，并从合作成果中汲取新思想。REF2014 科研评估所强调的影响主要是指科研成果在学术界以外，对经济、社会、文化、公共政策或服务、卫生、环境及生活质量等方面产生的任何效果、变革和收益，其权重为 20%。科研影响主要从科研活动的范围和意义 2 个维度进行评价。其中，范围是指科研活动产生影响和作用的扩展幅度；意义是指科研活动影响或作用的强烈程度。各高校负责收集和提交科研成果影响的支撑材料。其一是科研成果影响的案例研究。案例研究所涉的科研成果必须是高校 1993 年以来开展的并在 2008—2013 年发表的高质量的研究成果。高校可提请科研成果使用方提供产生影响的有关证据或证明。案例的数量按每 10 名教师 1 个案例的比例提交。其二是科研成果影响的策略。各高校需要详细说明如何与科研成果使用方合作，促使科研成果取得影响[1]。

　　科研环境也是 REF2014 科研评估新增的评价指标，该指标的权重为 15%。对科研环境的评价主要围绕科研的活力和科研的可持续性来进行。其中，活力主要考察的是一个评估单元为科研活动提供激励性和促进性环境的程度，是否制定有效的战略规划，是否参与到国内和国际科研共同体，能否通过其国际声誉吸引优秀的硕士研究生和博士研究生，以及是否有充足的科研经费支持等；可持续性主要考察的是面向未来的连贯的发展愿景，以及对科研人员和科研基础设施的投入等。具体而言，评价的内容包括总体情况、科研战略、科研人员（其中包括人事政策、教师发展、研究生培养等）、科研收入与基础设施，以及对科研合作提供的支持和对更大范围科研基地的贡献等[2]。

_____

① REF2014. A Brief Guide for Research Users [R]. Bristol：REF，2012.
② REF2014. Panel Criteria and Working Methods [R]. Bristol：REF，2012.

四、REF2014 科研评估的拨款意义

英国高等教育科研评估的一个重要特点就是将评估结果与高等教育拨款机构的科研拨款直接挂钩。1986 年第一次科研评估的结果决定了大学拨款委员会（UGC）近一半的科研拨款流向[①]。从英格兰高等教育基金委员会根据上一轮科研评估而进行的年度科研拨款来看，科研评估的结果对科研拨款同样起着重要的作用。在该委员会 2009—2010 年度总额为 15.72 亿英镑科研拨款中，科研质量主渠道拨款是以科研评估的结果作为主要依据的。科研质量拨款是科研拨款的重心，其经费总额达 11.06 亿英镑，占到整个科研拨款总额的 70%[②]。尽管基于 REF2014 科研评估新的科研拨款方案尚未出台，但可预期科研评估与拨款的关联方面将不可避免地具有极大的相似性。据《泰晤士高等教育》透露，REF2014 科研评估的结果依然决定着高校科研质量拨款，2013—2014 年度英格兰地区这部分拨款总额超过 10 亿英镑[③]。

从以往科研拨款的操作来看，科研质量主渠道拨款在经费分配上通过 2 个步骤来实施。首先是确定分配到各学科（即科研评估中的评估单元）科研经费的总额，其方法是根据不同学科科研成本的权重系数计算而得（表 2）。其次是将各学科（评估单元）的科研经费分配到各高校。在这个分配过程中，各高校所能获得的科研拨款与其在科研评估中取得的等级密切相关。从历次科研评估来看，这种拨款"门槛"一直处在不断抬高的发展趋势。例如，在RAE1992 科研评估中，如果一个学科的评估结果位居 5 个等级中最低的一个级别便无法得到拨款。RAE1996 科研评估则改为在 7 个等级中取得 1 级和2 级的学科会被取消拨款。而 RAE2001 科研评估进一步将这个拨款"门槛"提高到 3b 等级。在等级调整后的 RAE2008 科研评估中（表 3），如果科研评

① Maurice Kogan and Stephen Hanney. Reforming Higher Education［M］.London：Jessica Kingsley，1999.
② HEFCE. Recurrent Grants for 2009–10［R］Bristol：HEFCE，2009.
③ David Matthews. 'User'–friendly REF Panels to Gauge Impact［N］. Times Higher Education，2013–06–20.

估的等级为无等级或 1*，那么相应的拨款权重系数为 0，这意味着高校得不到拨款。有分析指出，REF2014 科研评估后，新的拨款公式将删除 2* 质量等级的科研拨款。拉夫堡大学和兰卡斯特大学的科研副校长也都认为，REF2014 科研评估中的 2* 等级可能不再能获得拨款，科研拨款的选择性将更加明显，拨款门槛提高到 3* 等级将不可避免[1]。同时，不同等级之间的拨款权重也存在巨大的差异。2009—2010 年度等级为 4* 高校获得拨款比等级为 2* 高校高出 7 倍，2010—2011 年度以后进一步增加到 9 倍。科研拨款的高度选择性从中可见一斑。

表2　RAE2008 科研评估中科研质量主渠道拨款的权重指标及系数

类别	权重系数
高成本的实验室和临床学科	1.6
中等成本的学科	1.3
其他学科	1.0

资料来源：HEFCE. Recurrent Grants for 2009–2010［R］. Bristol：HEFCE，2009.

表3　RAE 科研评估质量等级与拨款的权重

质量等级	拨款权重		
	2009—2010 年度	2010—2011 年度	2011—2012 年度
4*	7	9	9
3*	3	3	3
2*	1	1	0.294
1*	0	0	0
无等级	0	0	0

资料来源：HEFCE. Recurrent Grants for 2009–2010［R］. Bristol：HEFCE，2009；HEFCE. Recurrent Grants for 2010–2011［R］. Bristol：HEFCE，2010；HEFCE. Recurrent Grants for 2011–2012［R］. Bristol：HEFCE，2011.

[1] Paul Jump. REF Survey Eases Fears of Selective Game–playing［N］. Times Higher Education，2013-01–17.

五、关于 REF2014 科研评估的若干评论

REF2014 科研评估是英国开展高等教育科研评估 20 多年来所进行的一次重大变革。尽管根据时间安排，REF2014 科研评估到 2015 年春季完全结束，但此轮评估的后续实施及社会反响仍有待持续观察。目前，REF2014 科研评估实施中已经暴露一些问题并引发了各种争论。在这些问题和争论中，尤以科研影响、学科发展、行政负担和教师压力 4 个方面最为突出。

（一）科研影响：应然还是实然？

在 REF2014 科研评估方案的最初设计中原本并未考虑科研影响与环境因素，然而过去几年经济的萧条影响了政府各个领域的政策，REF2014 科研评估也毫无例外被影响。随着国库收入的紧缩，财政问题成为政治争论的中心，人们自然而然地会问大学科研活动是否应更有效地促进经济发展。正因如此，REF2014 科研评估新的组成部分中增加了科研环境和科研影响。

在 REF2014 科研评估强调的"用户友好型"评估方式中，来自公司、政府和慈善机构等社会组织的评审委员会成员超过 20%，与 RAE2008 科研评估相比增长了 1 倍，平均每个子学科组将有 6 名用户成员。同时，整个评估中有20% 的权重是评价科研活动在学术界以外对经济、社会和更广泛的文化产生的影响。英格兰高等教育基金委员会认为，科研用户的参与将有助于评价大学活动对经济、社会和文化产生的影响[1]。英国 REF 科研评估强化科研影响的改革举措甚至引发了海外的关注和效仿。澳大利亚的科研评价计划"澳大利亚卓越科研"（ERA）原来并未考察科研影响因素，但目前澳大利亚政府也越来越想知晓每年 90 亿澳元科研投入产生的社会、经济和环境收益。澳大利亚政府于 2013 年就引入科研影响评价展开了公众咨询，并于 2014 年开展试点[2]。

但是对于评价科研影响，英国学术界表达了不同的声音。伦敦大学教育

---

① David Matthews. 'User'–friendly REF Panels to Gauge Impact［N］. Times Higher Education, 2013–06–20.
② Paul Jump. Australia Prepares for（Research）Impact［N］. Times Higher Education，2013–06–22.

学院高等教育专家彼得·斯科特认为，与 RAE 科研评估相比，REF 科研评估改变了以往的游戏规则，强化"影响"能够更好地满足科研拨款的现实经济性。而事实也是如此，除了人文学科，科研人员越来越依赖强调"影响"的资助项目。但在斯科特看来，REF 科研评估仍没有充分反映社会环境变化对科研成果提出的新要求。科研成果不仅要满足英国股份有限公司的研发需求，还应为新的社会运动以及更广泛的城市、社区和公民社会提供支持。在未来 10 年，与"世界一流"大学的命运、"知名"教授的尊严、甚至数百个大学系科的财富相比，更为紧要的是 REF 科研评估的导向，以及思考和开展科研工作的新思维[1]。卸任坎特伯雷大主教后担任剑桥大学麦格达伦学院院长的罗恩·威廉姆斯则认为，科研拨款机构狭隘地强调科研影响将导致大学重新考虑办学活动的重点，使其采取实用主义和短视的方式来看待科研和教学工作。他指出，拨款机构的"法定"职责是要求大学提供对公众生活产生影响的证据。而大多数学者认为，目前所使用的评价影响的方法难以接受，因为这些评价方法只适用于比较短期的时限，而且适用于某些领域的举措并不一定在其他领域也同样奏效[2]。

（二）学科发展：同质还是异质

英国高等教育科研评估的一个重要目标在于通过促进科研质量的不断提升实现科研卓越。而科研卓越离不开学术环境的包容与学术理论的争鸣。但实践过程中，在一些学科领域 REF2014 科研评估却造成了对非主流学者的排斥。以经济学科为例，有分析认为，REF2014 科研评估存在着促使英国经济学成为一种远离现实世界、完全古怪的学术性学科的风险。美国密苏里大学经济学教授弗雷德里克·李领衔的一个研究团队在《剑桥经济学刊》发表题为《英国科研评估与英国经济学的窄化》的文章指出，REF2014 科研评估之前的历次 RAE 科研评估已使非主流经济学得到有效"抑制和消除"。由于少数顶尖经济

---

① Peter Scott. The Research Excellence Framework Could Kill off Some Departments [N]. The Guardian, 2012-03-05.
② Paul Jump. Rowan Williams Decries Narrow Impact Agenda [N]. Times Higher Education, 2014-04-17.

系科最有可能在 27 种偏好"主流"理论的顶尖经济学期刊（即所谓的"钻石期刊"）发表论文，不断强化对所谓达到国际卓越水准的科研进行科研质量拨款已然成为集中对少数这些系科的支持。文章认为，学科同质化强化了拨款机构依靠学科学会来提名 RAE 科研评估和 REF 科研评估的评审专家。在经济学科，科研评估主要是由一些顶尖系科"学科精英大腕儿"为主导的皇家经济学会掌控，这意味着绝大多数科研评估评审专家都是主流经济学者。文章指出，这种情况在 REF2014 科研评估中尤为突出，在经济学子学科组的 12 名评审专家中，有 9 名来自"精英和准精英"系科，而且他们中绝大部分都正在或曾经担任"钻石期刊"的编委。科研评估造成的另一个副作用是，在上述这些期刊发表论文变得尤为重要，这导致所有的经济学系科都把在"钻石期刊"发表论文视为评估的关键，并纷纷开始招揽能够在这些期刊发表论文的学者。同时，这种强大的评估压力迫使很多"异端"经济学者转向主流研究，或者转到其他系科，甚或被迫离开学术界。文章最后指出，事实上这不是经济理论孰是孰非的问题，而是无所畏惧地对非主流学者集体惩罚，并将这种错误或者可能错误之举视为理所当然的问题[1]。

（三）行政负担：减轻还是加重

科研评估带来的行政工作负担一直为高校诟病。因此，REF2014 科研评估的初衷之一也是要简化评估和降低负担。最初的 REF2014 科研评估方案试图以使用文献计量指标为主。在改革之初，政府也明确打算在 RAE2008 科研评估后将采用基于计量的科研质量评价体系，但后来这种设想最终还是落空。英国高等教育智库机构——高等教育政策研究所（HEPI）的巴拉姆·贝克拉尼亚所长于 2009 年在一篇针对 REF2014 科研评估的评论中就曾指出，目前提出的方案与原来基于计量的计划相比完全不同，简直就是以前 RAE 科研评估的发展[2]。2013

① Paul Jump. REF "Risks Narrowing Economics" [N]. Times Higher Education，2013-07-10.
② Matthew Richardson. The Research Excellence Framework：Revisiting the RAE [EB/OL]. [2014-03-31]. http://www.researchtrends.com/issue22-march-2011/the-research-excellence-framework-revisiting-the-rae-2/.

年 11 月,《泰晤士高等教育》对高校科研副校长所做的调查显示,本轮科研评估的工作强度要高于 2008 年的评估。一位罗素大学集团成员大学的副校长指出,REF2014 科研评估将评估单元从 67 个减少至 36 个,对高校来说,把若干个学术系科合并到一个评估单元的复杂性使 REF 科研评估比 RAE 科研评估更加的烦琐。此外,新增的科研影响评价也是加重评估负担的重要因素。布鲁内尔大学的科研副校长杰夫·罗杰斯表示,由于要花时间去了解详细的要求,准备科研影响材料的过程显然比 RAE 科研评估增加了很大的工作量。拉夫堡大学的科研副校长麦拉·尼莫也表示,REF2014 科研评估的工作量一点不比 2008 年评估小,尤其是在准备科研影响的案例研究报告方面。一些大学甚至暗示将根据能够准备出的优秀案例研究的数量来紧缩上报研究人员的数量。有校长认为,未来的科研评估应采取更为简单的方式,应要求所有高校的所有科研人员都提交材料而非鼓励选择性的由部分人提交[1]。德里克·萨伊尔也批评到,当初拨款机构推动科研评估改革的原因之一就是要显著减轻对高校的行政工作负担,但现在却恰恰相反。高校毫无余地只能在提交评估前精心设计内部操作程序来判断科研产出质量。兰卡斯特大学很多学院 2 年前都全面开展模拟评估,由此耗费了大量的时间和资源[2]。

(四)教师压力:坚守还是离开

科研评估虽是对高校学科科研质量和科研实力的检验,但客观上也造成了科研力量的洗牌与重组。历次 RAE 科研评估都出现过类似的情况,REF2014 科研评估也无可避免。此举给教师尤其是科研"不活跃"或"不积极"的教师造成的压力不言而喻。对系科和研究团队来说,科研评估不仅事关其学术荣誉,更关系到它们的学术可持续性,甚至生存。科研评估成绩不佳就意味着优秀教师的流失。对学者个体来说,科研评估关乎他们作为学者或科学

---

① Paul Jump. REF more burdensome than RAE, pro v-cs state [N]. Times Higher Education, 2013-11-28.
② Derek Sayer. The Kafkan World of the British "Research Excellence Framework" [EB/OL]. [2013-08-13]. http://coastsofbohemia.com/2013/08/13/the-kafkan-world-of-the-british-research-excellence-framework/.

家的身份。科研评估等级如同银行红利，但并不形同现金支付，而是事关生死存亡①。在REF2014科研评估实施过程中，前兰卡斯特大学的历史系主任德里克·萨伊尔教授提出"超现实"的诉求，反对将自己纳入该系参评教师名单，并试图以此强调科研评估对一些同事的排斥实际上构成了一种"歧视"。德里克·萨伊尔在其个人博客中撰文指出，此举有悖于英格兰高等教育基金委员会有关透明度和问责的指导原则，也有违背了英格兰高等教育基金委员会"所有符合资格的教师员工都应参与卓越科研评估"的要求②。2013年6月，英国大学和学院工会（UCU）对8所大学开展的抽样调查显示，超过10%的教师由于在科研产出方面没有达到学校REF2014科研评估的要求或将遭到解雇。有将近7500名受访者表示，他们已经收到学校领导的通知，如果达不到REF2014科研评估要求将面临解雇。米德塞克斯大学有高达29%的受访者称收到此类消息。沃里克大学有17%的受访者表示由于没有参与科研评估而将遭受惩罚。埃塞克斯大学有29%的受访教师称被告知将无法晋升职称，有20%的受访者将被下调岗位，有59%的受访者将被转为"教学为主"的工作合同。尽管一些大学认为，由于调查样本较小，调查结果可能不具有代表性。但英国大学和学院工会负责国家产业关系的官员斯蒂法诺·费拉强调，调查是合理的，调查结果也反映出相当程度的不满情绪。调查还显示，近25%的受访者表示在"合理"时间以外超过一半以上的工作花在REF2014科研评估要求的成果上。约有34%的受访者认为，REF2014科研评估给其健康带来负面影响。斯蒂法诺·费拉认为，大学应该意识到科研评估只是争取学校声誉和拨款最大化的游戏而已，而不应与教师待遇和评价挂钩③。

（作者简介：阚阅，浙江大学教育学院院长、教授）

① Peter Scott. The Research Excellence Framework Could Kill off Some Departments［N］. The Guardian，2012-03-05.

② Paul Jump. Lancaster Historian Appeals Against His Inclusion in REF［N］. Times Higher Education，2013-10-31.

③ Paul Jump. UCU Uncovers High Price of Failure to Hit REF Targets［N］. Times Higher Education，2013-10-03.

如何有效评估教学：政府治理工具视角下对英国高等教育"教学卓越框架"的反思

一、英国高等教育"教学卓越框架"的出台背景

英国高等教育一直处于不断发展变革的进程中，而此前一次高等教育领域重大立法改革还是在 1992 年。进入 21 世纪后，英国政府认为，不应沉湎于大学的全球声誉和优秀位次，必须要为未来的挑战做好准备，以保证高等教育系统充分发挥潜力，从而为学生、雇主和纳税人创造价值。2016 年 5 月，英国政府发布全面改革高等教育体系的白皮书《知识经济的成功：教学卓越、社会流动和学生选择》（以下简称白皮书）。白皮书指出，英国高等教育以其优质教学和科研创新享誉世界，是英国最宝贵的国家资产之一，尤其是大学拥有知识和社会资本的强大力量，其创造的知识、能力和专长可以提升国家竞争力，培育开放民主的价值观，以及促进经济发展和社会进步。同时，英国在高等教育出口方面也一直保持世界领导者的地位[1]。为了确保英国知识型经济的成功，白皮书提出了信息、教学和科研 3 个方面的改革需求和改革框架。作为

---

① BIS. Success as a knowledge economy: teaching excellence, social mobility and student choice [Z]. London: Department for Business, Innovation and Skills, 2016.

高等教育教学改革的重要内容——"教学卓越框架"（TEF）随着白皮书的发布而引人注目。

第一，白皮书鼓励高等教育市场化竞争，提高学生的知情权和选择权，提升教学质量而实施"教学卓越框架"。英国政府认为，接受高等教育可以提升批判性思考、评估判断和提供证据的能力，这将改变个体的一生。现代社会的高技能工作对这些能力的需求将越来越大。因此，英国政府推出"教学卓越框架"的主要目的就是为学生在选择学校与专业上提供丰富多样且真实可靠的教学质量信息。英国相关调查表明，学生在进行专业选择时能获取的有用信息中有21%是不明确的，甚至有10%的信息具有误导性[①]。在英国当前高校排名信息中，良好的教学通常被广泛定义为高校声誉和课程设计等，但申请人对课程内容和教学结构及他们可以期望的工作前景知之甚少。学生因为信息不对称而难以了解高校教学质量的真实状况，如果选择不合适的专业或高校，并付出很高的学费成本，就会产生不满情绪，甚至可能引发辍学等后续问题。

第二，在英国高等教育系统内，科研一直比教学更受重视[②]。不平衡的激励措施导致教学活动地位相对较低。教学在不同教学机构内存在巨大差异：一所高校某一专业学生的上课时间和独立学习时间可能是另一所高校同一专业学生的2倍以上[③]。而对于科研来说，英国各高校却有着更为清晰和统一的标准。早在20世纪80年代，英国就开始从国家层面对高校开展科研评估（RAE），并在2008年以"科研卓越框架"（REF）取代了此前的科研评估，着重从科研成果、科研影响、科研环境等方面对高校科研质量进行更为专业化的评估。在知识经济时代，高校教学是为科学研究和社会发展输送人才的重要渠道。可以说，国家经济社会发展与高等教育发展息息相关，高学历的毕业生有利于提高

① HEPI. 2015HEPI–HEA student academic experience survey［Z］. Oxford：Higher Education Policy Institute，2015.

② BIS. Success as a knowledge economy：teaching excellence，social mobility and student choice［Z］. London：Department for Business，Innovation and Skills，2016.

③ HESA. Destinations of leavers from higher education longitudinal 2010/11［EB/OL］.（2015-08-27）［2020-01-11］. http：//www.hesa.ac.uk/dlhelong1011contents.

社会劳动生产力。例如，在 1982—2005 年，毕业生技能积累为英国贡献了约 20% 的经济增长①。鉴于此，在英国新一轮高等教育改革中，教学评估需要参考借鉴"科研卓越框架"的成功经验，从而实现教学与科研齐头并进。

第三，除了白皮书提到的改革动因，英国高等教育教学评估改革政策出台的另一个重要背景是高校扩张与学费成本的提高。1975 年之前，受"凯恩斯主义"经济政策的影响，英国大学只需要将每 5 年经费预算的具体信息提交给大学拨款委员会（UGC），而经费拨付额主要取决于高校的在校生人数。20 世纪后半期，英国政府通过出台和调整一系列政策法规使全日制高等教育学生人数迅速增长，高等教育学费政策改革的需求日益迫切。传统的拨款机制更加适合精英教育，而英国政府期望通过缴纳学费的方式，确保财政赤字得到弥补，尤其是撒切尔夫人上台后，英国政府部门的主导思想逐步转向新自由主义和新公共管理，强调通过市场竞争和绩效问责提升资源使用效率。尽管在 2011 年英国政府否决了高等教育拨款与学生资助独立调查委员会的《布朗报告》提出的完全取消大学学费上限的建议，设置了学费每年 9000 英镑的上限②。但是，英国学生、雇主和社会各界对与高成本不相匹配的教学质量颇为不满。2014 年英格兰的一项调查发现，超过 1/3 的大学生认为他们的课程价值非常低或者不值其缴纳的学费③，尤其是 2010 年后，受金融危机影响，英国高等教育市场化程度进一步提升，高校不断上涨的学费与良莠不齐的教学质量间出现失衡现象，引发包括学生、家长和雇主等相关利益者的强烈不满。因此，在学费提高的背景下，英国政府有必要制定一个统一的框架对教学进行评估。

在多重压力下，英国保守党政府在白皮书中提出多项高等教育改革举措，其中重要一项就是将此前多个与高等教育相关的机构整合为新的学生事务办公

---

① BIS.Success as a knowledge economy: teaching excellence, social mobility and student choice [Z]. London: Department for Business, Innovation and Skills, 2016.

② BIS.The government's response to Lord Browne's review [Z]. London: Department for Business, Innovation and Skills, 2011.

③ Ioannis Soilemetzidis, et al. HEPI/HEA 2014 academic experience survey [R]. Heslington: The Higher Education Academy, 2014.

室和英国研究与创新署，由前者主导进行"教学卓越框架"改革，对各院校和专业进行教学评估，并通过《2017 年高等教育与研究法》来提供法律上的保障。"教学卓越框架"由此成为英国唯一由政府主导的高等教育教学质量评估举措。而后，"教学卓越框架"更名为"教学卓越与学生成果框架"。该框架将学生知情选择与就业质量相联系，教学过程、学习环境和学习结果被纳入评价教学质量的维度，并将学费收取额度与评估结果直接挂钩。

二、英国高等教育"教学卓越框架"的运作方式

（一）评估类型

TEF 分为高校层面和学科层面 2 个类型的评估。

高校层面的 TEF 评估由高校自愿申请参加。TEF 评估将申请评估的高校划分为三大类：传统意义上的高等教育机构、继续教育学院、其他高等教育服务提供者。据统计，这三类机构在英国共有 457 所[①]。尽管 TEF 评估对英国所有高等教育机构开放，但仍然需要对申请者进行 2 个方面的资质审核：一是教学质量需要达到国家高等教育基准质量的要求；二是需要具备英国学生事务办公室规定的高等教育机构资格。

学科层面的 TEF 根据不同的学科分类进行评估。在学科分类上，TEF 根据英国高等教育统计局（HESA）的学科分类体系（CAH）将 34 个交叉和常规学科统整为 5 个学科大类。第一个学科大类为医科、护理与综合医疗保健，具体包括药学、牙科、兽医学、心理学、运动与锻炼学等；第二个学科大类为自然科学、工程与技术，具体包括物理学、生物学、化学、数学、工程学、材料与技术等；第三个学科大类为自然与建筑环境及社会科学，具体包括农业与食品、地理、地球与环境研究，以及经济学和政治学等；第四个学科大类为商业、法律、教育和社会服务，具体包括法律、商业与管理、教育与教学，以及

---

① DfE. Teaching excellence and student outcomes framework：analysis of final award ［Z］. London：Department of Education，2017.

健康与社会服务等；第五个学科大类为艺术与人文学科，具体包括创意艺术与设计、表演艺术、历史与考古学，以及哲学与宗教研究等①。

TEF 在 2015—2016 年度首次开展评估，该年度进行的是高校层面的评估，通过的高校被授予有效期为 1 年的"达到预期奖"。上述高校于 2016—2017 年度、2017—2018 年度和 2018—2019 年度分别接受 TEF 评估，其中 2016—2017 年度开展的是高校层面的评估，2017—2018 年度和 2018—2019 年度除了开展高校层面评估，还试点开展了学科层面的评估。第一轮评估获奖的有效期为 2021 年。

（二）评估框架

教学评估指标体系是英国高等教育教学卓越评估的重要基础。TEF 确定了"教学卓越"的质量维度与标准，并细化了具体指标。TEF 以"教学质量""学习环境""学生成果和学习收获"为教学卓越评估的核心标准。TEF 主要采用已经量化了的、反映该核心和分类指标的统计数据作为评估数据，学生被分为全日制和非全日制两大类别进行评估。

TEF 重点关注的第一个核心指标是教学质量，即教师在通过不同教学形式与学生的接触过程中，能否给学生提供学习挑战、能否促使学生努力学习并积极参与到学习任务中的高质量教学。因此，教学质量这一核心指标的评估涉及学生参与、教学重视程度、课程严谨性和扩展度及学生反馈 4 个维度。4 个维度的内容在实际评估中转化为课程教学和评估反馈 2 个可操作性强的具体指标。课程教学指标反映教学与课程层面的内容，由面向毕业生的"全国大学生调查"（NSS）第 1~4 题构成；评估反馈指标反映评估与反馈层面的内容，由面向毕业生的 NSS 第 5~9 题构成②。

TEF 重点关注的第二个核心指标是学习环境，即衡量学习环境带给学生的

---

① OfS. Overview of 2018–2019 pilot assessment model［Z］. London：Office for Students, 2019.

② DfE. Teaching excellence framework：year two specification［Z］. London：Department for Education, 2016.

个性化体验。高校提供的学习环境资源应能使学生具有成就感、进步感，避免学生因不满环境资源而辍学。学生学习环境这一核心标准涉及"资源""学术、研究与专业实践"和"个性化学习"3个维度[①]。3个维度的内容在实际评估中对应学术支持和退学率2个具体指标。学术支持指标反映"资源"和"学术、研究与专业实践"层面的内容，由面向毕业生的NSS第10~12题构成；退学率指标反映"个性化学习"层面的内容，由高等教育统计局和个性化学习记录（IRL）的数据构成。

TEF重点关注的第三个核心指标是学生成果和学习收获，即学生能否通过高校提供的教学活动获得预期的结果。学生成果被分为就业和深造、就业能力和可迁移技能，以及面向所有人的积极成果3个维度[②]。在学生成果这一核心标准下，3个维度的内容在实际评估中转化为以下具体指标：就业升学率指标反映"就业和深造""就业能力和可迁移技能"层面的内容；高技能就业升学率指标反映"面向所有人的积极成果"层面的内容。这2个指标数据都来自"高等教育毕业生去向"（DLHE）调查。

在3组核心指标之外，TEF还设计了多项关注高校不同学生群体特征的分类指标，将生源地、年龄、种族、性别、专业等与高校相关的背景数据纳入其中，但这些背景数据只是用来帮助评估人员在初步了解高校办学和运作后更精细地对其教学做出评估，并根据其数据对不同高校的分数进行合理程度的调整。

TEF也意识到这些指标并不能代表整个教学情况，调查数据的采集区域可能不具有代表性，调查结果也可能存在错误与偏差。因此，TEF提出，高校可自愿提供一些案例信息，即增加"附加证据清单"。也就是说，高校的自评材料围绕学生发展和学习成果展开，用详细的实证材料来描述高校教学工作对学生体验的影响和成果，作为针对某一特定数据的辅助材料以帮助高校证明自身卓越的教学。

---

① DfE. Teaching excellence framework：year two specification［Z］. London：Department for Education, 2016.

② 同①.

（三）评估过程

在 TEF 正式评估开始时，所有申请参与的高校需要提交相关材料。提交的材料主要包括：① 按照规定的指标提供数据并进行案例分析。高校所提供的额外证据需要基于上述相关数据展开案例剖析，特别是针对表现不佳的指标；②高校还可以依据自身教学特色提供补充材料。这些补充材料应基于 TEF 补充指标所涉及的参考标准，有利于佐证自身教学卓越，尤其是学生参与情况[①]。

高校提交材料后，评审小组进行审核。专家评审环节实施评估的评审小组包括学者、教学专家、学生和企业等多方面的代表。评审小组会审核按全日制和非全日制 2 种体系，为高校计算在核心标准与分类标准下的得分表现，制定初步等级假设。在 3 项定量数据中，基于 NSS 的 3 项数据得分各为 0~0.5 分，另外 3 项得分为 0~1 分，6 项数据共计 0~4.5 分。当高校在某一指标上显著高于基准时，该高校将会得到"+"或"++"的正向标记，反之得到"–"或"– –"[②]。当学校在数据上总分超过 2.5 分且仅具有正向标记不具有负向标记时得到金奖；当学校具有负向标记且总分不低于 1.5 分时，那么不管其有多少个正向标记都将获得铜奖；其他学校获得银奖。

虽然学科和高校层面的评估具有相同的评估指标和程序，但在具体操作中关于两者的关系上，英国政府曾在一份协商文件中提出 2 种评估方式：模型 A 是自上而下的评估，对高校层面评估的奖项会成为该校不同专业的奖项，但高校可就特定专业申请额外评估；模型 B 是自下而上的评估，对高校的每一个专业进行分类评估后，其整体数据成为该校学校层面的 TEF 评级[③]。因为 2 种评估模式都存在优缺点，英国政府在第二次学科层面的 TEF 试点评估时采取了 2 种模型并行的方式。

---

① DfE. Teaching excellence and student outcomes framework specification［Z］. London：Department for Education，2017.

② 同①.

③ DfE. Teaching excellence and student outcomes framework：subject level government consultation response［Z］. London：Department for Education，2018.

（四）评估结果

TEF 评估结果主要分为金奖、银奖、铜奖和临时奖 4 个等级。金奖意味着高校在英国高等教育部门中所提供的教育服务质量处于最高水平。银奖表明高校能够提供高质量的教育，并显著和持续超过英国高等教育预期的基准质量门槛。铜奖表明高校所提供教学服务的质量令人满意。临时奖表明高校已满足英国高等教育严格的国家质量要求，但由于数据不足，无法获得 TEF 金奖、银奖和铜奖的评级[①]。从英国学生事务办公室网站最新公布的评估结果来看，共有 290 所高校获得了 TEF 奖项，其中 77 所高校获得了金奖，136 所高校获得了银奖，61 所高校获得了铜奖，16 所高校获得了临时奖[②]。虽然获得金奖的高校有 70 多所，但英国传统名校联盟——罗素大学集团并非全部跻身金奖行列，如布里斯托大学、伦敦大学学院和伦敦国王学院只获得了银奖。所有获得 TEF 奖项的英格兰高校，自 2019—2020 学年学生每年最高学费额度可涨至 9250 英镑，苏格兰、威尔士、北爱尔兰等其他地区的学费最高额度保持不变。

三、英国高等教育"教学卓越框架"的争议与反思

（一）政府治理工具的评估标准

20 世纪 80 年代以来，西方国家兴起了关于政府角色和作用再定义，以及治理手段的讨论，政府工具理论逐渐成为西方公共管理和政策研究的一个热点。约翰斯·霍普金斯大学的莱斯特·萨拉蒙教授于 2002 年出版的《政府工具——新治理指南》是政府工具与政府治理研究的重要成果。政府工具是指政

---

① DfE. Teaching excellence and student outcomes framework specification［Z］. London：Department for Education，2017.

② OfS. TEF Outcomes［EB/OL］.［2021-01-28］. https：//www.officeforstudents.org.uk/advice-and-guidance/teaching/tef-outcomes/ # /tefoutcomes/.

府实现其管理职能的手段和方式，其形式包括物品或服务（信息服务、现金和贷款）、提供物品或服务的工具（税收系统和司法系统）、提供物品或服务的部门（非政府组织和非营利部门等），以及各种规则（包括政府发布的政策）。莱斯特·萨拉蒙指出，政府治理工具又称公共行动工具，是一种明确的方法，通过这种方法集体行动得以组织，公共问题得以解决[①]。

根据莱斯特·萨拉蒙的理论，政府工具的评估标准可分为有效性、效率、公平性、可管理性、合法性和政治可行性5个方面。

第一，判断政府公共行动是否成功最为重要的标准是有效性，核心是衡量政府工具是否达到了预期目标。对有效性的评价常排除对成本的考量，因为使用较少成本但没有达到预定目标的公共行动也并不具有社会价值。然而，判断政府工具是否有效并非易事。有时很多项目不具有精确的目的，可能是因为技术上难以找到精确的指标，也可能是因为不同目的间存在矛盾。同时，很多治理活动往往会产生非预期效应，需要纳入考虑范围。这使得工具的选择不仅要考虑工具本身，还要从环境等因素考虑工具是否能带来有效性。对于 TEF 而言，需要考虑的是这种评估是否有效促进了卓越教学，以及有什么其他原因促进或阻止了卓越教学。

第二，有效性与结果相关，而效率与结果和成本的比率相关。最有效率的政府工具未必是最有效的工具。效率标准要求政府工具能平衡收益和成本，但是与判断工具效率有关的成本不仅包括政府支付的成本，还包括政府以外其他参与机构和人员的成本，而且对于一些项目而言，后者的成本要更大。例如，在 TEF 评估中不仅要计算政府所付出的成本，也要计算高校、教职人员和学生等利益相关者付出的成本。

第三，公平性。公平性包含2层不同的含义：一方面是基本的公平，即在所有的相关者之间，相对平均地分配收益和成本，因此就这种"公平"而言，可以促进全国范围内平均分配计划收益的工具是公平的；另一方面公平还有另

---

① Lester M. Tools of government: a guide to the new governance [M]. New York: Oxford University Press, 2002.

一层含义，也就是再分配，即引导收益不是绝对平均地分配，而是更多地被分配给最需要的群体，再分配需要政府弥补已形成的不公平，是政府工具的主要目的之一，按照这种观点，政府的存在部分是为了纠正过去的不平等现象，并确保机会均等和社会平衡发展，实现不同利益群体的相对公平。例如，TEF 需要考虑是否有效促进了高校间不同群体的人员流动，是否照顾了弱势群体的高等教育需求等。

第四，可管理性或者可实施性是指操作程序的难易程度。管理难度较大的工具往往具有较复杂的操作流程并涉及较多的参与人员。即使有些工具在理论上保证会带来更大的利益，但其实践上存在的操作和管理困难往往与此工具失效的可能性存在正相关。如果按照这一标准，最简单直接、容易操作的工具就是最好的政府治理工具。在这一维度，TEF 需要考虑是否能够简单有效地获取数据，保证 TEF 顺利运行。

第五，工具的选择会受到合法性和政治可行性的影响。政府需要考虑此项工具将会赢得哪些利益相关者的支持，以及受到哪些相关者的反对。因此，TEF 需要考虑公众对此政府工具及其影响的看法，判断公众是否认为纳税与获得服务达到平衡。

（二）TEF 作为治理工具在有效性上存在的问题

TEF 充分认识到要解决学生在选择高校与专业上的信息不对称的问题，因而试图从政府角度提供更加权威可信的信息。正如英国政府在白皮书中指出的，高等教育对于学生最重要的成果就是支持其找到工作[1]，因此对毕业生就业的评价就成为 TEF 的重要维度，这也是 TEF 与其他大学评估相比最为特别之处。

然而，TEF 和就业能力之间的联系实际上并不像英国政府部门所认为的那样直接，特别是在面对学生个体时，就业的统计数据到底能在多大程度上反

[1] BIS. Success as a knowledge economy: teaching excellence, social mobility and student choice [Z]. London: Department for Business, Innovation and Skills, 2016.

映高等教育的教学质量是存在疑问的。事实上，不同人对大学促进就业的看法不同，与其对大学应该和能够发挥什么作用的期望有关。广义上，就业能力是指一所大学应该培养学生具有一系列学习成果或技能，使其在毕业时对雇主更具吸引力。用诸如"学历""技能""知识"和"就业能力"之类的术语来描述大学教学存在一定的问题，因为这些术语不是明确的。这些术语没有在特定的语境中解释，而仅仅在没有质疑的修辞策略中反复出现，创造出一种看起来很正常的"话语"，即使当意图的含义不明确时，隐含的含义也被接受，形成一种"泛化的规范化"[①]。事实上，"就业能力"与"学历"和"大学技能"并非具有直接的关联，因为"就业能力"是受到多方因素共同制约的，如国家和地区的经济形势。2009 年的一项研究并未发现就业技能课程和教学同改善的劳动力市场绩效之间存在因果关系，而工作经验和其他因素却对就业产生更大的影响[②]。因此，仅从"就业能力"来评判大学教学质量是不够严谨的，高等教育质量并不一定和就业存在显著的正相关关系，而且即使存在相关性，也只是众多影响因素之一。

TEF 另一广受质疑的原因是其未能有效测量"卓越教学"。TEF 对核心指标的测量是通过问卷进行的，如"高等教育毕业生去向"（DLHE）的隐含逻辑是良好的学生将获得良好的工作；NSS 的隐含逻辑是受过良好教育的学生会对所接受的教育和继续学习感到满意，且受过良好教育的学生不会辍学[③]。然而，TEF 的测量并没有像英国教育标准局一样走进课堂观察教学，并对教学在多大程度上达到卓越进行判断，问卷里调查的很多题目也并未和教学有太大的关系。例如，在调查学生满意度上，"满意度"是一种来自商业领域的调查指标，客户一般在他们消费后评价对产品或服务的满意程度，然而教与学的

① Mason G , Williams G , Cranmer S.Employability skills initiatives in higher education：what effects do they have on graduate labour market qutcomes［J］.Education Economics，2009，17（1）：1-30.

② Linda A Barkas, et al. Tinker, Tailor, Policymaker：can the UK government′s teaching excellence framework deliver its objectives［J］.Journal of Further and Higher Education，2019，43（6）：801-813.

③ John Canning. The UK teaching excellence framework（TEF）as an illustration of baudrillard′s hyperreality［J］.Discourse：Studies in the Cultural Politics of Education，2019，40（3）：319-330.

关系往往引发学生经历不舒服的学习过程，进而导致给予"不满意"的学习评价①。有学者甚至认为，TEF会最终导致高等教育机构内的"反教学"情绪，也就是完全不重视教学，因为教师的专业和技能都不再作为衡量"卓越教学"的指标②。

最后，官方机构明确使用指标衡量某一件事情将无可避免地导致衡量对象的"指标化"。有学者指出，TEF所进行的测量最终会导致高校对测量指标的关注和强化。所谓的"卓越教学"难以形成创新性、反思性与试验性的实践，因为这些特质在测量面前不仅显得很不充分，而且简直就是冒险③。因此，TEF有可能会制约高校在该评估框架外的活动，使其将更多的时间和精力用在如何提高评估指标的分数和排名上，而这种做法从本质上无法促进英国高校有效地推进"卓越教学"。

（三）TEF作为治理工具在效率上存在的问题

在TEF的运作效率上，最值得关注的是TEF成本与结果的关系。罗素大学集团曾作为智库向英国政府提出建议，在可能的情况下，成本最小化，并与收益成比例。虽然目前很难看出这项工作如何在不进一步牺牲结果有效性和对申请者有用性的情况下降低成本，但是探索简化现有流程的方法肯定是有益的④。

TEF在运行效率方面受到的争议主要集中在与既有的众多评估相比，如何证明其必要性。英国政府在高校层面和学科层面评估关系上曾提出自上而下和自下而上2种模式，但因为社会各界对2种模式都有所批评，政府最终采取了

---

① Joshua Forstenzer. The teaching excellence framework, epistemic insensibility and the question of purpose［J］. Journal of Philosophy of Education, 2018, 52（3）: 548–574.

② John Canning. The UK teaching excellence framework（TEF）as an illustration of baudrillard′s hyperreality［J］.Discourse: Studies in the Cultural Politics of Education, 2019, 40（3）: 319–330.

③ Phil Wood, Matt O′ Leary. Moving beyond teaching excellence: developing a different narrative for England′ shigher education sector［J］. International Journal of Comparative Education and Development, 2019, 21（2）: 112–126.

④ Russel Group. Response to subject level TEF technical consultation［R］. London: Russel Group, 2017.

高校层面和学科层面并行评估及最终整合的模式。尽管这种模式相对全面和客观，但也无疑大幅增加了评估的压力和成本，需要更庞大的行政系统去运作。据估计，高校层面的 TEF 评估成本约为 210 万英镑，而学科层面的评估成本则增至 1900 万英镑。从这个角度而言，TEF 成本是高昂的，而其产生的价值是否与花销成比例值得怀疑 [①]。其实英国不乏各种各样的大学排名，而且不同的排名之间确有不同的侧重点和差异。TEF 面临的一个重要的挑战是，它应该为高校增加真实且有意义的价值，而不仅仅是重复既有的信息。

（四）TEF 作为治理工具在公平性上存在的问题

治理工具的公平性主要体现在采用一个治理工具后不同社会群体之间能否得到相对均衡的社会收益，以及在既有的不平衡中能否实现社会再分配。英国政府希望为更多的学生提供准确的高校和专业信息，更好地帮助学生实现求学梦和就业梦，从而促进阶层流动，实现社会公平，然而在 TEF 实施过程中，这一理想状态很难达到。

TEF 评估方法复杂，这使得主管部门很难向学生和其他利益相关者做出有效地解释说明，并且有可能扭曲公众对结果的理解。有研究发现，学生可能无法正确理解 TEF 金奖、银奖和铜奖的含义，从而对社会流动带来负面影响。对部分学生（6%）而言，他们在得知意向高校被评为金奖后，会因为该校申请难度大而重新考虑。对于少数族裔学生来说，重新做出考虑的比例则更高（11%）[②]。也有学者认为，英国政府的白皮书虽然强烈关注社会流动性和多样性的问题，却没有提及大学应该提供具有解放性和批判性的教学和课程，也没有更广泛地解释学习和知识创造的变革力量，而仅仅是从生源背景衡量教学 [③]。罗素大学集团的报告还建议 TEF 在实施中应具有足够的灵活性，以避免

① Russel Group. Response to subject level TEF technical consultation［R］. London：Russel Group，2017.

② Trendence UK. Teaching Excellence：The student perspective［R］. London：Trendence UK，2017.

③ Wendy Robinson，Angelique Hilli. The English "teaching excellence framework" and professionalizing teaching and learning in research intensive universities：an exploration of opportunities，challenges，rewards and values from a recent empirical study［J］. Foro de Educación，2016，14（21）：151–165.

造成结果的扭曲。例如，某一就读人数较少的学科可能会在收集信息时出现偏差和非正态分布①。

（五）TEF 作为治理工具在可管理性上存在的问题

可管理性是指治理工具在操作程序上的难易程度。治理工具越复杂，所涉及的参与者越多，管理的难度就越大。不管是在定量还是定性数据的采集上，TEF 都面临着困难和挑战。

TEF 在定量数据采集上受到的诟病主要集中在调查问卷的信度和效度。有学者指出，TEF 采集的定量数据只是可用统计信息的"混合物"，NSS 的回收率很低且学生评分也难以解释②。罗素大学集团也提出，仅使用 NSS 分数来反映 TEF 结果可能是行不通的，并建议政府设法解决学生不愿意认真填写 NSS 的情况，同时考虑如何处理调查结果，以避免对高校造成不公正的后果③。不同高校的学生对教学质量的理解也存在很大的差异，如在更加强调精英化教育的大学里，尽管小班和一对一教学是其主要的授课方式，但学生对教学质量的反馈并不好。这能否说明他们所接受教学的质量真的不如其他学校在大班中学习的学生？

此外，在定性数据上，信息的收集、上报和评估可能会更加艰难。对一些高校，特别是较小型高校来说，很多指标定性数据信息的汇总报告成为一项难以完成的技术性难题。例如，教学中的激情、创造力、人际关系建立和转变——所有公认的这些优秀教学品质都是非常难以量化的，它们都是情景化的、个体化的和特定的存在④。

---

① Russel Group. Response to subject level TEF technical consultation［R］. London：Russel Group，2017.
② Rosemary Deem, JoAnne Baird. The English teaching excellence（and student outcomes）framework：intelligent accountability in higher education［J］. Journal of Educational Change，2020，21（1）：215-243.
③ Rosemary Deem, JoAnne Baird. The English teaching excellence（and student outcomes）framework：intelligent accountability in higher education［J］. Journal of Educational Change，2020，21（1）：215-243.
④ Wendy Robinson, Angelique Hilli. The English "teaching excellence framework" and professionalizing teaching and learning in research intensive universities：an exploration of opportunities, challenges, rewards and values from a recent empirical study［J］. Foro de Educación，2016，14（21）：151-165.

对于英国政府而言，在可管理性上需要考虑的另一个维度与交叉学科相关。虽然政府专门提议了建立"综合学科"作为单独的一个学科进行评价，但不同高校和院系之间"综合学科"的差别非常之大，如何收集数据并进行横向比较也是政府在管理上的难题。

最后，政府在授予评估等级时，如何让公众在其复杂的评估标准中理解各个等级奖项的含义也是非常重要的。从评估结果来看，获得金奖的高校并不在少数，那么这些高校能否成为英国高等教育的代表，以及是否表明他们具有世界一流的教学水平，同时获得铜奖的高校是否教学质量真的"很差"或者"不够好"，这都是政府在管理中亟须解决的问题。

四、总结与启示

总的来说，TEF 是一项以政府为主导，以教学质量、教学环境和学生成果为核心指标，面向英国所有高校开展的评估活动。作为一项政府治理工具，TEF 主要是为了鼓励高校像重视科研一样重视教学，为学生选择高校和专业提供真实可靠的信息，并通过市场机制促进高校间的竞争。而 TEF 导致的另一个重要结果是获得奖项的高校可以将学生的学费额度在原来最高上限基础上最多提高 250 英镑。

TEF 在推动英国高等教育教学质量发展的同时也一直备受争议。根据莱斯特·萨拉蒙评估政府工具的相关标准，在有效性上，TEF 存在的主要问题在于学生就业能力难以成为有效衡量卓越教学的指标，同时 TEF 也没有走进课堂观察教学，并未反映出教学的真实情况；在效率上，学科层面的 TEF 评估是一项成本高昂的工作，需要诸多部门的运营管理，尤其是 TEF 需要证明与既有各种排名相比它的独特之处；在公平性上，研究表明 TEF 结果并不一定会促进社会流动，而且在操作中需要考虑如何做到不同院校间相对公平的横向比较；在可管理性上，政府所采用的 NSS 定量调查结果受到质疑，同时高校上报定性数据也成为一项技术难题。此外，英国公众对 TEF 以量化方式进行质量评价，以及对传统师生关系的影响也都持批评态度，对 TEF 评估主体的不信任和对学费调整的本能抵触更是成为舆论的热门话题。因此，英国政府想通过 TEF 实现教学卓越，更好地服务知识型经济的确还有很长的路要走。

　　TEF 的探索和尝试在一定程度上为我国高等教育教学评估提供了借鉴参考。第一，高等教育教学评估体系应不断完善"以学生为中心"的观念，关注学生的学习过程、学习资源、学习环境、学习体验和学习效果，以学生的学习收获和学生的长远发展作为衡量高等教育质量的重要指标，这对诊断、改进和提升教学质量，达成教学评估的目标有着极为重要的意义。第二，高等教育教学评估应进一步推动评估标准、过程和结果等数据信息的公开透明。尽管 TEF 是英国政府在进一步开放高等教育市场背景下，为保障作为"消费者"的学生权益推出的，但 TEF 在实施过程中实现了所有相关评估数据信息的公开，为学生选择高校和专业提供了重要的参考，也为社会各界监督高校的办学提供了可能。第三，高等教育教学评估也应警惕"消费主义"和"市场化"的负面影响。英国学者对 TEF 采用的"满意度调查"等方式的批评，其实也反映出这种商业化手段对教学质量的误读，以及对教学关系产生的不利影响。第四，高等教育教学评估还应避免过度强调量化而造成的"指标化"倾向。英国 TEF 评估过程中已出现高校为提升某些指标而专门开展相关工作，可以说片面地追求某些指标无疑将导致教学评估走入歧途，对此应给予高度警惕。

　　（作者简介：阚阅，浙江大学教育学院院长、教授；万年，浙江大学教育学院博士研究生）

英国高校教学卓越评审的实践、走向与思考

　　为引导高校遵循教育规律，提升本科教育教学质量，培养德、智、体、美、劳全面发展的社会主义建设者和接班人，实现以评促建、以评促改、以评促管和以评促强，建立健全中国特色、世界水平的本科教育教学质量保障体系，教育部于 2021 年印发了《普通高等学校本科教育教学审核评估实施方案（2021—2025 年）》。全面落实立德树人根本任务、改进本科教育教学评估、提高本科人才培养质量成为我国高等教育的紧迫课题。"他山之石，可以攻玉"，研究国外发达国家高等教育本科教育评估的有效做法可以为我国本科教育评估提供有益借鉴和参考。2017 年，英国政府正式推行"教学卓越框架"（Teaching Excellence Framework，TEF）计划，开启了教学卓越评审以改革高等教育评估，发挥市场在高等教育资源配置中的重要作用，激发高等教育机构的活力，倒逼高等教育机构提升教学质量①。目前国内学者围绕教学卓越评审的形成与实施、进展与争议、成效与反思、评审原因、评审绩效及其背后的价

---

① Office for Students. What is TEF［EB/OL］.（2020-06-24）［2022-01-18］.https：//www. office for students.org.uk/advice-and-guidance/ teaching/what-is-the-tef/.

值取向等①~⑧方面对教学卓越评审展开了系列研究。第一轮评审结束后，英国政府任命了独立评审小组对第一轮的教学卓越评审展开第三方评审。本研究基于教学卓越评审实施的社会背景和第一轮评审的基本情况，重点分析第一轮评审的成效及存在的不足，尤其是独立评审小组关于教育卓越评审的评估及下一步的实施计划，以期为完善我国高等教育教学评估提供参考。

一、教学卓越评审实施的社会背景

英国高校教学卓越评审是以学生为主体、以追求卓越教学为目标的国家高等教育外部监管的系统性措施。按照英国商业、创新和技能部（Department for Business, Innovation and Skills, DBIS）的定义，教学卓越包括教学过程、学生学习环境和教学结果3个部分⑨。2017—2019年，英国政府实施了第一轮教学卓越评审。高等教育改革嵌于一定的时代背景，与社会经济发展需求紧密联系。全面了解教学卓越评审实施的社会背景，对于理解教学卓越评审的目标和成效有着重要意义。

---

① 崔军，汪霞，胡小芄.英国高等教育"教学卓越框架"：形成、实施及评价［J］.教育研究，2018，（7）：146-154.
② 马星，冯磊.英国提升高等教育教学质量的新探索——"教学卓越框架"实施进展与争议［J］.外国教育研究，2018，45（11）：42-57.
③ 陈涛，邓圆.英国何以让高校教学更卓越？——追踪教学卓越与学生成果框架（TEF）的成效、反思与改进［J］.教育科学，2018，34（2）：88-96.
④ 侯定凯.英国大学卓越教学评估：为何评、评什么、如何看［J］.高校教育管理，2018，12（2）：88-97.
⑤ 王中奎，郭婧，胡啸天.绩效导向的大学本科教学质量评估模式探析——基于英国"卓越教学框架"的技术性分析［J］.外国教育研究，2019，46（3）：58-74.
⑥ 欧阳光华，沈晓雨.学习范式下的高校教学质量评估——基于英国教学卓越框架的实践考察［J］.大学教育科学，2019，（6）：81-88.
⑦ 曹燕南.以"学"为中心的高校教学评价实践——英国"教学卓越框架"的特点与启示［J］.江苏高教，2019，（3）：13-20.
⑧ 王铄，王雪双.英国大学教学评估改革新动向——基于"教学卓越框架"的前瞻性分析［J］.比较教育研究，2017，（7）：49-55.
⑨ Department for Business, Innovation and Skills. Higher education：success as a knowledge economy white paper［EB/OL］.（2016-05-16）［2022-01-18］. https：//www.gov.uk/government/publications/higher-education-success-as-a-knowledge-economy-white-paper.

（一）新自由主义深刻影响英国高等教育治理领域

20世纪70年代以来，新自由主义强调自由市场，提倡社会市场经济，认为市场自由竞争是实现资源配置的最优途径；政府的作用是规定市场活动的框架和条件，在市场资源配置过程中进行必要的调节；要避免政府对市场和经济的不必要干预[①]。20世纪80年代初，以时任美国总统的里根和时任英国首相的撒切尔为代表的西方国家领导人在国家治理中推行新自由主义，新自由主义对国际社会的影响不断扩大。英国自撒切尔政府以来，通过市场机制提高高等教育教学质量的理念居于英国保守党高等教育治理理念的重要位置。2010年，保守党—自由民主党联合政府执政后，发布高等教育白皮书《学生位于高等教育的中心》[②]，强调高等教育机构承担促进学生学习的根本任务。为确保以学生为中心的教育服务市场机制有效运行，英国需要进一步提高高等教育办学的透明度和认可度。

（二）受教育者和市场对高等教育教学信息透明化的需求日益迫切

2012年，为反对高等教育学费上涨，全国学生联合会（The National Union of Students）组织了学生示威抗议活动。虽然历经大规模的示威抗议，但政府依然将高校每年学费的上限由此前的3290英镑调至9000英镑。英国大学学制一般为3年，按一年9000英镑计算，完成本科学业的费用共计27000英镑[③]。2019年，英国全职工作的成年劳动力年人均净收入为23000英镑，接受高等教育一年9000英镑的学费占比不低[④]。英国国家审计署（National Audit Office）的报告指出，信息，特别是关于大学课程的费用和质量的信息，对于

[①] 大卫·哈维.新自由主义简史［M］.王钦，译.上海：上海译文出版社，2016.

[②] Department for Business, Innovation and Skills. Higher education White Paper–students at the heart of the system［EB/OL］.（2011–06–28）［2022–01–18］. https://www.gov.uk/government/consultations/higher–education–white–paper–students–at–the–heart–of–the–system.

[③] 英国大学3年的学费按当年英镑兑人民币1：9的汇率，折合人民币约为26万元。

[④] Earnings and working hours［EB/OL］.（2022–01–18）［2022–01–18］. https://www.ons.gov.uk/employmentandlabourmarket/peopleinwork/earningsandworkinghours.

高等教育市场的正常运行至关重要。没有足够的信息，大学和学生都不能做出明智的决定。准大学生在选择大学时缺乏有关大学及其教学的足够信息，很难做出正确选择；学生在选择学校和专业时往往处于弱势地位，成为大学"不正当销售"的受害者[①]。高校需要提供更全面、更准确的办学信息，保证学生在选择高校和专业时做出更适合自身发展需求的选择。同时，清晰透明的高等教育教学质量信息对保证和提高英国的生产率至关重要。在缺乏有关课程质量和内容等信息的情况下，雇主很难准确定位和招聘掌握合适技能的毕业生，高校也很难知道如何根据就业市场的需求改进课程。因此，透明的信息可以解决岗位需求和毕业生技能不匹配的问题。以学生为主体、以学生学习为中心的教学评审对于向行业和雇主提供清晰透明的教学信息、帮助高校培养社会和经济发展需要的人才、引导高校改进和提高教学质量显得非常重要，其能够有效回应人们对高等教育能否有效服务经济社会发展的担心。

（三）政府越发关切高校办学水平和教学质量

2015 年，英国大学协会发布了《质量、公平、可持续发展：高等教育监管的未来》的报告。该报告分析了如何调整英国的高等教育监管体系，保障包括学生在内的各利益相关者的权益，提高高等教育的质量。在高等教育成本向学生转移及前任主管大学与科学的国务大臣戴维·威利茨的推动下，2016 年 5 月，DBIS 发布了名为《高等教育：作为知识经济的成功》的白皮书。白皮书列出了政府改革高等教育的系列计划，包括题为《知识经济的成功：卓越教学、社会流动性和学生选择》的文件[②]。文件明确提出，监管体系要高度重视教学质量，建立教学卓越框架，提高财政对于高等教育投入的价值，保护学生和其他利益相关者的利益。基于此文件，保守党制定并开始实施教学卓越评审

---

① National Audit Office. The higher education market［EB/OL］.（2017–12–08）［2022–01–18］. https：//www.nao.org.uk/report/the–higher–education–market/.

② Department for Business, Innovation and Skills. Higher education White Paper–students at the heart of the system［EB/OL］.（2011–06–28）［2022–01–18］. https：//www.gov.uk/government/consultations/higher–education–white–paper–students–at–the–heart–of–the–system.

计划。另外，政府担心各高校无差别的收费标准会掩盖高校间参差不齐的办学质量，认为高校需要开门办学，接受社会和公众的监督；通过公开高校教学运行的各种信息来加强问责，进而提高高等教育的办学质量。教学卓越评审计划的实施也是 2012 年高校学费上涨后，保守党向学生兑现政治承诺的具体表现，即确保学生及其家庭高等教育投入的价值。此外，针对高校普遍重视研究而不是教学的情况，教学卓越评审鲜明地展示了政府重视教学的态度。

（四）新公共管理理念加快高等教育改革的节奏

教学卓越评审的推出也是新公共管理理念应用到高等教育领域的典型事例。20 世纪 80 年代，新公共管理理论逐渐兴起。新公共管理旨在通过借鉴竞争、效能等企业管理理念和运行方式提高公共部门的管理效率。新公共管理理论认为，国家提供的公共服务（如教育、医疗等）可以通过借助市场的力量提高生产与分配效率。新公共管理肯定了消费者在市场竞争中的权力，完善绩效标准和措施，奉行消费者第一的价值观，改变生产者的主导地位，主张政府广泛引入市场竞争机制，通过制定政策向公共部门施加可行和积极的影响，提高公共部门的运行效率和服务质量，重新塑造公共部门的市场形象。政府希望通过推进教学卓越评审，充分发挥市场机制在高等教育发展和改革中的作用，辅以政府的宏观管制，促进高等教育机构之间充分竞争，从而激发高等教育机构的发展活力，提高高校的教学质量。

二、首轮教学卓越评审的概况

2016 年 9 月，DBIS 发布了《教学卓越框架情况说明书》，阐述了教学卓越框架的实施时间及其对学费的影响等相关信息。为期 3 年的首轮教学卓越评审正式拉开帷幕。

（一）评审指标和数据

英国高等教育教学卓越评审由政府主导，教育部及其直属机构负责落实。

教育部制定评审的实施框架和评价体系，任命教学卓越评审的评审委员会主席，学生事务办公室组织实施。教学卓越评审于每年秋季开始，次年6月结束。教学卓越评审的核心指标包括学生对学校的满意度、学生的辍学率、学生的就业率、高技能岗位就业率和毕业后继续深造的比例。教学卓越评审的基础数据主要来源于第三方调查，包括调查高等教育机构的教学质量和学生满意度的全国大学生调查、英国高等教育统计局发布的英国高等教育统计报告和高校毕业生毕业去向数据库，以及英国政府主导的个体学习者学习记录数据。此外，参考资料还包括参评高校的基本办学情况，包括各专业的课程设置、教职工的人口统计学数据、毕业生的就业情况、学校提交的自评报告和评审专家组的评价报告，在评审结束后均面向社会公开发布。专家对高校进行正式评估时将收集的第三方数据作为原始数据，采用加权平均法进行计算；各项指标均设定了一定的基准值，评审小组根据高校各项指标高于或低于特定基准值的幅度，综合计算出评审结果。

（二）评审结果及其使用

作为新的高等教育外部监管的重要组成，教学卓越评审于2016年正式实施，于2017—2019年完成了第一轮评审。评审结果包括金奖、银奖、铜奖和待评级4个档次。评审结果的有效期限是3年。对于已参评获奖的学校，3年有效期内无须再次申请；参评学校如不满足评审结果，希望获得更高评级，可在第二年继续申请参加评审。

鉴于教学卓越评审的评定结果存在有效期，根据学生事务办公室官网的信息，首轮连续3年的评估结果只能说明学校过去的办学情况，由于评定结果的有效期已过，2022年的招生宣传将不得再使用第一轮的评审结果，以避免误导学生择校。作者登陆部分高校网站发现，很多高校也通过各种方式通知校内各单位在学校的宣传和报道中停止使用教学卓越评审结果。代表官方发布英国高等教育信息的网站显示，发现大学和英国大学统一学生申请机构（Universities and Colleges Admissions Service，UCAS）的课程页面也在2021

年9月删除教学卓越评审的历年评定结果；学生事务办公室网站上的教学卓越评审页面发布公告，明确告知教学卓越评审已暂停申请，此前的结果只能说明高校在评定期内的办学情况，并不代表高校当前的办学水平。

2021年6月，学生事务办公室发布了《教学卓越评审品牌和信息指南》[①]，明确如果高校继续使用教学卓越评审结果，需要注明高校参与教学卓越评审的评定时间和评审的有效期；同时阐述了各等级奖项的具体内涵，要求高校在提及学校的具体评审结果时，按照学生事务办公室提供的内容口径展示具体奖项的内涵。学生事务办公室发布了4个级别的图标，说明了图标的字号、字体、颜色和大小等，通过具体统一但颜色不同的图标宣传教学卓越评审，规范品牌宣传，增强教学卓越评审的社会公信力和影响力。

学生事务办公室对外发布的报告中除最终评审结果外，还同时发布高校的评审报告。以牛津大学为例，其评审报告主要内容是：牛津大学提供的材料表明，学校的学生毕业率、高技能就业率和学生继续深造的比率极高。牛津大学具有一流的硬件设施和学习环境，包括多样化的教学和学习资源；学校通过小组学习和辅导，为学生提供了极为个性化的学习机会，确保了学生在学习过程中的高度参与和投入。学生有机会参与研究工作，并与世界著名的学者共同从事研究、发表文章；学校奖励高质量的教学，设立了如卓越教学奖和学生教学提名奖等教学奖。学校建立了完善的机制，以促进文化交流和融合；学生高度认可学校的教学质量和创设的学术环境。牛津大学毕业生丰富的知识、优秀的技能和卓越的理解力深受用人单位青睐[②]。

此外，教学卓越评审的结果与高校的学费标准挂钩。作为肯定和激励方式，获得金奖的高校被许可将国内学生每年学费上限由9000英镑调至9250英

① Office for Students. Branding and information guidelines 2021［EB/OL］.（2021-06-21）［2022-01-18］.https：//www.officeforstudents.org.uk/media/2d811da7-302f-4357-9349-08ec0055720a/tef_branding_guidelines 2021.pdf.
② Office for Students. TEF outcomes：University of Oxford［EB/OL］.（2017-06-01）［2022-01-18］.https：//www.officeforstudents.org.uk/advice-and-guidance/teaching/tef-outcomes/ # /tefoutcomes/provider/10007774.

镑。如果高校有足够的吸引力，能提供优质教学，就能提高学生的学费标准，从而增加学校的收入。

（三）评审的积极影响

首届评审委员会主席是谢菲尔德哈勒姆大学的校长赫斯本兹教授。赫斯本兹是课程教学论专家，此前曾担任伦敦大学学院（University College London，UCL）的副校长和伦敦大学教育学院的院长，在英国高等教育界享有盛誉。2019 年第一轮评审结束后，赫斯本兹代表教学卓越评审委员会回顾了 3 年的评审情况并指出，3 年来参与高等教育教学评审的几百所高等教育机构，包括研究型大学、专业技术学院和继续教育学院，通过专业高效地工作，积累了丰富的知识和经验，为教学卓越评审的下一阶段工作打下了坚实基础。国家学生事务办公室负责人丹德里奇认为，教学卓越评审要求高等教育机构精心设计课程和教学，为学生提供了高质量的学习体验；所有学生，无论学什么，在哪里学习，都应获得高质量的教学，并通过高质量的教学为毕业后的人生做好充分准备[1]。

三、首轮教学卓越评审的成效与不足

随着时间的推移，英国教学卓越评审的影响逐步显现。总体来看，教学卓越评审提供了一个标准化评估框架，为学生、大学、政府和大学排名机构提供了全面、准确的高校办学数据，虽然成效明显，但也存在一些不足。

（一）首轮教学卓越评审的成效

一是鼓励高校为学生提供优质教学。已完成的第一轮评审中，各种类型的高校均有获得金奖、银奖、铜奖。获得金奖的高校既有传统的研究型大学，

---

① THE World University Ranking（2016）.TEF chair：framework is an opportunity to celebrate excellence ［EB/OL］.（2016-09-29）［2022-01-18］. https：//www.timeshighereducation.com/cn/blog/tef-chair-framework-opportunity-celebrateexcellence.

也有应用技术型学校，专业院校表现尤其突出，2/3 以上的参评高校获得了金奖。部分没获得金奖的高校在参加首次评审后也积极采取系列措施，包括完善学校的教学设备设施、提升教师的教育教学技能和课堂教学质量，从而有效提高教育教学质量，并继续申报第二年的评审，成功提高了评审等级。

教学卓越评审为高校提供及时的教学质量评审数据信息，帮助高校提升办学水平和教学质量。通过整合各种数据，高校可从参评系统中查询学校每一个小指标的表现情况，并了解同类高校的办学情况，包括学生的学习体验、教学满意度、毕业生情况等，准确地判断其在教学和人才培养各环节的具体表现，进而进行有针对性的调整和改革。教学卓越评审鼓励和肯定了重视教学的高校，客观上扭转了部分研究型大学重科研、轻教学的发展趋势，有助于提高教学人员的专业认可度，确保教学在高校中与科研享有同等重要的地位，使各高校重视为学生提供优质的教育教学服务，促进科研和教学均衡发展。

二是引导高校改善学生的学习体验。整体而言，教学卓越评审以学生为中心，教学质量、学生的学习体验和学习成果始终是评审的核心内容。教学卓越评审聚焦于教学，核心评价指标聚焦于学习过程和学业产出，关注学生的直接利益。教学卓越评审关注学生对教学的满意度，具体指标包括高校是否重视教学、重视学生潜能发展；学生对教学考核体系的满意度，如学生关于教学的反馈是否有效地改进教学；学生对高校提供的学习支持的满意度，包括高校提供的学习资源、奖学金和专业实践机会等。此外，教学卓越评审还关注学生的辍学率、就业率、就业能力、学生升入高一级学位就读的比例和能力等指标。

学生代表作为评审专家组成员，在评审过程中具有和其他专家组成员一致的话语权。评审指向对学生择校和学业产出直接相关的问题。教学卓越评审致力于优化学生的学习过程，提高学生的就业能力，为学生的本科学习、生活提供最好的就读体验。以学为中心的评审标准倒逼高校调整内部评价体系，重视学生的学习体验和学习成果；学生关于高校的教学总体满意度高，又促使各高校以学生为主体，更加专注于为学生提供优质的教育教学服务，进一步改善学生的就读体验，使学生获得较好的学习成果。

三是帮助高中毕业生有效选择高校和专业。评审在推行方式上强调循序渐进、由点到面，由高校自主申报。教学卓越评审的数据来源既有第三方调查，又有政府主导的调查数据，同时还有高校提供的基本办学数据。高校的自评报告和办学指标、学生的学习环境、毕业生的就业结构、评审专家组的评审报告等，评审结束后均在网上面向社会公布。评审数据公开透明，可追溯核查。以上数据为高中毕业生提供了高校的办学信息，帮助高中生在择校过程中了解和对比不同高校的办学设施和资源、往届学生升学和就业的情况，以及学生对高校和教学的满意度、教师的教学情况等，让高中毕业生尽可能了解不同高校的办学和专业情况，并在此基础上结合自己的兴趣和需求选择适合自己的高校和专业，尽量减小和规避由于信息不对称带来的择校盲目性和可能存在的风险。

（二）首轮教学卓越评审的不足

教学卓越评审虽然提升了教学在高校的地位，并改善了学生的在校体验，但通过第三方评审发现，首轮教学卓越评审还存在一定的局限性。唯有理性审视首轮教学卓越评审中存在的不足，才能在新一轮评审过程中持续改进，更为有效地发挥教学卓越评审的作用。

一是教学卓越评审的核心指标虽然围绕学生在校体验展开，但是指标设计科学性有待提升。以学生在校体验为核心指标有助于更好地发挥学生的主体性，其重要性无可厚非，但是其体现学生在校体验的指标设计的科学性近年来却受到了外界的质疑。教育是生命影响生命的活动，学生的培养过程不能简单地用学生体验满意度来衡量。此外，教学卓越评审强调帮助学生做好充分的职业技能准备，让学生在就业市场上有更高的收入，以便让其有能力偿还学生贷款，并创造更高的税收以贡献于社会和经济的发展[1]。高等教育的一项重要功

---

[1] Department for Business, Innovation and Skills. Higher education White Paper–students at the heart of the system [EB/OL]. (2011–06–28) [2022–01–18]. https://www.gov.uk/government/consultations/higher–education–white–paper–students–at–the–heart–of–the–system.

能是健全学生的人格，帮助学生获得终身学习和发展的能力，培养具有批判思维的社会公民。教学卓越评审强调学生短期的就业技能和效果，以及满足当地就业市场的需要。这一价值取向忽视了本科教育对学生个体更广泛的社会意义。由于不同高校的办学历史、环境、生源等基础条件不一，以学生体验为中心的导向性数据（如学生短期内的就业表现）很难全面反映高校的育人效果。

二是以第三方数据为主要评审数据的信度和效度有待商榷。教学卓越评审的基础数据来源多样，但主要以第三方数据为主，包括全国大学生调查、高等教育统计报告、高校毕业生毕业去向调查、个体学习者学习记录数据等。以上数据虽然在一定程度上与卓越教学评审的主题相关，能从侧面反映卓越教学评审关注的问题，但是这些由不同机构发起、源于不同调查目的、采用不同渠道和方法获得的数据，并非直接为教学卓越评审而设，很难完整、准确地反映高校的教学情况。不同机构在数据收集过程中受限于不同因素，数据本身的信度和效度也值得进一步商榷。此外，针对同一数据采取不同分析方法、不同数据采用同一分析方法分析高校的教学质量也可能得出不同的结果。相关部门需要进一步评估第三方数据的合理性，促使第三方数据更好地服务于卓越教学评审。

三是设置待评级并支持学校短期内重新申报评审的合理性有待进一步探讨。教学卓越评审作为奖励性质的评审，由高校本着自愿参与的原则自主申报，教学卓越评审的结果包括金奖、银奖、铜奖和待评级 4 个档次。既然是奖励性质的评审，待评级作为级别之一，其具体设置尚有待改进。教学卓越评审的意义在于促进高校的建设和发展，由于是奖励性质的评审，对于获待评级的高校，教学卓越评审并没有对高校的未来教学提出具体的整改意见、要求和时间。如前所述，根据第一轮的评审规则，对于已参评但不满意评审结果的高校可继续申请参加第二年的评审。迫于高校发展、市场竞争和招生宣传的压力，部分没有获得理想级别的高校完成第一次评审后，采取系列整改措施继续参加第二年的评审。由于时间短、任务重，短期内人力、财力的高投入在一定程度上可能稀释高校的办学资源，影响高校其他方面工作的推进。

四、教学卓越评审未来改进方向

2018 年 11 月，政府任命伦敦政治经济学院校董会主席、前拉夫堡大学校长雪莉·皮尔斯女士负责对第一轮的教学卓越评审展开第三方评审，评审小组由 9 名专家组成。评审小组回顾了有关教学卓越评审的既有研究，召开专家研讨会，与教职工、学生、管理人员、雇主等召开了近 100 场调研座谈会，听取高等教育各利益相关者关于教学卓越评审和学生培养的建议。此外，专家组还与世界不同国家的高等教育评估专家分别召开了 8 场会议，征求他们关于英国教育教学卓越评审的意见。英国文化协会围绕高等教育和教育教学卓越评审的海外影响力，在不同国家展开调研，为评审小组工作的开展提供系列数据。2019 年 8 月，评审小组向议会教育大臣提交了《皮尔斯教学卓越评审独立评估报告》。2021 年 1 月，基于评审小组提交的报告，教育大臣向议会提交了关于教学卓越评审的报告[①]。

《皮尔斯教学卓越评审独立评估报告》就教学卓越评审的目的、原则、评估流程、评估框架、评级系统和评估名称提出了一系列改进和迭代建议。《皮尔斯教学卓越评审独立评估报告》强调，总体来看评审过程应始终贯彻透明性、相关性和强健性的原则；新一轮教学卓越评审在核心指标设计、数据来源和评审结果使用方面均需要改进，并要进一步明确和细化评价的具体指标及各项指标实际测评的对象和内容。

教育大臣在向议会提交的报告中肯定了《皮尔斯教学卓越评审独立评估报告》的价值和意义，并采用了《皮尔斯教学卓越评审独立评估报告》的内容。教育大臣的报告指出，政府应始终致力于确保高等教育机构更好地服务于劳动力市场和经济发展的需要，提供高质量的教育教学，不断提高区域高等教

---

① Department for Education.Government response to Dame Shirley Pearce's Independent Review of the Teaching Excellence and Student Outcomes Framework（TEF）[EB/OL].（2021-01-21）[2022-01-18]. https：//assets.publishing.service.gov.uk/government/uploads/system/uploads/attachment_data/file/953306/ Goverment_response_to the independent review of TEF.pdf.

育水平，使学生取得优异成绩，并确保所有学生能获得公平的教育。教育大臣的报告重申了评审的首要目的为提高教学质量，评审应成为学生事务办公室监管高等教育的重要组成部分；教学卓越评审的第二个目的是为受教育者选择高校提供更加全面且准确的信息，帮助他们选择最适合自己的专业和课程。通过第三方评审，教学卓越评审的未来改进方向逐渐明确。

（一）丰富评审指标的内涵

鉴于第一轮教学卓越评审的核心指标包括不同年级学生对高校的满意度、学生的辍学率、学生的就业率、高技能岗位就业率和毕业后继续深造的比例，《皮尔斯教学卓越评审独立评估报告》指出，除了高校的教学外，学生的毕业和就业情况还受很多非高校能控制的因素影响。新一轮的评审应充分考虑影响各指标的具体变量，尤其是能影响教学质量、学生满意度、学生毕业和就业率等评价指标且高校无法直接控制的显著变量，如学生的性格、家庭背景，学校的地理位置、区位优势等均可能影响学生的就业率，但这些变量却不受高校的影响和控制。《皮尔斯教学卓越评审独立评估报告》建议，在第一轮评估指标的基础上，增加教学环境指标，将就业率和学生毕业继续深造率调整为教育收获和毕业生成果，通过内涵更为丰富的指标设计，提高评审的科学性和客观性。

关于教学卓越评审的指标设计，教育大臣的独立报告同意《皮尔斯教学卓越评审独立评估报告》的建议，强调评审指标需要衡量学生在不同情况下的学习质量，以及通过指标要能全面地衡量学生的学习结果。教育大臣的报告明确强调，"学生满意度"不应作为衡量卓越教学的合适指标，因为高校可以选择通过降低教学质量或学术要求来提高学生的满意度；并提议将考量学生主观总体体验的满意度调整为聚焦学术体验的学生学术经验，以突出教学卓越评审对学生学习本身的关注。教育大臣的报告指出，教学卓越评审为高等教育机构带来了一系列工作，新一轮的教学卓越评审应尽可能地减少评审给高校带来的工作压力。

（二）增强评审数据的科学性

关于评审数据，教学卓越评审的基础数据主要来源于第三方调查。《皮尔斯教学卓越评审独立评估报告》指出，数据统计和分析是教学卓越评审的核心部分，科学的分析方法对于准确反映高校教育教学现状和问题尤其重要。不同的数据和分析方法将呈现高等教育发展的不同特征，确保评审数据的高信度并通过合适的指标、方法分析数据是评审始终需要关注的重点；新一轮的评审应听取来自不同阶层更多学生的声音。教育大臣的报告赞同以上内容，强调评审需要确保基本数据的质量，关注地区差异，注重数据在不同情境下的意义和内涵，包括同一数据在不同地区可能蕴含的不同意义等；考虑到全国学生调查是教学卓越评审重要的数据来源，教育大臣已要求学生事务办公室进一步完善全国学生调查的数据，尤其是其中可能会直接影响教学卓越评审的数据。

（三）提高评审结果使用的效率

教育大臣的报告指出，教学卓越评审总体上继续设金奖、银奖、铜奖和待评级 4 个档次，但只取金奖、银奖和铜奖作为高校教学卓越的等级标志。第四档待评级作为底线，设立这一档的目的在于发现教学质量不佳的大学，并进一步实施监督和考核措施。对于待评级的高校，评估报告需要准确地指出高校教学和发展中存在的不足和问题，并提出整改建议。新一轮的教学卓越评审将设置更广泛的质量框架和更严格的指标体系，激励高等教育机构，尤其是处于评审基准线边缘的高校重视教学。学生的成绩应作为评审的限制性因素，如果参评高校的学生成绩不佳，学校不能获得金奖的评级。教育大臣的报告还指出，高等教育机构和学生事务办公室应尽量控制评审成本，参评高校或学生事务办公室第二轮的评审成本原则上不应超过第一轮。新一轮评审方案将要求所有高等教育机构参与评审。第一轮教学卓越评审每年运行的方式将调整为每4~5 年一次的定期评审。

五、思考与建议

目前，学生事务办公室正就新一轮的教学卓越评审方案征求各方意见。新的评审方案于 2022 年实施。届时，各高校可以根据方案的要求提交申请材料，新一轮的首次评审结果于 2023 年下半年公布。英国高校教学卓越评审为提高高校的办学水平和教学质量发挥了积极作用。经过 20 余年的发展，我国本科教学质量评估和保障体系不断发展完善，同时也面临一些新的要求和挑战。英国高校教学卓越评审的系列改革可为进一步完善我国本科教学质量评估和保障体系提供一些借鉴参考。

（一）高度重视教学质量，强化育人功能

英国教学卓越评审高度重视教学质量，强化教学的育人功能，引导高校调整重科研、轻教学的内部评价体系，促使高校重视教学，促进科研和教学均衡发展。同时，教学卓越评审也为高中学生提供高校与教学相关的系列数据，帮助学生选择适合自己的高校和专业。2021 年，我国完成了"双一流"建设中期评估，旨在引领新时代高等教育内涵式发展。高等教育的根本任务是立德树人，高校的办学目的是为党育人、为国育才。教学是高校的核心工作，是高等教育育人的根本环节。我们在"双一流"建设评估工作中可以借鉴英国卓越教学评审的理念，高度重视高校的教学质量。评估工作应以评估理念引领改革、以评估举措落实改革、以评估标准检验改革[①]，加大对高校教学改革和教学质量的考核，强化考核过程中的育人功能，提高教学在"双一流"建设评估中的占比，增大能充分反映高校教学质量和教学改革的数据比例，以教学评估为抓手，引导高校重视教学质量，推动综合改革，提高办学水平。

---

① 欧阳若昀.英国研究型大学课程质量保障体系研究——以牛津大学为例［D］.南宁：广西大学，2021.

（二）突出学生视角，兼顾公平与卓越

教学卓越评审注重学生在高校的就读体验，关注学生在学习过程中是否具有良好的学习环境（包括学校的硬件和软件配置），是否有机会接触前沿的学术理论，是否具有良好的专业实践机会。教学卓越评审要求高校提供学生的人口统计学数据，关注不同性别和种族的学生在校的学习情况，既有主观的学习体验，也有学校的环境建设，评价指标涵盖了学生在校学习的多方面情况。新一轮的评审将听取来自不同背景更多学生的声音，并将学生满意度调整为学生学术经验。这些指标将帮助高校基于学生学习和发展的视角，诊断教学中存在的问题，开展有针对性的教学改革。借鉴英国的教学卓越评审，我国在未来的高等教育教学评估设计和实践中，一方面应重视学生的体验，加强对学生学习过程和个体发展的有效引导，提高代表不同群体的学生在评估中的参与度，包括提高来自不同地区、民族、性别、家庭背景的学生代表的比例，尽可能丰富能体现全体学生成长发展的数据；另一方面应充分考虑影响学生教育获得的多种因素和指标变量，客观评价学生学业发展和高校教学投入之间的关系，在评估教学、促进学生学业发展的同时，提高学生终身发展的能力。

（三）整合多方数据，增强数据的科学性和代表性

教学卓越评审由政府主导，整合多个第三方调查数据，既有市场主导的调查数据，也有政府主导的调查数据，评审辅以高校的基础办学数据和自评报告以及高校的自评数据。高校自评报告和专家组的评审报告均在网上发布；新一轮的评审将考虑不同区域及不同高校的具体情况，并力求数据的多元和全面，进一步增强数据的科学性和代表性。借鉴英国教学卓越评审的经验，我国的高等教育评估应注重全面收集反映高等教育机构办学的数据，可以适当参考部分由市场主导的信效度较高的调查数据，优化评估数据采集的协同机制，进

一步增强评估数据的代表性①。此外，我国高等教育教学评估还应通过整合多方数据，关注高校的动态运行和发展情况，发现看似不相连数据间展现的影响高校教学各因素之间的动态关系，分析背后的原因，并面向社会公开评估的相关报告，提高评估的透明度。

（四）理性运用评审结果，监督和奖励并行

教学卓越评审设金奖、银奖、铜奖和待评级4个档次，同时将学生成绩作为金奖的一票否决因素。新一轮的评审将取金奖、银奖、铜奖作为学校教学卓越的等级标志；获金奖的高等教育机构可上调学费上限；对结果为第四档的待评级学校，进一步实施监督和考核措施。借鉴英国卓越评审结果的奖惩思路和方式，我国在高等教育教学评估中可以通过监督和奖励并行的方式，优化评估结果的使用。对于评估中发现的有突出问题的高校可通过减少招生指标等方式督促其定期整改；对于表现优秀的高校，对其教育教学予以政策性支持，如设置奖励性的专项教学经费、鼓励高校继续增加对教学的投入、加强教师队伍建设等，通过引导高校提供优质教学确保教学在服务学生成长发展中的目标达成度，并发挥教学对高校整体发展的带动作用，进而推动高校的全面发展。

（作者简介：周海涛，北京师范大学教育学部高等教育研究院院长、教授；刘绪，南方科技大学高等教育研究中心副研究员）

---

① 崔曼秋.高等教育第三方评估的中外比较研究［D］.哈尔滨：哈尔滨师范大学，2020.

跨国与流动篇

多源流理论视域下英国跨国高等教育政策的变迁

　　随着经济全球化与文化多元化的日益加深，教育在提升国家软实力和国家影响力方面愈发重要，大国都将教育走出去作为发展对外关系的战略举措之一。英国政治一直以保守、渐进和稳健著称，但自撒切尔政府以来，面临经济危机频发、知识经济兴起、全球化进程加速、传统留学市场萎缩以及后脱欧时代"全球英国"的建立等不同时代的主题和任务，教育必须做出改变。为此，英国相继出台诸多跨国高等教育政策，力图以"英国教育品牌"扩大国际影响力。尤其是高等教育市场化改革后，跨国高等教育急剧扩张，实现了从高校自发实践的零散形态到国家战略指引下体系化发展的转变。如今，跨国高等教育已成为英国获取长期经济收益的重要途径、政治外交利好工具和文化传播的载体。作为跨国高等教育市场中的先行者和领导者，英国的跨国高等教育政策是其他国家重点参照的对象。而过往的研究聚焦于发展动因、价值功能、办学模式、质量保障等实践性问题的探讨，政策通常作为背景性材料散布其中，缺少对政策纵向的、整体性透视。因此，本文以多源流理论为分析框架，系统梳理与分析英国跨国高等教育政策的变迁历程以及背后缘由，可加深对英国跨国高等教育政策的理解，以期为我国境外办学政策提供借鉴。

一、多源流理论：一个适切的透视性政策分析工具

多源流理论提供了公共政策制定过程的整体分析框架。美国政治学家约翰·W.金登在《议程、备选方案与公共政策》中提出问题源流、政治源流和政策源流是推动公共政策制定的核心要素；三大源流会在某个决策关键时刻交织汇合，共同支撑政策之窗的开启，最终实现公共政策的制定或变革[1]。任何公共政策的形成均是三大源流共同作用的结果，即焦点问题、政治形势和政策方案化合反应下的复杂产物。多源流理论通过解剖政策制定过程的"黑箱"，揭示政府在决策关键时刻出台某项公共政策的原因，有效聚焦于政策制定的合理性分析和政策议程建立的科学性论证[2]，对分析公共政策制定的内在机理与隐性背景有较强的适切。

英国跨国高等教育是英国高等教育机构在国外提供教育并授予学位的国际教育形式，包括远程学习、海外分校、特许经营模式和验证模式[3]。英国跨国高等教育政策是英国教育国际化政策的重要组成部分，与经济社会发展有着密切联系。相较传统留学生教育而言，跨国高等教育的概念认知仍存在"模糊性"，致使跨国高等教育的概念类型、实施效果及其可持续性等颇具争议。

随着英国跨国高等教育走向纵深，相关政策内容也随之深化。在逻辑上，多源流理论作为公共政策分析框架，同样适用于分析英国跨国高等教育政策演进。首先，英国跨国高等教育政策最初以缓解财政危机、规范跨国高等教育发展为现实导向，而后为应对国际格局突变、增强国际竞争力而不断深化，此为问题源流。其次，英国两党制下保守党与工党的交替执政带来的执政理念变

---

① 约翰·W.金登.议程、备选方案与公共政策（第二版·中文修订版）[M].丁煌，方兴，译.北京：中国人民大学出版社，2017.

② 王瑜，叶雨欣.多源流理论视角下我国教育扶贫政策的变迁分析 [J].当代教育论坛，2020,（6）：19-27.

③ British Council. The evolution of transnational education: data, definitions, opportunities and impacts analysis [EB/OL].（2013-09-03）[2021-09-05].http://www.Britishcouncil.org/sites/britishcouncil.uk2/files/the_shape_of_things_to_come_2.pdf.

化，为跨国高等教育政策提供了有利政治环境，此为政治源流。最后，各个时期英国跨国高等教育政策的变革均受到来自国际组织、国内教育国际化机构以及专家学者等政策共同体的"软化"助推，此为政策源流。三大源流汇聚起教育政策变革之力，从而开启英国跨国高等教育政策之窗。多源流理论能够从问题、政治、政策 3 个方面来重新解构和建构对英国跨国高等教育政策变迁的理解与认知，有助于明晰其变迁历程和演进逻辑。

二、英国跨国高等教育政策的变迁历程

金登认为，政府在政策制定舞台上扮演的角色居于首要地位，新一届政府上台之际是政策变革的黄金时期[1]。英国两党制下保守党与工党交替执权，政党更替为新政策的出台提供关键契机。自撒切尔政府以来，英国几届政府均将扩大跨国高等教育规模作为一项政治优先事项，制定相关政策鼓励高校增加跨国高等教育学生人数来缓解留学生增幅下降的冲击[2]。以英国执政党更迭为划分依据，并结合英国跨国高等教育政策发展目标、内涵和方式的演进，英国跨国高等教育政策变迁可分为保守党执政下的初创期、新工党执政下的规范期和联合政府执政下的深化期 3 个阶段。

（一）政策初创：以引导性政策鼓励跨国高等教育发展

以撒切尔和梅杰为首的保守党执政期间，从 1979 年"全额收费政策"发布到 1995 年《境外合作办学实施准则》，跨国高等教育政策多镶嵌于国家宏观教育政策之中，旨在以经济手段刺激跨国高等教育的发展，多渠道筹措高等教育经费从而缓解国家公共财政压力。首先，对欧洲共同体以外的留学生实行的里程碑政策——"全额收费政策"推动英国跨国高等教育进入"快速而混乱

---

① 约翰·W. 金登. 议程、备选方案与公共政策（第二版·中文修订版）[M]. 丁煌，方兴，译. 北京：中国人民大学出版社，2017.
② Healey N M. The end of transnational education? The view from the UK [J]. Perspectives：Policy and Practice in Higher Education，2020，24（3）：102–112.

的变化"时期①。全额收费政策开始赋予国际学生经济角色，跨国高等教育主流取向逐渐由政治援助转向谋求经济利益。其次，《1988 年教育改革法》改革了高等教育管理体制，推动英国高等教育迈向市场化②，为跨国高等教育提供了广阔的发展平台。双重制废除后，获得与大学同等独立法人地位的多科技术学院得以将强大的创业精力投入到跨国高等教育中③。这个时期的英国跨国高等教育正是以多科技术学院为主体，实现蓬勃发展，成为跨国高等教育市场的领导者。再次，《1992 年继续和高等教育法》削减高等教育经费并鼓励高校招收海外学生弥补经费不足，使跨国高等教育成为英国大学创收战略的重要手段。英国高校以经济利益为目标纷纷开发海外认证课程，积极开拓跨国高等教育市场。最后，规模的扩张使得政府关注到跨国高等教育的规范性，1995 年英国高等教育质量委员会创制第一个《高等教育境外合作办学实施准则》④，以引导性建议关注跨国高等教育的教育水平和初步规范发展，对跨国高等教育项目的财务安排、办学合同、入学资格、课程教学、质量监测等做了原则性规范⑤。

（二）政策规范：以规范性政策维持国际领先地位

以布莱尔为首的新工党执政之际，教育已成为全球贸易中重要的服务型产品，跨国高等教育市场竞争激烈，英国市场份额被挤占，同时全球化的发展导致了高等教育的应对必须更加组织化。此时的高等教育国际化应当是一种更加整合的战略，应当是国家整体发展战略中的一个重要有机组成部分⑥。此时

① Belcher J. The recruitment of international students：the British experience, 1979–1987 and the way forward［J］. Journal of Tertiary Education Administration, 1987, 9（2）: 127–144.
② 易红郡. 撒切尔主义与《1988 年教育改革法》[J]. 湘潭大学社会科学学报, 2003,（4）: 23–26.
③ P Bennella, T Pearceb. The internationalisation of higher education: exporting education to developing and transitional economies［J］.International Journal of Educational Development, 2003, 23（2）: 215–232.
④ Van der Wende M C. Westerheijden D F. International aspects of quality assurance with a special focus on European higher education［J］. Quality in higher education, 2001, 7（3）: 233–245.
⑤ 英国在境外办学的有关情况［J］.世界教育信息, 1998,（7）: 19–21.
⑥ 吕林海. 解读高等教育国际化的本体内涵——基于概念、历史、原因及模型的辨析与思考［J］. 全球教育展望, 2009, 38（10）: 55–60.

英国跨国高等教育政策最明显的特征是将跨国高等教育纳入国家战略，逐步建立起跨国高等教育领域的应有规范，旨在维持英国跨国高等教育的国际领先地位。这意味着，英国跨国高等教育政策从"阴差阳错"的被动之举走向规范性发展的国家行动，从解决高等教育财政危机的经济手段逐渐转向国家整体竞争力的一部分，愈发受到政府重视。这个阶段的政策内容主要包括 4 个方面。一是以非自愿、强制性的政策规范跨国高等教育质量标准。1999 年高等教育质量保障署（Quality Assurance Agency，QAA）发布《高等教育海外合作办学准则》和《远程教育质量准则》[1]，对跨国高等教育实施准则做出详细规定，并以实地考察方式外部审核跨国高等教育项目的质量。二是将跨国高等教育纳入国家战略规划。1999 年布莱尔政府推出"首相倡议计划"（Prime Minister's Initiative，"PMI"），以顶层设计部署了 5 年内包括跨国高等教育在内的英国教育国际化的战略目标和战略原则。它结束了英国以往由各高校分别采取国际化行动的历史，开启了英国教育国际化的国家战略时代[2]。三是明确指出跨国高等教育除经济利益之外更广阔的价值，转变跨国高等教育的经济导向。2003 年英国高等教育白皮书《高等教育的未来》给予大学自由的办学空间，以"自由和拨款制度"鼓励高校多种渠道的资金投资[3]；2004 年《将世界引入世界一流教育——教育、技能与儿童服务国际战略》则进一步明确了跨国高等教育不但有助于提高合作国的教育质量，还有助于帮助英国国内外的相关机构建立长期的战略合作关系[4]；第二期"首相倡议计划"继续支持英国大学与海外高校建立战略合作伙伴关系，并调整跨国高等教育方向，从经济导向转入质量导向，关注国际学生的学习体验。四是制定支持性政策，力图消除教育贸易壁垒。例如，学分和学历互认政策、教育与培训国际战略规划、网上学习发展战

① Vander Wende M C, Westerheijden D F. International aspects of quality assurance with a special focus on European higher education [J]. Quality in higher education，2001，7（3）：233–245.
② 翁丽霞. 招收留学生的国家战略——聚焦英国"国际教育首相倡议计划"[J]. 比较教育研究，2013，35（7）：85–90.
③ 陈剑琦. 2003 年英国高等教育白皮书:《高等教育的未来》[J]. 比较教育研究，2003，(6)：92–93.
④ 孙珂. 英国 21 世纪教育国际化政策探析 [J]. 外国教育研究，2015，42（11）：120–128.

略等。2004 年中英两国签署《关于相互承认高等教育学位证书的框架协议》，该协议为英国跨国高等教育提供了坚实的基础。

（三）政策深化：以能力建设性政策服务国家战略需求

随着跨国高等教育向纵深发展，复杂性和风险性日益凸显。加之金融危机后英国经济复苏势头偏弱以及脱欧、新型冠状病毒感染加剧国际环境的不确定性，联合政府执政期间英国跨国高等教育展现了新的利益和诉求——打造兼具专业性与竞争性的跨国高等教育，服务于国家战略需求成为联合政府下新的跨国高等教育政策取向。此时的跨国高等教育显然已成为促使英国实现综合实力向国际影响力转化的重要工具，其价值已超越单一的经济利益，日益成为外交利好工具和文化传播的载体。这一时期英国跨国高等教育核心政策主要包含 3 个方面。首先，2013 年《国际教育：全球增长与繁荣》(International Education–Global Growth and Prosperity，IES) 发布，服务于英国产业发展战略。卡梅伦将跨国高等教育作为产业战略的重点支持工具，认为它是"致力于创新"和"可贸易"的部门，对提高生产率和产业出口能力尤为关键[①]。 IES 中将跨国高等教育作为五大主要政策之一，澄清了跨国高等教育的含义与类型、现状及问题、前景与挑战。IES 的价值取向一方面要求吸引更多国际学生，增加教育出口；另一方面主张加强跨国高等教育质量，建立"英国教育品牌"新框架，维护英国教育形象。例如，建立质量框架与主要伙伴国合作实现资格证的互认等[②]。其次，2019 年服务于"全球英国"外交战略的《国际教育战略：全球潜力，全球增长》发布，旨在维护"后脱欧时代"英国跨国高等教育的战略稳定、繁荣和安全。该政策提出保障教育质量，实行内外兼顾的双重保

---

① 孙彦红 . 探寻政府经济角色的新定位——试析国际金融危机爆发以来英国的产业战略 [J]. 欧洲研究，2019，37（1）：68–90，6–7.

② Department for Business, Innovation and Skills. Department for Education. International Education Strategy：Global Growth and Prosperity [EB/OL]. (2013–07)［2021–09–10］. https：//assets.publishing. service.gov.uk/government/uploads/system/uploads/attachment_data/file/340600/bis–13–1081–international–education–global–growth–and–prosperity–revised.pdf.

障制度；确定中国、东盟为优先发展区域，寻求与全球合作伙伴接触等具体行动①。最后，新型冠状病毒感染肆虐波及国际教育市场，英国发布最新的《国际教育战略：支持、复苏、推动增长》，倡导以高质量跨国高等教育应对新型冠状病毒感染带来的挑战与机遇，确保英国高等教育处于世界领先地位。此外，2010 年 QAA 发布更新后的《跨国高等教育质量保障标准》②，对英国高校开展跨国高等教育应承担的责任及实施准则作出了细密的规定。

由上观之，英国跨国高等教育政策经历了一个螺旋式递进的变迁过程，囊括从嵌套于宏观教育法规到出台国际教育战略存在样态的变更、从经济利益驱动到服务于国家战略需求价值取向的升级、从联合项目到海外分校教育模式的多元化、从引导性建议到强制性质量规范的出台等，为英国跨国高等教育提供持续而有力的保障。自 20 世纪 80 年代中期以来，英国跨国高等教育入学人数从 5 万人左右到 2018 年的近 70 万人，增长了约 13 倍③。2010 年以来，英国教育出口和跨国高等教育经济总收益增长了 46%，2017 年首次超过 20 亿英镑，达到 21 亿英镑，此后仍处于持续增长趋势④。那么，跨国高等教育何以成为英国政府持续关注的焦点？推动英国跨国高等教育政策演变的背后动因是什么？多源流理论为解答这些问题提供了一个崭新而深刻的视角。

三、英国跨国高等教育政策演进逻辑：多源流的视角

金登指出问题、政治和政策三条源流的汇合会增强议程建立、政策创建的可能性。英国不同时代背景下国内待解决问题的变化、执政理念的变更和政

① 陈慧荣．"后脱欧时代"英国跨国高等教育发展趋势研究——基于《国际教育战略：全球潜力，全球增长》的分析［J］. 比较教育研究，2020，42（5）：3–11.
② Kinser K. Multinational quality assurance［J］. New Directions for Higher Education, 2011, 155（1）: 53–64.
③ Universities UK International. The Scale of UK HE TNE 2017–2018［EB/OL］.（2019–11）［2021–10–12］. https：//dera.ioe.ac.uk/34582/1/the-scale-of-uk-he-tne-2017-18.pdf.
④ Department for International Trade. Department for Education. International Education Strategy：2021 update Supporting recovery, driving growth［EB/OL］.（2021–02–06）［2021–09–10］. https：//assets. publishing.service.gov.uk/government/uploads/ system/uploads/attachment_data/file/958990/International-Education-Strategy-2021-Update.pdf.

策建议的变动为跨国高等教育政策的变革提供三重动力，共同推动其跨国高等教育的发展。

（一）问题源流：从解决财政危机到维系国际影响力

在金登看来，问题源流是指某一阶段政策制定者需要关注或解决的棘手问题。问题通过焦点事件的推动引起政府关注，从而被推上政治议程[①]。从经济危机中沉重的公共财政压力到知识经济和全球化时代国际教育市场激烈的竞争，再到金融危机、脱欧、新型冠状病毒感染带来的新挑战，国内亟须解决的焦点问题成为英国制定和完善跨国高等教育政策的现实依据。

首先，初创期的跨国高等教育政策是为缓解经济危机中英国公共财政压力的重要举措。20 世纪 70 年代，经济危机席卷全球，严重依赖于中东石油资源、被"福利主义"缠身的英国也陷入了深重的经济和社会危机，政府财政无奈紧缩[②]。而在之前留学生放任政策的影响下，此时留英学生的费用由公共财政补贴且招收人数不受限，留学生规模持续扩大，于 1978 年人数达到顶峰，高达 9 万人[③]。每年约 1 亿英镑的留学生资助费用给本就捉襟见肘的英国公共财政带来了沉重的经济负担。面对国内不断衰退的经济局势和高等教育领域与日俱增的财政支出，新上台的保守党政府不得不在高等教育领域开源节流。一是削减高等教育经费，鼓励高校发展跨国高等教育谋求经济利益以拓宽经费筹措渠道。二是对欧洲共同体以外的留学生实行全额成本收费政策。该政策一方面使留学生成为高校经济收益的来源，将跨国高等教育的价值取向转向谋求经济利益；但另一方面，留英成本增加带来的国内留学市场的萎靡促使更多高校转向发展跨国高等教育，刺激了跨国高等教育规模的扩张。

其次，规范期的跨国高等教育政策的完善是应对激烈的国际竞争、维持

① 约翰·W.金登.议程、备选方案与公共政策（第二版·中文修订版）[M].丁煌，方兴，译.北京：中国人民大学出版社，2017.
② 夏人青.英国战后国际教育政策的演变 [J].全球教育展望，2005，34（5）：75-80.
③ Chris Bolsmann. Henry Miller. International Student Recruitment to Universities in England：Discourse，Rationales and Globalisation [J]. Globalisation，Societies and Education，2008，（6）：15-88.

英国教育国际领先地位的应有之义。英国的跨国高等教育规模从 20 世纪 80 年代中期的 5 万人左右到 1996 年的近 14 万人，英国逐渐成为跨国高等教育的主导力量。世界贸易组织《服务贸易总协定》（General Agreement of Trade in Service，GATS）的实施刺激了教育全球化进程。2002 年，经济合作与发展组织（Organization for Economic Cooperation and Development，OECD）同美国商务部共同策划召开教育服务贸易国际论坛，希望借此推动全球范围内国际教育服务贸易取得新发展 [①]。此时的教育显然已成为重要的服务型产品，在巨大利益的驱使下越来越多的国家将目光投向跨国高等教育。2004 年，澳大利亚跨国高等教育项目涉及亚洲、非洲、欧洲等区域共 42 个国家，项目数量超过 1500 个；美国凭借高度发达成熟的高等教育系统成为世界最大的海外分校输出国 [②]；德国、加拿大等国也展现出参与跨国高等教育市场竞争的积极态度，国际教育竞争愈演愈烈。对比之下，英国的跨国高等教育却进入停滞阶段，学生人数增幅下降，2002 年到 2007 年仅增长了 4% [③]。在跨国高等教育的市场份额被挤占、国际领先地位受到挑战之际，英国政府开始反思自身缺乏竞争意识、缺乏战略性思考等不足以及逐渐展现注重跨国高等教育质量、实现跨国高等教育可持续发展的决心。因此，英国政府接连推出两期 PMI，将跨国高等教育纳入国家战略，改变以往各高校分头行动的局面，开始由政府布局引导、高校及国际教育组织协作推进。为加强跨国高等教育的质量监管并维护英国教育的品牌形象，英国政府以非自愿的规范性政策对高校开办跨国高等教育的程序、合作机构的选择、教育质量的标准、合作办学的宣传推广等方面进行了严格规定。除此之外，QAA 对英国跨国高等教育项目展开实地考察，评估其教育质量。

最后，深化期是英国面临经济复苏困境和脱欧、疫情加剧国际环境不确定性下，维系国际影响力的新要求。金融危机后英国经济结构性弱点暴露，英

① 江波，钟之阳，赵蓉. 面向未来的高等教育国际化发展［J］. 高校教育管理，2017，11（4）：58-64.
② 王璞. 美国大学海外分校全球扩张历史和战略研究［J］. 比较教育研究，2017，39（1）：17-23.
③ Paul Bennell. Transnational higher education in the United Kingdom: An update［J］. International Journal of Educational Development，2019，（67）：29-40.

国政府认为本国经济过度金融化，长期忽视工业和实体经济发展，并且经济增长模式过于依赖基于债务的消费而非投资和出口①。经济结构是衡量经济实力的重要维度，而英国不合理的经济结构正在制约着经济实力的增强。2016 年英国脱欧公投结果的出炉导致全球资本市场的波动，引发英国国际影响力是否走向衰落的讨论。英国脱欧后，与欧盟关系发生重大改变，这种变化对英国经济、政治和国际影响力构成负面冲击②。英国联合政府执政后，面对国内经济衰退、国际格局深刻变化等情形，强调"战略上不收缩"，以"维持有影响力的大国"为中长期目标③。在这种背景下，卡梅伦政府推出 2013 年国际教育战略，国际教育成为调整产业布局的关键领域之一。而后发布的《国际教育战略：全球潜力，全球增长》，利用跨国高等教育拓宽国际化渠道，获取更大的国际市场份额，并将其作为政治外交利好工具和文化纽带，促进国家间的外交关系，传播英国文化，实现国际地位的巩固。除此之外，新型冠状病毒感染引发全球公共卫生危机，英国经济社会发展的风险性和不确定性大幅提升。为应对快速变化的国际局势，英国政府重申跨国高等教育之价值，发布 2021 年国际教育战略，强调将通过提供财政援助、加强国际学生体验等维持英国跨国高等教育在质量方面的世界领先声誉④。

（二）政治源流：从新自由主义到修正新自由主义

金登认为，政治源流由选举结果、政党分布、政府变更等因素构成⑤。尼古拉斯·扎哈里尔迪斯在分析英国政策时，将政治源流整合为执政党的意识形

① 孙彦红. 探寻政府经济角色的新定位——试析国际金融危机爆发以来英国的产业战略［J］. 欧洲研究，2019，37（1）：68-90，6-7.

② Department for International Trade. Department for Education. International Education Strategy：2021 update Supporting recovery, driving growth ［EB/OL］.（2021 -02-06）［2021-09-10］. https：//assets. publishing. service. gov. uk/government/uploads/system/uploads/attachment_data/file/958990/International- Education-Strategy-_2021-Update. pdf.

③ 张健. 英国脱欧的战略影响［J］. 现代国际关系，2019，（11）：43-50，61.

④ 曲兵. 试析英国联合政府对外政策的调整［J］. 现代国际关系，2013，（11）：36-41.

⑤ 约翰·W. 金登. 议程、备选方案与公共政策（第二版·中文修订版）［M］. 丁煌，方兴，译. 北京：中国人民大学出版社，2017.

态^①。对于实行两党制的英国来说，从撒切尔政府推行新自由主义改革到新工党政府以"第三条道路"纠偏，再到联合政府试图推出新的国家战略解决新自由主义模式的问题，执政理念的变更为政策的演进提供了有利的政治环境。

首先，撒切尔政府在"新自由主义"的引领中迎来跨国高等教育政策的初创。新自由主义产生于第二次世界大战后，其基本观点是市场机制是传递信息和资源配置的有效机制；基本主张是缩小国家对经济的干预范围，削减社会服务中的公共开支，尽可能地将公共服务私营化，引入内部竞争等市场原则^②。奉行新自由主义的保守党领袖撒切尔上台后，在高等教育领域开始以市场机制为原则进行改革。它推动了高等教育的市场化、产业化和商业化，运用"私有领域"或者"市场"的理念、原则和做法来改革高等教育事业^③。在新自由主义模式下，教育被视为投入—产出系统，具有经济生产的功能^④，跨国高等教育作为一种"教育产品"，既满足了海外发展中国家人力资源开发中对高质量教育的市场需求，又为英国带来可观的经济利益，自然受到政府的政策支持。"全额收费政策"将高等教育推向国际化市场，跨国高等教育在经济利益的驱动下快速发展；大幅削减高等教育经费，利用经济手段刺激跨国高等教育的发展，鼓励高校利用海外项目缓解财政压力；制定实施准则，试图以引导性的政策建议规范跨国高等教育的发展。

其次，新工党"第三条道路"下跨国高等教育政策经历经济导向到质量导向的变迁。"第三条道路"试图超越国家干预的老左派理论与自由放任主义的新右派理论，寻找一条介于国家干预与自由市场之间的中间道路，其主要目标是在全球化和知识经济时代实现社会民主主义的现代化^⑤。它主张社会领域

① 包海芹，方伊凝. 多源流理论视角下的"双一流"建设政策议程设置分析［J］. 复旦教育论坛，2021，19（4）：92-99.
② 吴合文，毛亚庆. 新自由主义、全球化与高等教育发展［J］. 高等教育研究，2008，29（12）：1-7.
③ 李立国，陈露茜. 新自由主义对于高等教育的影响［J］. 清华大学教育研究，2011，32（1）：40-45.
④ 马佳妮. 新自由主义与民族保守主义的钟摆交替：欧美国家国际学生流动政策的逻辑与演变［J］. 江苏高教，2021，（4）：107-115.
⑤ 班秀萍. 解读英国工党的"第三条道路"［J］. 辽宁大学学报（哲学社会科学版），2007，（3）：32-35.

的改革以建立社会投资国家为主旨，把部分社会福利转化为人力资本投资，因此新工党政府一上台便将教育作为"第一优先"，尤为重视高等教育对经济的推动作用。这一理念与跨国高等教育的经济价值相符合，所以新工党政府始终将跨国高等教育的发展置于重要地位。"第三条道路"理念对跨国高等教育政策的影响主要体现在以下 2 个方面。第一，跨国高等教育政策经济导向明显。布莱尔认为，教育是现有的最佳经济政策[1]，这种取向引导着跨国高等教育政策的制定。第一期首相倡议计划以经济为导向，重视跨国高等教育的经济利益。政府借助英国文化协会的力量，加强海外宣传，打造英国教育品牌，从而扩大跨国高等教育的规模；第二期首相倡议计划延续之前对规模的追求，持续扩大合作范围。第二，以规范性政策保障跨国高等教育的质量。欲使高等教育成为增进经济竞争力的有力支持，前提是提高教育质量。因而新工党政府提出追求卓越的高等教育，反映在跨国高等教育中则是制定实施准则和关注学生学习体验。1999 年发布《高等教育海外合作办学守则》，并对跨国高等教育项目进行外部质量审核。第二期首相倡议计划应对激烈的国际竞争，除了延续之前规模扩张的追求，还以质量为导向，关注国际学生的学习体验。

最后，联合政府新的国家战略下跨国高等教育政策随之深化发展。国际新形势下政治、经济多方面的压力推动联合政府调整国家战略，试图突破新自由主义模式下的重重困境。随着跨国高等教育经济之外更广阔价值的显露，发展跨国高等教育成为国家新战略下的重要政策。其一，产业战略下，跨国高等教育成为调整产业布局的重要支持领域。新自由主义改革弱化政府的引导作用，使得英国出现产业布局不合理的结构性问题。因此，联合政府构建国家产业战略，通过政府干预构建更加全面的产业布局。国际教育作为"致力于创新"且"可贸易"的部门成为产业战略的重点支持领域[2]，2013 年，卡梅伦政府发布国际教育战略，支持实施产业战略。其二，在"全球英国"外交战略

① 高云，张民选."第三条道路"与英国高等教育改革 [J].教育发展研究，2004,（3）：33-37.
② 孙彦红.探寻政府经济角色的新定位——试析国际金融危机爆发以来英国的产业战略 [J].欧洲研究，2019，37（1）：6-7，68-90.

下，跨国高等教育成为建立战略性合作关系的重要手段。新兴大国崛起加速世界秩序的重构，英国必须调整外交方向来应对正在深刻变化的世界格局。除此之外，脱欧公投后社会重新布局的压力使得政府寻觅新的外交方向。基于此，"全球英国"成为新的战略导向。英国将在更大范围内构建互利共赢的双边关系与同盟关系，亚洲是其特别强调的重点突破区域。与此相对应的是2013年国际教育战略将亚洲确定为继续提供最强增长的地区，提出马来西亚、新加坡等地拥有最有利于跨国高等教育生长的环境；在2019年的国际教育战略中，英国政府将东盟、中国划分为跨国高等教育的高价值区域，要求英国把握机遇，积极与这些国家和地区开展跨国高等教育。其三，跨国高等教育的文化传播属性使之成为增强软实力的重要手段。跨国高等教育中国际学生接受英国教育、接受英国价值观的塑造，成为英国发展国际关系的桥梁。2019年的国际教育战略提出，教育出口是帮助英国扩大全球影响力的工具之一，它为增强国际参与度和软实力创造了机会①。

（三）政策源流：政策共同体的"软化"助推

政策源流即政策方案产生的过程，金登将其比拟为一种生物自然选择的过程。众多政策共同体的倡议、思想汇聚在一盆"政策原汤"中而四处飘浮，一些建议飘浮起来，彼此接触，得到修正并相互结合，成为真正值得关注的政策建议②。就英国跨国高等教育政策变迁而言，政策从酝酿到出台受到相关组织机构的倡议和专家学者的学术研究的"软化"，二者为政策的创立和完善提供理论依据。

首先，成本分担理论和欧盟高等教育一体化刺激了英国政府发展跨国高

① Department for International Trade. Department for Education. International Education Strategy：global potential，global growth［EB/OL］.（2019-03-16）［2021-09-10］.https：//assets.publishing.service.gov. uk/government/uploads/system/uploads/attachment_data/file/799349/International_Education_Strategy_ Accessible.pdf.
② 约翰·W.金登.议程、备选方案与公共政策（第二版·中文修订版）［M］.丁煌，方兴，译.北京：中国人民大学出版社，2017.

等教育的意识。约翰斯通在著作《高等教育的成本分担：英国、德国、法国、美国和瑞士的学生资助》中提出的成本分担理论开拓了多渠道筹措高等教育经费的新方向。该理论认为高等教育的成本应由学生家长、纳税人和社会慈善家共同分摊[1]，从而将近乎完全依赖于政府公共财政的高等教育成本转移到学生一方，逐渐成为西方国家吸取国内外资源办学实践的理论依据。例如，英国从全额收费政策转向《1992年继续和高等教育法》，鼓励高校利用跨国高等教育多渠道筹措办学经费。同时，欧盟高等教育一体化进程加快了英国跨国高等教育的发展。欧洲经济一体化格局日益巩固为教育一体化提供了契机。1987年旨在促进欧洲各国间学生、教师流动的"伊拉斯谟项目"成立，该项目引进"欧洲学分转换系统"（European Credit Transfer System，ECTS）、实施高等教育机构间的合作项目，加强了欧盟高等教育合作和一体化进程。英国作为当时欧盟最重要的成员国之一，受惠颇深，其跨国高等教育项目占欧洲国家整体的34.7%[2]。加之世界贸易组织（Word Trade Organization，WTO）将教育纳入《服务贸易总协定》（General Agreement on Trade and Services，GATS），试图创造一个自由的全球教育市场[3]。1994年，英国作为当时欧盟成员国签署了这一协定，将高等教育正式纳入全球服务贸易之中，教育国际化的趋势不可阻挡，跨国高等教育的世界潮流逐步引发政府重视。

其次，规范化阶段受到国际组织和英国教育机构的推动。首先，多个国际组织发布跨国高等教育准则，将跨国高等教育引向规范化发展阶段。全球跨国高等教育联盟（Global Alliance of Transnational Education，GATE）于1997年发布《跨国教育最佳实践原则》，对跨国高等教育的目标、原则、入学资格、课程、教学等实践性问题做出细致规定[4]。进入21世纪，联合国教科文组织制

---

① 黄春香．论教育成本分担理论在我国实践的局限［J］．高教探索，2007，（1）：77-79.

② Bennell P, Pearce T. The internationalisation of higher education: exporting education to developing and transitional economies［J］. International Journal of Educational Development, 2003, 23（2）: 215-232.

③ Moutsios S. International organisations and transnational education policy［J］. Compare, 2009, 39（4）: 469-481.

④ McBurnie G. Quality Matters in Transnational Education: Undergoing the GATE Review Process, An Australan-Asian Case Study［J］. Journal of studies in international education, 2000, 4（1）: 23-38.

定《跨国教育良好实践准则》和《关于外国学历和学历评估标准与程序的建议》，力图建立起跨国高等教育领域的应有秩序，为英国跨国高等教育指明了方向，由此也促使了英国跨国高等教育高质量发展方面政策的出台。英国大学校长委员会（Committee of Vice Chancellors and Principals，CVCP）发布名为《无边界高等教育：英国视角》的报告，吹响了英国跨国高等教育规范化发展的号角。该报告剖析了英国跨国高等教育机构管理、质量审核、资格认证诸多亟待规范的问题，提出应在未来建立跨国高等教育政策框架[①]。此外，2004年英国文化协会（British Council）发布《愿景2020：国际学生流动性预测：英国视角》的报告，对比了美英等国的国际教育市场竞争力，为激烈的国际教育竞争中英国政策的完善提出建议。

最后，深化期最明显的政策源流即学者的学术研究和英国教育机构的报告建议。其一，众多学者的学术研究揭露了英国跨国高等教育的挑战和危机。由于发展中国家高等教育实力增强而使跨国高等教育需求减少，2010—2012年英国就有11所海外分校被迫关闭[②]。面对日益复杂的跨国高等教育国际环境，越来越多的学者关注到英国跨国高等教育的风险和挑战，并对实际经济效益和模式的可持续性呈怀疑态度。例如，《走向基于风险的跨国高等教育类型学》一文对当时英国盛行的跨国高等教育"4F类型学"提出怀疑；《跨国高等教育的终结？来自英国的观点》一文分析了2012年以来英国跨国高等教育学生人数增幅下降的趋势，对跨国高等教育的未来发展保有消极态度；《国际大学的组织结构：对校园自治、学术自由、合议制和冲突的影响》更是一反对跨国高等教育大加赞赏的常态，指出跨国高等教育的负面影响。学术研究成果直指当前跨国高等教育的焦点问题，引发关注与探讨，推动政策的深化。其二，英国文化协会等机构的跨国高等教育报告为政策提供蓝本。2013年英国文化协会发布《跨国高等教育的演变：数据、定义、机会和影响分析》，系统

---

① 张宝蓉，高晓杰. 无边界高等教育：英国观点［J］.教育研究，2004，（5）：62-68，90.
② 谢健. 英国大学海外分校办学的风险规避机制研究及启示［J］.高校教育管理，2019，13（5）：82-91.

分析了跨国高等教育的演进历程，并建立了跨国高等教育可持续发展的政策框架。2014 年英国商业、创新和技能部（Department for Business, Innovation and Skills）发布《跨国高等教育对英国的价值》，2018 年英国教育部（Department for Education）更新发布《跨国高等教育对英国的更广泛的价值》，揭示了跨国高等教育除直接经济利益之外，在政治、文化等更广泛领域的价值。不断涌现的跨国高等教育专项报告丰富着"政策原汤"，提供了精炼的政策建议。

（四）政策之窗的开启：多源流的交织汇合

政策之窗是某领域政策建议被高度关注的机会。金登提出，政策之窗开启的动因是问题溪流和政治溪流中的关键事件，即焦点问题的显露和行政当局的变更。政策源流、问题源流、政治源流的交织汇合开启政策之窗，促成政策的创建和变迁。英国跨国高等教育政策 3 次阶段性变迁中，问题源流即国内焦点问题的变化使其关注点被聚焦，并提供政策变迁的现实依据；政治源流中英国政党交替执政促使执政理念变更，营造了政策变迁的良好政治环境；政策源流则汇聚跨国高等教育机构以及专家学者的研究成果，形成变迁的理论依据。在 3 条源流的共同推动下，英国跨国高等教育政策的价值取向由缓解财政危机转向服务国家战略需求，功能定位由经济渠道转向维系国际影响力的重要手段，质量保障由各高校自发建设转向内部质量保障与外部质量保障相兼顾的多层次保障体系。

首先，初创期英国跨国高等教育政策的出现源于问题之窗和政治之窗的敞开。经济危机、留英人数剧增、留学补贴财政压力沉重将高等教育的焦点聚焦于国际教育政策的变革；以撒切尔为首的保守党信奉新自由主义，施行市场化改革，为跨国高等教育政策的出台提供有利的政治环境；此外，高等教育成本分担理论盛行、欧盟教育一体化进程加速、世界贸易组织将高等教育纳入全球服务贸易，这些国际组织的助推加速三大源流汇合。三大源流共同促动英国政府将跨国高等教育政策镶嵌于宏观教育政策之中并首发《高等教育境外合作办学实施准则》，以引导性政策鼓励高校创办跨国高等教育。

其次，英国跨国高等教育政策在问题、政治与政策三大源流耦合之中走向规范化。跨国高等教育国际竞争激烈，英国跨国高等教育发展趋于缓慢，如何保持市场份额？如何维护国际领先地位？乃政策规范期之问题源流。新工党政府走"第三条道路"，重视高等教育的经济价值，以高质量的跨国高等教育增强竞争力成为政府关注的重点。且联合国教科文组织等多个国际组织接连发布跨国高等教育实施准则，为英国跨国高等教育政策转向的政策源流。三条源流均将英国的跨国高等教育政策指向规范化道路，不断提高跨国高等教育的战略地位，以强制性政策规范办学标准，以引导性政策和规范性政策支持跨国高等教育的快速发展。

最后，在深化期问题源流的刺激加速了政治之窗与政策之窗的开启。联合政府上台之时，后金融危机时代经济停滞、后脱欧时代及新型冠状病毒感染加剧国际环境的复杂性等问题源流刺激下，政府提出新的产业战略和外交战略，跨国高等教育成为国家战略实施中的重要一环，形成跨国高等教育政策变迁的政治源流。此外，学者的学术研究成果和英国政府部门的跨国高等教育专项报告制造了沸腾的"政策原汤"，政策建议漂浮其中，为政府决策者提供参考。自2013年开始英国接连发布3个国际教育战略，以能力建设为导向，力图打造兼具专业性和竞争性的跨国高等教育来服务于国家战略需求。

四、结语

综上分析，英国跨国高等教育政策变迁呈现4个特点：一是政策的经济导向明显。无论是初创期缓解公共财政压力的被动之举，抑或是规范期和深化期谋求跨国高等教育巨大经济利益的主动布局，都将其经济价值置于重要地位。二是政策内容的延续性。虽然跨国高等教育政策受到不同政党执政理念的影响，但对于教育竞争力的追求始终延续。1999年首相倡议计划提出的打造"英国教育"品牌延续至今，并在原有基础上建立"英国教育品牌"新框架。三是政策制定与实施的统筹联动。英国跨国高等教育作为涉及多方面的一项综合性领域，政策的制定通常是多部门联合发文，自新工党时期便形成了政府、高校、机构三方协作促进跨国高等教育政策实施的局面。四是政策实施效果的瑕不掩瑜。2008—2015 年，英国远程教育、特许课程、衔接课程学术数量持续增长，海外分校新模式稳步推进。

我国构建"中国教育走出去"整体战略同样是多源流交织汇合下的必然结果。问题源流下参与国际教育竞争和增强国家软实力的需要构成现实依据；政治源流中"一带一路""积极参与全球教育治理""进一步扩大教育对外开放"等国家话语的发酵营造有利政治环境；政策源流中以"教育走出去"为核心的学术研究热潮及《推进共建"一带一路"教育行动》提供理论参考和政策依据。因此，开启中国教育走出去的政策之窗，加快建构推动教育对外开放的政策体系，是多源流理论解构下的英国跨国高等教育政策分析带给我们的启示。

（作者简介：刘来兵，华中师范大学教育学院教授；侣娅琳，华中科技大学附属小学教师）

英国促进高校学生外向流动发展状况、动因及策略

高等教育国际化不仅包括吸引他国学生到本国留学，而且还应促进本国学生的外向性流动学习，为学生提供发展国际视野、成为全球公民的机会。长期以来，作为世界上高等教育最发达的国家之一，英国一直是国际学生的重要输入国，却不是国际学生的输出国。为了改变这一状况，近年来英国政府推出了一系列战略措施，以适应"脱欧"后"全球英国"新格局以及提升高等教育国际化水平的需要。

一、英国本土学生外向流动发展概况

（一）英国学生出国留学数量较低，与输入学生差距悬殊

英国作为国际学生的重要输入国，本土学生参与国际流动的比例较低，英国一直面临着国际学生输入和本土学生输出极度不均衡的局面，外向流动的比例低于经济合作与发展组织（OECD）中的大部分国家。英国高等教育国际部于2010年估计，英国学生出国留学的人数约为3.3万人，而英国高等教育统计局的数据显示，有近37万名国外学生在英国大学学习。这意味着英国输入的留学生人数约是英国输出的留学生人数的11倍。在国际学生流动接收国排行榜上，英国高居第二名（仅次于美国），而在输出国排行榜上，英国排在

第 22 名，国外学生占英国高等教育机构学生总数的 15%，而英国本土出国留学生只占英国高等教育学生总数的 1.6%[①]。OECD2016 年的统计数据显示，英国留学生输入与输出的比例为 14.3∶1，英国本土学生的海外注册率为 1.5%，而 OECD 和欧盟国家的平均水平分别为 1.6% 和 3%[②]，这表明英国学生出国留学偏低的情况并没有明显改善。

（二）英国出国留学生生源地与目的地分布不均

1. 英国 4 个地区的高校学生国际流动参与率差距明显

就流动学生的生源地[③]来看，来自英国 4 个地区的学生参与外出流动的积极性和比例不尽相同，呈现出不同的特点。居住于北爱尔兰地区学生的外出流动率最大，流动率（流动学生数量占总学生数量）为 12.1%。相较而言，来自英格兰和威尔士 2 个地区的学生积极性较低，流动率分别为 7.5% 和 6.5%，仅为北爱尔兰的一半多。值得注意的是，流动学生的来源也根据他们所属学校的地区来统计，这样有利于展现不同地区高校的积极性。数据显示，就读于北爱尔兰院校的学生流动性最强，有 13.2% 的学生出国留学，苏格兰院校的学生流动率紧随其后，有 11.6% 的学生选择出国留学，而威尔士院校中只有 9.7% 的学生、英格兰院校只有 7.2% 的学生出国流学[④]，与学生生源地呈现相同的特点。

北爱尔兰和苏格兰 2 个地区的学生和高校在外向流动方面展现出较高的积极性，与地区政府积极响应国家"学生外出流动战略"有关。为了提高北爱尔兰的国际地位和影响力，地区政府颁布了第一个高等教育战略《北爱尔兰高等教育战略》，其中《成功走向毕业》制定了增加高校之间教学和研究的国际合

① KINGR, FINDLAYA, AHRENS J. International student mobility literature review[EB/OL].（2010-11-12）[2020-12-15].https://discovery.dundee.ac.uk/ws/files/1468820/rd20_10.pdf.

② 张惠，冯光能，赵俊娟. 促进学生输出流动：英国高等教育国际化发展趋势研究［J］.黑龙江高教研究，2018,（3）：69-73.

③ 英国没有户籍制度，这里所讲的生源地是根据学生的住所决定的，是指学生在上大学之前在英国的永久性家庭地址。

④ Universities UK International. Gone international：rising aspiration report on the 2016-2017 graduation cohort［EB/OL］.（2019-06-13）[2020-12-15]. https：//www.universitiesuk. ac. uk/International/Documents/2019/Gone-Intl-2019. pdf.

作、增加学生内外流动机会的目标①。苏格兰的地区政府则希望通过设置奖学金和提供经费资助等措施来支持学生的出国流动，并发布了《培养全球公民》战略。英格兰之所以学生外出流动率低或许与其本身经济高度发达、优质高等教育资源丰富有关。

2. 英国学生留学目的地集中于欧盟国家，分布范围局限

参加伊拉斯谟项目是英国学生出国留学的主要路径之一，因此英国学生外向流动的目的地主要集中于欧盟国家。欧盟国家以外，如美国、澳大利亚和加拿大等高等教育强国是英国学生出国流动的首选，但占比不大。在 2014—2017 年，英国学生 50.8% 的留学活动发生在欧盟国家，紧随其后的是北美地区，占 18.5%。具体国家分布上，法国最受英国留学生青睐（12.6%），其次是西班牙（11.8%）和美国（11.5%）。英国超过 1/3（35.9%）的学生流动流向了这 3 个国家。除了美国，最受英国留学生欢迎的非欧盟国家是澳大利亚和加拿大，占比分别为 5.4% 和 3.9%。无论是欧盟国家还是非欧盟国家，34.2% 的学生流动都发生在英语国家，非英语和非欧盟国家中主要是中国（2.6%）和日本（1.4%）②，占比有限。

（三）英国出国留学生中弱势群体与优势群体差距较大

在英国，弱势群体是指社会经济地位低、黑人和少数族裔以及身体残疾的群体。英国学生的出国流动率受社会经济地位、族裔以及身体残疾的影响较大。

1. 社会经济地位越低，流动率越低

根据英国本土对于优势和弱势的定义，来自优势背景的学生是指那些父母、监护人或自己从事的职业（有些学生在开始学习课程时已经超过 21 岁）属于社

---

① 张惠，冯光能，赵俊娟. 促进学生输出流动：英国高等教育国际化发展趋势研究［J］. 黑龙江高教研究，2018，（3）：69-73.
② Universities UK International. Gone international：rising aspiration report on the 2016–2017 graduation cohort［EB/OL］.（2019–06–13）［2020–12–15］. https：//www. universitiesuk.ac.uk/International/Documents/2019/ Gone–Intl–2019. pdf.

会经济类别（SEC）1~3 级的学生，来自弱势背景的学生属于 SEC4~8 级的学生。在出国流动率方面，与优势背景学生（9.5%）相比，弱势背景学生出国流动率更低（5.6%），且差距较大，如表1所示。并且，学生流动率与英国社会经济等级分布呈现明显的正相关，即社会经济地位越高，出国的流动性越高。

表 1　英国来自不同社会经济背景的学生外向流动率

社会背景		外向流动学生数量 / 人	总人数 / 人	流动百分比 / %
优势背景 （SEC 1~3 级）	高级管理和专业职位	5130	44980	11.4
	较低的管理和专业职位	4885	54280	9.0
	中级职业	1820	25145	7.2
	总计	11835	124405	9.5
弱势背景 （SEC 4~8 级）	小型雇主和自有账户工人	995	13885	7.2
	较低的监管和技术职业	570	8595	6.6
	临时工	1445	27705	5.2
	常规的职业	570	12805	4.5
	无业 / 长期失业	10	845	1.2
	总计	3590	63835	5.6

注：在该统计年度中，有 42965 位学生（18.2%）未进行分类，有 4800 位学生（2%）分类为其他。

资料来源：Universities UK International . Gone International：Rising Aspiration Report on the 2016–2017 GraduationCohort［EB/OL］（2019–06– 13）［2020– 12– 15］.http：//www.universitiesuk.ac .uk/International/ Documents/2019/Gone–Intl–2019.pdf.

2. 种族背景下，其他种族（包括混血，除白人、黑人、亚裔之外的种族）流动率最高，白人学生出国留学的比例明显高于黑人和少数族裔

对 2016—2017 学年学生的数据分析显示，黑人和少数族裔学生出国留学人数少、占比低的趋势持续存在。白人学生（8.3%）的流动性高于亚裔学生（5.5%）和黑人学生（5.1%）[1]。值得注意的是，被定义为其他种族（包括混血）的学生是最有可能流动的，流动率为 8.6%，甚至高于白人群体学生的流动率。

---

① Universities UK International. Gone international：rising aspiration report on the 2016–2017 graduation cohort［EB/OL］.（2019–06–13）［2020–12–15］. https：//www. universitiesuk.ac.uk/International/ Documents/2019/ Gone–Intl–2019. pdf.

3. 残疾学生流动率与正常学生流动率差距较小，但残疾群体内部存在差异

在英国留学生群体中，残疾学生群体占有一定比例，与正常学生的流动率差距较小。2017届毕业生中有34870人（14.8%）是残疾学生，残疾学生的流动率为7.0%，而正常学生的流动率为8.0%[①]。但是在残疾学生群体中，不同残疾程度和类别的群体流动参与水平都有差异。《扩大对外流动参与报告》发现，与同龄人相比，患有2种或2种以上疾病的学生外向流动的比例最低（0.9%），身体有缺陷或行动不便的学生外向流动的比例为1.0%，盲人或视障学生外向流动的比例为1.1%[②]。

综上所述，因社会经济地位和种族差异导致的不平等同样存在于学生外向流动中，而残疾并不是造成差距的主要原因。

二、英国促进高校学生出国留学的动因

（一）服务于"脱欧"后"全球英国"的战略需要

英国"脱欧"并非意味着要走向单边主义，而是采取了更加开放和更加国际化的战略转型，也就是从融入欧洲转向融入世界。在变化多端、日益严峻的全球政治环境背景下，为了确保英国能够继续保持在全球外交领域重要参与者的身份，"全球英国"的战略构想应运而生[③]。2016年，时任英国首相的特蕾莎·梅在保守党大会上首次提出"全球英国"这一概念，认为英国需要在行动

① Universities UK International. Gone international: rising aspiration report on the 2016–2017 graduation cohort［EB/OL］.（2019–06–13）［2020–12–15］. https://www. universitiesuk.ac.uk/International/Documents/2019/ Gone–Intl–2019. pdf.

② Universities UK International. Widening participation in UK outward student mobility［EB/OL］.（2017–12–12）［2020–12–15］.https://www.universitiesuk.ac.uk/International/Documents/Widening%20Participation%20in%20outward%20mobility _toolkitweb_.pdf.

③ House of Commons Foreign Affairs Committee. Global britain, sixth report of session 2017–2019［EB/OL］.（2018–01–28）［2020–01–12］. http://data.parliament.uk/writtenevidence/committeeevidence.svc/evidencedocument/internationalrel–ations–committee/foreign–policy–in–changed–world–conditions/written/79900.html.

上和精神上变得更加全球化和国际主义，政府应更加着眼于掌握国际资源，提高英国在国际市场的参与度，积极树立"全球英国"形象①。为了实现这一目标，2018 年英国成立了"全球英国委员会"（Global Britain Board）和"全球英国工作组"（Global Britain Taskforce）以协调英国各部门、各机构和海外联系来推动国际事务发展。"全球英国"逐渐成为英国所有行业、领域共享的核心理念和责任②。在教育领域，早在 2013 年英国政府就发布了《国际教育：全球增长与繁荣》，将国际教育列为国家产业战略的重要内容。该文件强调了教育服务贸易的角色，制定了增强目标市场的国际招生和鼓励英国本土学生海外留学的目标。2019 年，英国政府又发布了《国际教育战略：全球潜力与增长》，强调政府在服务教育出口和跨国教育方面应该承担的责任。政府特别希望通过支持学生出国留学，为英国培养文化敏锐、能打破社会流动障碍并从全球化市场中受益的"全球公民"，使之成为"全球英国"战略的人力资源，同时也希望外向流动的英国学生可以作为英国教育的大使，提高英国教育在国际上的形象和声誉，向国际社会传递"脱欧"后的英国更加开放和国际化的讯息。

（二）提升高等教育国际化水平的需要

获得国际化经验被认为是高等教育国际化的最重要效益，而学生流动是提高大学国际化水平的首要举措。正如斯威尼所言，流动性应是国际化的核心组成部分，应体现在大学的国际化议程中③。2012 年，欧洲推出《为更好的学习而流动：欧洲高等教育区 2020 流动战略》，确定了高等教育发展的目标：到 2020 年，在欧洲高等教育区（European Higher Education Area，EHEA）的毕业生中，国外学习或接受培训的人数应占毕业生总数的 20%。在这一目标

---

① 姜桂兴 . 英国面向 2030 年的科技创新政策研究［J］. 全球科技经济瞭望，2018，33（1）：1-6.
② 陈慧荣 . "后脱欧时代"英国跨国教育发展趋势研究——基于《国际教育战略：全球潜力，全球增长》的分析［J］. 比较教育研究，2020，42（5）：3-11.
③ SWEENEY S. Going mobile：Internationalisation，mobility and the European Higher Education Area［EB/OL］.（2012-11-01）［2020-12-15］. http：//www.ucml.soton.ac.uk/sites/default/files/shapingthefuture/102/GoingMobile_.pdf.

下，各国部长积极制定国家层面的学生流动目标和战略计划，并得到"博洛尼亚流动与国际化工作组"的协助①。在世界各地，发达国家和发展中国家也都积极推动学生流动战略，以提高高等教育国际化水平，如美国的富布莱特项目、中国的《留学中国计划》和新加坡的"环球校园"项目。面对高等教育国际化发展大潮，作为高等教育强国的英国自然需要迎头赶上。

（三）扭转外向流动和内向输入逆差，提高国际学生流动参与率的需要

学生流动不仅包含吸引国外学生来本国留学，而且增强本土学生的输出同样也是学生国际流动的重要方面。英国一直是外国学生的"东道国"，但不是国际学生流动的"来源国"。学生"进口"和"出口"的不平衡引起了英国各界的关注。一方面，英国高等院校的大量外国学生证明了英国高等教育体系在全球高等教育市场上的质量，并且根据《国际教育战略：全球潜力与增长》的统计，海外学生的学费为英国大学贡献了近 20 亿英镑的收入；另一方面，英国作为国际学生流动来源国的低参与率在英国引发各界对教育的担忧，因为这意味着英国本土学生正在错过国际教育的宝贵机会，并由此丧失在全球劳动力市场的国际竞争力。因此，为了扭转外向流动和内向输入的逆差，增强学生的就业竞争力和学生在国际流动的参与率，英国各界发起了促进学生外向流动的多个战略和项目。

三、英国推动高校学生出国留学的战略与措施

（一）国家战略

1. 《2012 年莱尔丹报告》

为了刺激和促进学生的对外流动，英国大学与科学国务大臣戴维·威利

---

① 张惠，冯光能，赵俊娟.促进学生输出流动：英国高等教育国际化发展趋势研究［J］.黑龙江高教研究，2018，（3）：69-73.

茨议员要求英国大学协会国际部（Universities UK International，UUKi）主任科林·里奥丹领导制定一项对外流动战略，即《2012年莱尔丹报告》。该报告提出了为促进英国学生外向流动而制定专门英国战略的必要性，探讨了英国外向流动的障碍，强调了增加国际机会所面临的几个挑战：国内高等教育机构外向流动壁垒，特别是学分认证和质量保证；高等教育机构和学生群体的多样性；高等教育流动性的数据欠缺；需要更灵活的外向流动定义，在学年结构中加入不同时间长度的流动期；学生流动的语言和跨文化障碍；扩大获得和参与海外学习和工作的机会以及经费困难和学生贷款的适用性问题。

2. 《2013—2017年英国外向流动战略》

基于《2012年莱尔丹报告》，2014年英国大学协会国际部发布了《2013—2017年英国外向流动战略》，提出了全面促进学生外向流动的战略布局，其中苏格兰地方政府制定了《培养苏格兰的全球公民》战略，北爱尔兰地方政府发布了《北爱尔兰高等教育策略——成功走向毕业》，威尔士地方政府推出了《高等教育政策宣言》。各地方政府根据实际情况，在政策中提出了不同的战略措施以推动学生流动。苏格兰地方政府希望通过设置奖学金、提供经费资助来增加苏格兰地区学生流动性。北爱尔兰地方政府则希望先与海外机构建立教学与研究的伙伴关系，随后再加强教师与学生之间的国际交流。威尔士地方政府支持学生与教师出国交流，以此提升大学生的求职就业技能，增强国际竞争力。在此基础上，《2013—2017年英国外向流动战略》还规定成立由英国4个地区代表组成的内部方案委员会和外部战略委员会，负责指导和监督战略的实施情况。

3. 《2017—2020年英国外向流动战略》

2017年，英国大学协会国际部推出了《2017—2020年英国外向流动战略》，提出到2020年，英国本土全日制攻读第一学位的学生其获得国际学习经验的比例应从2014年的6.6%增加到13.2%，并确保学生外向流动服务面向全体学生，且提出了 6 项具体目标 ①。

战略目标 1：推广出国学习和工作的好处。在英国大学协会国际部的支持下，在全英国范围内开展活动，提高人们对海外学习、工作和志愿服务益处的认识；与英国文化协会（British Council）建立战略伙伴关系，最大限度地开展推广和宣传活动；促进现有的外向流动倡议，包括"伊拉斯谟 +"、高等教育机构自己的项目以及英国文化协会的"研究工作创新"网站；与相关组织合作，包括进入语言联盟的途径，向大学预科生宣传外向流动的好处；与其他符合该战略目标的项目合作，包括促进学术交流或工作安排的国别项目，如英国文化协会的"中英一代"和英美富布赖特项目的奖项；开展研究，以证明国际经验对学生就业能力和学术成就的价值，以及海外学习和工作对英国高等教育机构、社会和经济的积极效益。

战略目标 2：监测学生流动趋势。分析欧洲高等教育区的年度数据，追踪英国 4 个地区的流动性趋势；分析关于对外流动的其他相关数据，为机构和决策者提供定性和定量数据分析；与欧洲高等教育区和英国高等教育机构合作，最大化统计外向流动数据，包括研究生流动数据。

战略目标 3：加强英国高等教育在促进对外流动方面的能力建设。确保向外流动的重大投资，包括流动补助金；直接或借助战略合作伙伴关系为英国高等教育行业提供新的流动性机会；维护一个在线资源工具包，以支持所有希望为学生提供国际机会的机构；与相关利益相关者合作，为英国教育部门提供支持和指导，扩大国际参与的机会，确保所有英国学生无论其个人情况如何都有机会获得国际经验。与英国高等教育质量保障署（QAA）及大学代表团体，包括英国高等教育欧洲官员协会和英国大学跨大西洋交流协会合作，为学生海外实习提供指导；扩大现有外向流动资金来源，包括伊拉斯谟计划和国别奖学金。

战略目标 4：为英国高等教育机构提供最佳实践路径。提供一个全面的在

① UUKi. UK Strategy for outward mobility 2017–2020 ［EB/ OL］.（2017–05–30）［2020–11–30］.https：//www.universitiesuk.ac.uk/policy–and–analysis/reports/Documents/International/UK–Strategy–for–outward–student– mobility–2017–2020. pdf.

线信息中心，为所有相关信息和资源外向流动提供路标，并与英国文化协会的"学习工作创新"网站保持一致；提供论坛，使英国高等教育部门能够讨论高等教育中学生流动性的发展，并支持各机构探索新的工作方法或伙伴关系。

战略目标 5：帮助高等教育机构形成集体话语权。支持英国高等教育机构在外向流动方面影响机构和国家政策，包括为英国未来参与伊拉斯谟计划的讨论提供信息；通过在线工具包和活动提升机构专业性；开展国际合作，促进与重点国家的双边交流；同时与新兴市场国家建立伙伴关系和发展互惠协议。

战略目标 6：对英国高等教育施加影响。制订一个工作计划，并作为一个新的国际教育战略的一部分，推进外向流动相关政策的制定和完善。

4.《国际教育战略：全球潜力与增长》

《国际教育战略：全球潜力与增长》由英国教育部和国际贸易部于 2019 年 3 月联合推出。该战略制定了具体的教育国际化发展目标：到 2030 年，将教育出口贸易总值提高至 350 亿英镑，将英国高等教育留学生数提高到 60 万人[1]。最重要的是，该报告也对学生的外向流动进行了战略部署。英国政府表示，将继续支持英国大学协会国际部的"走向国际：脱颖而出"活动。同时，鉴于"伊拉斯谟"计划在过去 30 年里惠及 25 万名来自英国的学生，英国政府将继续参与目前"伊拉斯谟"计划的后续安排。另外，英国政府还会以资助形式继续支持现有留学项目，包括扩大英国文化协会的"英中一代"计划，以支持更多来自弱势背景的年轻人到中国实习，继续资助为英国本科生提供为期 3 周的"中国学习计划"，每年为美英富布赖特项目追加 40 万英镑。此外，英国政府还会继续支持英国学生通过在国外工作的经历来拓宽他们的国际视野。

（二）国家外向流动战略的实施

1. 政府主导的行动

为了落实《2013—2017 年英国外向流动战略》，英国政府主要通过英国

---

① 伍宸. 英国推进国际教育发展战略研究——以《国际教育战略：全球潜力与增长》为例［J］. 辽宁师范大学学报（社会科学版），2020，43（5）：94–102.

大学协会国际部组织发起和实施了一系列行动计划。

1）"走向国际：脱颖而出"

《2013—2017 年英国外向流动战略》的关键成果是"走向国际"网站的建立。该网站介绍外向流动性的好处，并提供英国参与者的流动性数据和趋势。在此基础上，为了进一步帮助高等教育机构实现《2017—2020 年英国外向流动战略》的新目标，2017 年英国大学协会国际部发起了"走向国际：脱颖而出"运动。到 2021 年 10 月，已有 90 多所大学签署了该活动章程，并承诺开展新的活动或加强原有活动，以帮助更多的学生到国外留学。通过加入这项运动，大学承诺：① 提高学生出国率；② 提升外向流动的价值；③ 提高流动方案的可及性；④ 改进流动活动的报告。基于这 4 项原则，伙伴大学积极制定暑期学校计划，增加奖学金，与行业合作，创造就业机会。

英国大学协会国际部的《英国学生外向流动项目管理调查》发现，英国83% 的大学将外向流动纳入其学校战略计划，65% 的大学制定了流动参与的目标，60% 的大学增加了对学生出国的奖学金资助。

2）推行"扩大外向流动学生参与"项目

为了提升教育在留学方面的公平和进一步扩大英国学生的外向流动，英国大学协会国际部从 2016 年起推行"扩大外向流动学生参与"项目。有证据一再表明，从外向流动中获益最多的学生往往是最不可能参与的学生，即弱势群体。该项目是使国际流动更具包容性的重要一步，它为各种背景的学生都能到国外学习、工作或做志愿者提供支持。该项目有 3 个目标：第一，扩大参与，提高伊拉斯谟项目中代表性不足群体的参与，使国际学生流动更具包容性；第二，社区参与，鼓励参与伊拉斯谟项目的学生和学生组织志愿者积极接触当地社区，增加跨文化交流；第三，同龄互动，增加国际学生与当地社区弱势群体的互动，提高国际学生流动性的可见度。

3）积极参与欧盟"伊拉斯谟 +"计划

20 世纪 80 年代，为促进欧洲高等教育国际化，欧盟推出了一系列行动方案，其中"伊拉斯谟"计划最为著名。"伊拉斯谟"计划旨在鼓励高校进行跨国合作，支持高校师生在欧洲区域流动，以此促进整个欧盟高等教育质量的提升[①]。2013 年，欧盟发布了《全球性的欧洲高等教育》白皮书，重申了国际化对于提升大学生求职竞争力和发展高等教育的重要性，并发起新的汇集教育、培训、青年和体育项目的综合性项目"伊拉斯谟+"计划[②]，以进一步扩展"伊拉斯谟"计划的效果。"伊拉斯谟"计划在 2014—2020 年推行新的助学贷款政策，包括为学生前往非欧盟国家留学的经费资助。

"伊拉斯谟+"计划是欧盟最成功的举措之一，也是英国学生出国留学的最主要路径。在英国，"伊拉斯谟+"计划由英国国家机构管理。该机构是英国文化协会和英国埃科里斯咨询公司的合作伙伴，并由教育部监督。脱欧协议确保了英国高校参与欧盟项目的权利不受英国脱欧的影响，直到 2020 年现行项目结束以保证每个项目的生命周期。英国学生通过学校申请参与"伊拉斯谟+"计划，得到项目资助后出国进行 3~12 个月的实习或学习，该经历可作为学位课程的一部分。英国文化协会公布的数据显示，在 2018—2019 学年，超过 17000 名英国高等教育学生通过"伊拉斯谟+"计划的支持在国外学习或工作。自该计划开始实施以来，已有超过 60 万英国人通过该计划出国。"伊拉斯谟+"计划还为来自"扩大参与背景"（一般指家庭经济不太好、地处偏远地区）的学生和残疾学生提供额外的支持和经济援助。英国的"伊拉斯谟+"计划预算逐年增加，2018—2019 年英国可获得的预算为 8000 万欧元。大约90% 的"伊拉斯谟+"流动项目是为期 14 周或更长时间的长期项目，这使得其成为英国外向流动的重要组成部分。

2. 高校主导的项目

除了政府主导的行动计划与项目以外，目前英国学生出国留学的途径还有高校主导的项目和国际组织主导的项目。

---

① 郭达，张瑞.欧洲技能组织的运行机制研究［J］.中国职业技术教育，2018,（36）：78-82.
② 余晖，匡建江，沈阳.培养具有全球视野的人才——《英国学生出国学习战略》述评［J］.世界育信息，2015，28（20）：15-20.

1）学生交换项目

除了参加"伊拉斯谟"计划，英国各高校也积极创造机会为学生提供出国留学项目，如暑期学校、交换计划和学科实地实习等。根据《英国学生外向流动项目管理调查》的结果，目前所调查的学校中有94%的大学开设了自己的流动性项目[①]，这一形式在整个英国学生实现外向流动的目标中发挥着重要作用。尤其是在高等教育国际化形势下，各高校除了大力吸引国外留学生，也积极开展双边项目，促进本国学生外向流动。

2）三明治实习

三明治实习是英国大学三明治课程的一部分，特别为那些实用性专业而设置，强调学生的技能培训，类似于我国高职教育的培养形式。三明治课程是指学生进行"理论—实践—理论"（学习—工作实习—学习）的课程学习方式，学习年限为4年。三明治实习通常是在四年制大学的倒数第二年进行，期限为1年，包括要求一次性完成工作实习的"厚三明治课程"和分为2次或多次完成实习的"薄三明治课程"[②]。因三明治实习是学生到企业进行长期或短期实习，这也是一种学生外向流动的方式。对于哪种外向流动体验可以算作学生的三明治实习，英国相关部门也有具体的规定。

3. 非政府组织主导的项目

非政府组织主导的项目也是促进英国外向流动的重要渠道。尤其是英国文化协会积极开展外向流动，为学生提供出国流动的机会。例如，教学助理项目是语言类学生到境外学习的计划，其中包括要求他们在目标语言国家（如法国、比利时、中国等国家）学习1年。另外，英国文化协会管理的国际学生技术经验交流协会也为科学、工程、技术和应用艺术本科生提供与其专业学习相关的国外培训经验。此外，还有一些其他非政府组织提供的和特定领域支持

① UUKi. The Management of Outward Student mobility programmes in the UK［EB/OL］.（2019-01-03）［2020-10-26］. https://www.universitiesuk. ac.uk/International/ Documents/Mobility_management_report_2018. pdf.
② 何杨勇，韦进.英国高校三明治课程的发展及评述［J］.高等工程教育研究，2014,（1）：113-118.

学生外向流动的双边方案。例如，英国大学北美俱乐部提供的海外学习、实习和工作项目，包括美国夏令营、加拿大实习、澳大利亚实习、新西兰实习等项目；英国文化协会组织的"英国世代"项目、英国—美国富布莱特奖学金项目、英国—印度教育和研究计划、巴西圣保罗州立大学英语教师训练项目和学习中国项目；语言沉浸公司组织的阿根廷教学项目；英国共同目标公司提供的全球领导力体验项目；欧盟—日本工业合作中心创办的瓦喀纳斯项目等。

（三）成效

近年来，由于上述战略和措施的实施，英国高校学生外向流动率呈现稳步上升的趋势。高等教育毕业生去向调查（DLHE）数据显示，在2012—2013学年，英国本科出国留学生的人数占总在校学生人数的4.5%，2013—2014学年为5.4%，而在2014—2015学年，共有16165名英国学生参与跨境流动，占比为7.2%①。根据英国大学协会国际部《走向国际：2017届毕业生志向上升》调查显示，2016—2017学年这一比例占2017届毕业生总数的7.8%，且2017届这一比例高于2016届学生的7.2%（16580名学生）②。

四、英国高校学生外向流动的基本特征

（一）对于留学教育的认知和理解更加宽泛和灵活，注重文化体验和海外实习经验的获得

基于本国国情，英国高校学生留学的目的并不仅仅拘泥于获取学位这一单一内容和形式，而且还包括在国内攻读学位期间的出国实习和志愿者经历等

---

① NADINER, ROSALINDL, CATRIONAH. Universities UK international gone International: mobility works report on the 2014–2015 graduating cohort [R]. London: Go International Programme of Universities UK International, 2017.

② Universities UK International. Gone international: rising aspiration report on the 2016–2017 graduation cohort [EB/OL]. (2019–06–13) [2020–12–15]. https://www.universitiesuk.ac.uk/International/Documents/2019/Gone–Intl–2019.pdf.

多种形式和内容。因此，在英文语境中，留学是"outward mobility"，包括境外学习、境外实习和志愿者 3 种形式。作为传统高等教育强国，英国学生认为本国高等教育水平较高，这种与生俱来的优越感使他们不愿意花长时间在其他国家攻读学位。通过出国留学获得海外文化体验、工作实习或志愿者经历，扩展国际视野和实用技能，为其在全球化的就业市场提升竞争力，成为英国学生境外流动的主要目的。

从向外流动的专业分布来看，语言类学生更加注重海外文化体验。在学生的专业分布上，"语言"类专业学生的境外流动率最高，达到 33.9%，如果将"语言学"专业的毕业生从"语言"专业中剔除后，这一群体的流动率上升至 87.1%；而"计算机科学"（2.1%）、"教育"（2.2%）和"医学相关学科"（2.7%）等实用性专业的学生流动率最低[①]。

此外，三明治国外实习的设置，也扩展了我们对于留学与就业培训相联系的认识。英国三明治人才培养模式是学习—工作相结合的典范，有利于学生在掌握理论知识的基础上到企业进行实践，在获得实践经验的基础上返校，进一步深化理论学习[②]，这有利于培养出理论和实践相结合的综合性人才。这种方式创新了校企联合培养国际化人才方式的深度和广度，扩展了留学教育的内容。

（二）构筑多元主体参与体系，为学生提供多样化出国留学路径

多元的主体参与是确保英国有效推进学生外向流动的坚实基础。英国政府部门的宏观战略指导、高等教育机构的积极响应和具体措施的落实，非政府机构提供的多样化支持项目，形成了三位一体的多元化参与体系。政府的政策引导和战略布局在推动学生外向流动过程中至关重要。从《2012 年莱尔丹

---

① Universities UK International. Gone international：rising aspiration report on the 2016—2017 graduation cohort［EB/OL］.（2019-06-13）［2020-12-15］. https：//www. universitiesuk. ac. uk/International/ Documents/2019/Gone-Intl-2019. pdf.

② 王音音. 英国"三明治"人才培养模式对我国高职教育的启示［J］. 太原城市职业技术学院学报，2019,（4）：104-105.

报告》、2014 年的《2013—2017 年英国外向流动战略》和 2017 年的《2017—2020 年英国外向流动战略》可以看出，英国大学协会国际部代表政府制定了促进学生外向流动的战略，同时又开设了多个具体项目作为落实政策的具体举措。尤其在"后脱欧"时代，英国学生可能面临无法继续参与"伊拉斯谟+"计划的情况下，英国大学协会国际部的项目在一定程度上避免了促进学生外出流动工作的中断。英国政府为出国留学生提供奖学金或基金资助，有效且实际。同时，各大高校、民间机构或非政府组织为推动学生外向流动提供了多元化的路径和机会，如英国文化协会推出的"英国世代""学习中国"等项目。可以说政府、高校、民间机构共同参与构建了一个多元化的保障体系。

（三）利用大数据加强出国留学状况的追踪调查研究

英国非常重视对出国留学生发展状况和趋势的调查研究，为政策制定相关工作者提供有力的数据支撑。除了英国高等教育统计局进行相关统计工作外，为了明确整体留学发展趋势，英国对外流动联合指导小组在 2012 年提出了关于收集留学证据的建议。为此，英国文化协会在 2013—2015 年开展了"拓宽视野研究"，调查了英国学生出国留学的驱动因素和障碍，对英国留学生的规模、去向、主要学习课程和主要留学动因进行分析。与此同时，英国还依托互联网和大数据平台进行留学管理，采用科技化和信息化的手段为留学教育提供更优质的服务，保障留学教育的发展质量。

（四）关注学生需求，为学生出国留学扫清障碍

出国留学生管理不仅涉及宏观国际交流政策，而且涉及出国留学生的个性化需求问题。英国在满足学生出国留学需求方面也积极采取了多项举措，如为学生提供资助和贷款支持，改善学分转换和认可过程，确保毕业生能够在英国和国际上跨文化环境中工作，提高英国本地学生的学业成绩和就业能力，为弱势群体出国留学提供专项支持和帮助等，极大地扩大了学生外向流动的参与率。

（五）关注弱势群体，注重留学教育公平

有证据表明，来自社会经济地位较低群体的学生不太可能参与课程以外的提高就业能力的机会，如实习、课外活动和到国外工作或学习的机会。外向流动为这些学生提供了改变生活的经历，有助于提高毕业生的技能和就业机会。因此，英国大学协会国际部的项目通过"高等教育关键行动 3"获得了"伊拉斯谟+"计划的支持，以开展侧重于扩大弱势群体外向流动参与的项目。"走向国际"运动与英国各地的大学和学院合作，派出了大量社会经济背景较差的学生进行国际流动。这不仅增加了弱势群体的出国留学机会，而且对于国家的教育公平发展、进一步扩展留学教育的广度也具有重大意义。

（作者简介：王璐，北京师范大学国际与比较教育研究院教授；邱武霞，中国文化报记者；尤陆颖，北京师范大学国际与比较教育研究院博士研究生）

英国留学生教育的经济收益
及其原因探析

　　留学生的存在是世界一流大学学生主体的核心组成部分，留学生教育的发展是体现一个国家教育实力和教育水平的重要标志。近年来，全球留学生人数持续增长，2014 年达到近 500 万人，相比 2000 年的 210 万人，增长了 1 倍多，平均每年增长约 10%。经合组织（OECD）预测，随着人口结构的变化，到 2025 年，留学生的流动将可能达到每年 800 万人次。根据 2016 年英国大学协会（University UK，UUK）公布的数据显示，美国、英国、澳大利亚、法国和德国是占据留学生市场份额前五位的国家，亚洲的日本、韩国、新加坡为留学生教育的新兴市场，近年来所占据的留学生市场份额逐渐增多[1]。随着全球化与国际化的发展日益深入，越来越多的学生选择出国留学，学生间的国际交流变得日趋频繁。在众多高等教育大国中，英国的优质教育与精英人才培养模式闻名世界，深受世界青年学子的推崇与欢迎，成为世界上仅次于美国的第二大留学生接收国，取得了巨大的经济收益。本文从经济收益的角度看英国的留学生教育，并探究其成功的深层原因，以期为我国来华留学生教育提供些许启发。

---

[1] Universities UK. International Higher Education in Facts and Figures [R]. London：Universities UK，2016.

一、英国留学生教育的历史与现状概略

英国的留学生教育最早可追溯到殖民统治时期，主要招收殖民地的留学生，以培养更多的政治精英和官员来管理殖民地，销售英国的商品与服务。第二次世界大战后，留学生数量缓慢增长，英国高等教育中的留学生人数从1958年的 2.1 万人增加到 1960 的 2.75 万人[①]。整个 20 世纪 60 年代，英国政府主要着手解决一个问题——在经济困难时期，增加留学生人数，增加财政收入。东伦敦大学教授帕特丽夏·沃克认为，这一时期英国招收留学生的主要原因是不断升级的海外需求、国内经济困难、对教育成本的担忧、大规模的移民以及种族主义情绪的增长等[②]。1969 年，英国政府设立了不同的收费标准，即英国本土学生的教育费用由政府税收支付；留学生需要自付 250 英镑的学费。当时英国政府制定这项政策有 2 个意图：一是减少公共开支；二是减少留学生人数。这就导致 20 世纪 70 年代初留学生人数增长缓慢（见图 1）。而 20 世纪70 年代中期开始回升，留学生人数占英国学生总数的 20%。但在 20 世纪 70年代后期，留学生数量又出现了明显的下降趋势，究其原因主要有 2 点：一是1979 年英国面临着世界性的经济危机，失业人数和通货膨胀率高居不下；二是英国政府引入市场竞争机制，大力推行私有化制度，削减高等教育经费，将扩大留学生招生作为解决高等教育财政危机的重要途径。特别是 1979 年 9 月开始推出"全额成本"收费政策，直接导致赴英留学生数量的下降。

1980 年，英国政府取消学生补贴，向非欧盟学生收取全额学费[③]，此时，英国留学生数量显著下降，与 1979—1980 学年相比，1981—1982 学年留学生从 5.7 万人下降为 4.9 万人，1983 年降至 4.2 万人[④]。但随后英国政府出台了

① Lynn Williams. Country studies on student mobility [R]. London: Overseas Student Trust, 1990.
② Patricia Walker. International Student Policies in UK Higher Education from Colonialism to the Coalition: Developments and Consequences [J]. Journal of Studies in International Education, 2014, 18（4）: 325–344.
③ 注：欧盟学生与英国本土学生享有同样的待遇。
④ 易红郡. 英国高等教育国际化策略：留学生视角 [J]. 湖南师范大学教育科学学报，2012,（1）: 5–9, 34.

一系列针对留学生的资助计划，加大奖学金资助力度，如 1980 年由教育与技能部资助的"海外研究学生奖励计划"和 1983 年由外交与联邦事务部出资的"志奋领奖学金计划"等，这些资助计划为英国留学生教育的可持续发展提供了一定的资金保障，1984 年 9 月，留学生数量开始回升。1987 年 4 月发布的高等教育白皮书提出继续对留学生进行资助，从而来满足外国的教育需求和实现政府政策的目标。

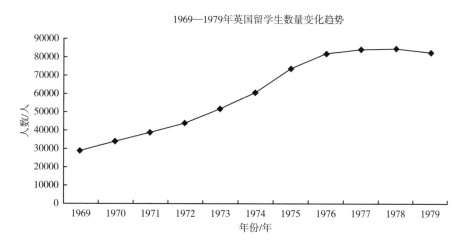

图 1　1969—1979 年英国留学生变化趋势

资料来源：Patricia Walker. International Student Policies in UK Higher Education from Colonialism to the Coalition：Developments and Consequences〔J〕. Journal of Studies in International Education，2014，18（4）：325-344.

从 20 世纪 90 年代开始，英国留学生数量大幅增加，扩大留学生规模成为英国高校增加财政收入的重要举措，开拓留学生国际市场、增加留学生市场份额以及大力发展留学生教育也是英国政府的政策导向。然而，留学生市场的竞争也更为激烈，尤其是亚洲的新兴国家，虽然美国、英国和澳大利亚的留学生市场份额占据前三，但德国、法国、加拿大等国家也拥有强劲的竞争力。1999 年 6 月，布莱尔政府推出的"首相倡议计划"（Prime Minister's Initiative，PMI）提出了加强大学、学院、政府和其他机构之间的合作、简化签证办理手续以及增加志奋领奖学金的比例等措施，旨在吸引更多的留学生就读于英国的高校。随着"首相倡议计划"的顺利实施，到 2005 年时已新增了 7.5 万名非欧盟留学生。在 PMI 成功的基础上，为确保英国在国际教育中的领导地位，2006 年 4 月，英国政府又开展了第二期"首相国际教育行动"（Prime Minister's Initiative on International Education，PMI2），其目标包括：到 2011 年，为英国高校新增 10 万名非欧盟留学生；提高留学生对英国留学的满意度；预计从留学生学费中获得 8.8 亿英镑的收入。根据英国高等教育统计局（HESA）的数据显示，2006—2007 年，英国非欧盟留学生达 239210 人，2008—2009 年，非欧盟留学生已增加到 262020 人，增长率为 9.5%，2011 年英国高等教育留学生达 43.5 万人，占全球市场份额的 13%[①]。

随着英国高等教育留学生不断增多，高等教育国际化程度日益增强，国际国内的形势多变，英国高等教育国际化面临着诸多挑战与问题。联合政府执政后，在 2013 年出台了《国际教育：全球增长与繁荣》的战略报告，将留学生教育作为国家发展战略的重要组成部分。英国政府明确提出了"建立一个面向所有海外留学生的具有竞争力的、可持续性的国际教育体系"战略目标，计划在未来 5 年内，高等教育留学生人数将增长 15%~20%，并明确了未来一段时期英国高等教育国际化的发展战略。

众所周知，英国是高等教育国际化程度最高的国家之一，联合国教科文组织和 OECD 的流动学生数据显示，2012 年英国的国际化仍然处于优势地位。OECD 估计，英国占全球留学生市场份额的 12.6%，美国占 16.4%，德国占 6.3%，法国占 6.0%，澳大利亚占 5.5%，加拿大占 4.9%，其他 OECD 和非 OECD 国家占 48.4%[②]。此外，英国留学生人数持续增长（见图 2），根据 UUK 2017 年发布的数据显示，英国高等教育机构在 2015—2016 学年录取的留学生人数达到 438015 人，留学生数量再创新高。2011—2012 学年至 2014—2015

---

① Department of Business Innovation and Skills. International Education：Global Growth and Prosperity[R]. London：BIS, 2013.

② OECD. Education at a Glance [R]. Paris：OECD, 2014.

学年，欧盟学生人数有所减少，2012—2013 学年，非欧盟留学生数量较前一年明显减少，但总的留学生数量并未减少，呈缓慢增长趋势。英国大学校园变得日益国际化，2015—2016 学年，虽然英国高校的大多数学生都是英国本土学生，占学生总数的 79.9%，但来自世界其他国家的学生比例越来越高。2006—2007学年，非英国本土学生的比例只占 14.1%，而在 2015—2016 学年，这一比例增加到 19%（其中欧盟留学生占 5.5%，非欧盟留学生占 13.5%）[①]。

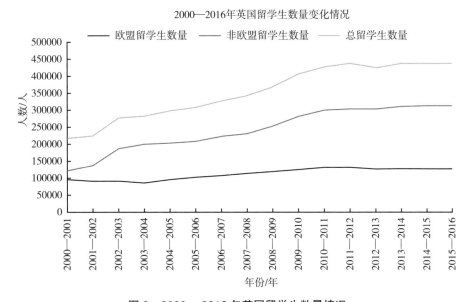

图 2　2000—2016 年英国留学生数量情况

资料来源：根据英国高等教育统计局发布的数据整理而成。

二、英国留学生教育的经济收益

留学生教育作为高等教育服务贸易的最主要形式，英国凭借其优质的教育质量、较高的国际声誉、先进的科研和学术水平，成为高等教育服务贸易的出口大国，留学生为英国带来了巨大的经济收益，其中包括直接经济收益和间接经济收益。

---

① Universities UK. Patterns and Facts in UK Higher Education［R］. London：Universities UK，2017.

（一）直接经济收益

自 1979 年推出"全额成本"政策后，吸引和招收留学生成为英国政府政策的优先事务。英国大学每年都吸引着大量的留学生，他们在英国的各方面开支是英国出口收入的重要来源，不仅为高校带来直接的收入，缓解财政压力，而且也为国家和地方带来巨大的直接经济收益。

首先，为英国高校创造收入。留学生对高等教育部门作出的重大贡献主要通过支付的学费来体现，因为高校的收入中有相当大的部分来自留学生的学费，这对许多高校的财政健康及可持续性来说是必不可少的。英国大学协会（UUK）在高等教育报告中指出，从 2001—2002 年到 2005—2006 年，英国大学的学费收入增加了 52%，这在相当程度上归因于留学生的费用[1]。英国大学在 2014—2015 年中赚取了 131 亿英镑的出口收入（见图 3），主要通过留学生的学费、生活费用以及留学生家属的开支等方面获得，占英国全年商品及服务出口总额的 2.6%。英格兰高等教育基金委员会（Higher Education Funding Council for England，HEFCE）的研究发现，2009—2010 年，留学生的学费为英国高校的收入增加了 17.8%，占高等教育部门总收入的 9.6%[2]。2011—2012 年，非欧盟学生的学费占高等教育部门总收入的 11.6%。2014—2015 年，留学生为英国大学支付了 48 亿英镑的学费，占大学总收入的 14%，其中约 88%（42 亿英镑）的学费收入来自非欧盟国家的留学生。牛津经济研究院对埃克塞特大学留学生的经济影响进行了调查研究，发现在 2009—2010 年，埃克塞特大学从留学生的学费中获得了约 3030 万英镑的收入[3]。牛津经济研究院对谢菲尔德地区的大学的留学生经济成本与效益的研究发现，2012—2013 学年，留

① Clare Madge, Parvati Raghuram, Patricia Noxolo. Engaged pedagogy and responsibility: A postcolonial analysis of international students [J]. Geoforum, 2009, 40（1）: 34–45.
② Higher Education Funding Council for England. Financial health of the higher education sector: 2009–2010 financial results and 2010–2011 forecasts [R]. London: Hefce, 2011.
③ Oxford Economics. The economic impact of the University of Exeter's international students [R]. London: Oxford Economics, 2012.

学生为谢菲尔德地区的大学贡献 1.045 亿英镑的学费收入。根据 HEFCE 的预测表明，如果留学生人数下降将对高等教育部门的收入和盈余预测产生重大的不利影响。事实上，来自留学生的收入减少 5% 就足以使高等教育部门陷入财政赤字①。

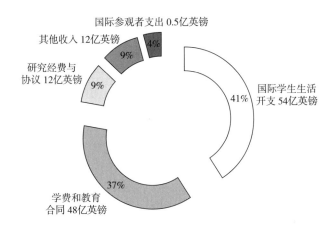

国际参观者支出 0.5亿英镑
其他收入 12亿英镑
研究经费与
协议 12亿英镑
国际学生生活
开支 54亿英镑
学费和教育
合同 48亿英镑

4%
9%
9%
41%
37%

图3 2014—2015 年英国大学的国际收入来源及比例

资料来源：Oxford Economics. The Economic Impact of International Students［EB/OL］. http：//dera.ioe. ac.uk/29148/1/briefing–economic–impact–international–students1.pdf.2017–08–16.

其次，增加英国国家的国内生产总值（GDP）。留学生对英国国家经济的重要性不言而喻，除了通过支付学费作出直接贡献外，留学生在英国的其他产品和服务上的支出也有重大贡献，这包括住宿、食物、旅行、娱乐和课程材料的基本生活费用。牛津经济研究院的研究发现，在伦敦高等教育机构学习的留学生 2005—2006 年为英国国家 GDP 直接贡献了 15 亿英镑，提供了 4 万余个就业岗位。预计全日制学生贡献 5.2 亿英镑，非全日制学生贡献 2.05 亿英镑②。高等教育政策研究所也估计，每年非欧盟留学生的学费和生活开支为

---

① HEFCE. Financial health of the higher education sector：2014–2015 to 2017–2018 forecasts［EB/OL］. http：//www.hefce.ac.uk/pubs/year/2015/201529/.2017–08–15.

② Oxford Economics. The economic impact of London's international students［EB/OL］.http：//www. londonhigher.ac.uk/fileadmin/documents/OxfordEconomicsReport.pdf. 2017–08–15.

英国国家经济至少贡献 33 亿英镑，同时，每年留在英国工作的留学生为英国国家 GDP 贡献约 10 亿英镑[①]。BIS 发布的《英国教育出口价值的评估》报告估计，2008—2009 学年英国通过留学生的学费及其他费用所获得的净收入（扣除奖学金资助额）高达 67.87 亿英镑[②]。BIS 评估了英国高等教育留学生的价值，2011—2012 年，在学费（39 亿英镑）和生活费（63 亿英镑）方面共为英国经济贡献了 102 亿英镑[③]。除了以上这些收入外，留学生亲属的探访及对其孩子的照顾估计贡献 1700 万英镑。运输和零售业也是留学生生活支出的重要受益领域。2014—2015 年，由留学生生活费维持的经济和就业为英国财政部的税收收入增加了 10 亿英镑。其中包括公司税、劳动税（包括所得税和国民保险费）、消费税和其他企业税，足以支付 31700 名全职护士或 25000 名全职警务人员的薪酬[④]。

最后，增加地方的 GDP。留学生的学费、生活费及其亲友的探访也为地方经济带来显著的效益。牛津经济研究院的研究估计，2009—2010 年埃克塞特大学的留学生为埃克塞特经济增加了 2770 万英镑的收入。同期，留学生的生活开支为埃克塞特的 GDP 贡献约 4400 万英镑，留学生亲友探访时的总开支达 800 万英镑，对埃克塞特地区的 GDP 贡献约为 520 万英镑。牛津经济研究院一项类似的研究——对谢菲尔德地区海外大学生的影响进行的调查发现，他们为谢菲尔德地区带来了明显的净收益，预计到 2012—2013 学年，留学生将为谢菲尔德的 GDP 贡献 1.2 亿英镑，以及对约克郡 GDP 贡献 1.315 亿英镑（见表 1）[⑤]。除了学费和生活费外，留学生直接贡献的另一个主要来源是前来探望

① Newman, M. Subsidise foreign students to keep them coming, Hepi says [N]. Times Higher Education Supplement, 2007-07-13.

② Dr Gavan Conlon, Annabel Litchfield and Greg Sadlier. Estimating the Value to the UK of Education Exports [R]. London: Department for Business, Innovation and Skills, 2011.

③ HM Government. International Education –Global Growth and Prosperity: An Accompanying Analytical Narrative [EB/OL]. https://www.gov.uk/government/uploads/system/uploads/attachment_data/file/340601/bis-13-1082-international-education-accompanying-analytical-narrative-revised.pdf. 2017-8-15.

④ Universities UK. The Economic Impact of International Students [EB/OL]. http://dera.ioe.ac.Uk/29148/1/briefing-economic-impact-international-students1.pdf.2017-08-16.

⑤ ExEdUK. Supporting International Education in the UK [R]. London: EXEDUK, 2016.

他们的朋友和家人的消费。利用国际游客调查的数据，牛津经济研究院估计，谢菲尔德大学留学生的朋友和亲戚在 2012—2013 学年中为谢菲尔德大学贡献了 590 万英镑。此外，伦敦及合作者（London & Partners）通过分析高等教育统计局发布的数据发现，2013—2014 学年留学生为伦敦经济贡献约 29.9 亿英镑，相比 2009—2010 年增长了 18%[①]。

表 1 2012—2013 学年谢菲尔德地区大学留学生对地区和区域产生的经济收益

留学生的经济收益对区域和分区域经济的贡献 / 百万英镑			
		直接支出	直接 GDP
谢菲尔德	亲友来访	5.9	2.9
	生活费	76.8	43.2
	学费收入	104.5	73.9
	总计	187.2	120.0
约克郡和亨伯河	亲友来访	5.9	2.9
	生活费	97.4	54.7
	学费收入	104.5	73.9
	总计	207.7	131.5

资料来源：Oxford Economics estimates，SIES，ONS，University of Sheffield，University of Sheffield Hallam，ETLC，Sheffield College.

（二）间接经济收益

除了上述的直接经济收益外，留学生还为英国带来间接经济收益，其中包括增加潜在的人力资本、促进对外贸易、创造更多的就业岗位等。

第一，增加潜在的人力资本。教育是一种重要的人力资本投资，而留学教育作为跨国流动的教育形式，所带来的潜在人力资本在知识经济中发挥着极其重要的作用。留学生的国际流动将会改变各国的人力资本存量，进而影响各国的经济增长。要在知识经济的竞争中取胜，就需要在人力资本存量中获得比较优势。英国劳动力市场的技能差距阻碍了经济的增长，一般情况下，技能短

① London & Partners. The Economic Impact of London's International Students［R］. London：London & Partners，2016.

缺主要发生在高技能、知识密集的领域，此时留学生的到来是可取的临时解决方案。新工党政府通过改革移民政策、放松留学毕业生在英国工作的限制，以此解决技能短缺问题。而留学生经常学习英国技能短缺的学科领域课程，例如，2012—2013 学年，谢菲尔德大学有近一半（46%）的留学生攻读 STEM 学位[①]。在英国大学中，外国学生占全日制研究型硕士研究生主体的 43%，尤其集中在 STEM 相关学科中。留学生的存在对未来专利的申请和颁发给机构的专利也有积极的影响。美国的一项研究表明，外籍研究人员在科学和工程等顶级杂志中具有很高的影响力。2012 年美国发布的《专利申请中：移民如何重塑美国经济》报告表明，76% 的专利都来自美国前 10 的专利生成的大学。他们拥有外籍发明家，几乎所有的大学都在重要的 STEM 相关领域进行研究[②]。

对英国而言，随着留学生数量的持续增长，英国的人力资本流入也呈上升趋势，不仅增加了英国劳动力供给的数量，而且还在一定程度上解决了劳动力技能短缺的瓶颈。再加上留英学生大多接受本科及以上水平的教育，高等教育统计局的数据表明，2014—2015 年，英国高校留学生中有 153745 名本科生，占留学生总人数的 35.2%，研究生 158265 名（授课型硕士研究生 124610 名，研究型硕士研究生 33655 名），占留学生总人数的 36.2%，这些学生毕业后大多进入专业性较强、技术含量较高的行业中工作，这对整个英国就业市场质量水平的提高有很大帮助。美国国家科学基金会对博士毕业生的调查数据分析表明，来自发展中国家的博士学位获得者（特别是 STEM）大部分都打算留在美国，加入学术劳动力大军。尽管很难获得欧盟国家的数据，但无疑也显示出类似的趋势[③]。同时，留学生的需求对研究生课程的持续发展也是至关重要的，因为许多课程的选修者都来自海外，所以他们的存在可以支撑对英国经济具有

① Oxford Economics. The Economic Costs and Benefits of International Students – A report for the University of Sheffield［R］. London：Oxford Economics, 2013.

② Department for Business, Innovation and Skills. The Wider Benefits of International Higher Education in the UK［R］. London：BIS, 2013.

③ 菲利普·G. 阿特巴赫. 国际高等教育的前言议题［M］. 陈沛，张蕾，译. 上海：上海交通大学，2014.

战略意义的学科，如工程和计算机科学。因此，留学生的到来无疑会给英国带来大量潜在的人才，使英国在国际人才竞争中占有优势，进而推动英国经济的发展。

第二，促进对外贸易。留学生在完成其学业后主要有 3 种选择：留学回国、留学滞留或去其他国家工作。然而，有许多学生都会选择留学回国，但他们在回国后，都与英国保持着长期的个人、专业或贸易联系。英国文化协会的一项研究发现，留学生与贸易流之间有很强的相关性：在一些国家，如加拿大、日本、中国、韩国和印度的相关性超过 70%。英国文化协会进一步的研究发现，在新兴经济体中学习英语或获得英国学历的年轻人更倾向于与英国人做生意，在英国大学学习的留学生对英国人有更高的信任度[①]。留学毕业生归国后往往扮演着"英国大使"的角色，他们对英国的文化和价值观有了非常积极的认识，更倾向于信任"英国品牌"，在促进其教育和文化发展的同时，还促进了与英国之间的商业联系与合作。其次，许多留学生毕业回国后从事着高威望的职业，如总统、企业和行业领袖、设计师、艺术家、作家、学者、诺贝尔奖获得者或社会改革者，他们在决策和商业贸易过程中会不自觉地向英国倾斜，更容易与英国建立贸易合作伙伴关系，为英国带来潜在的经济收益。

第三，为英国及其地方创造更多的就业岗位。来自留学生的学费、生活费和亲友探访的开支对就业有进一步的间接影响。留学生的消费为国家创造了 206600 个全职工作岗位，其中 80%（165280 个）的岗位都是由非欧盟留学生贡献的。换句话说，在英国经济中，每 100 名非欧盟留学生就会提供 33 个就业机会。牛津经济研究院将这种影响称为乘数效应。牛津经济研究院估计，以埃克塞特大学为例，每名留学生每年都可转化为创造 0.6 个工作岗位，埃克塞特大学 4000 名留学生的支出将为整个西南地区创造 2400 余个工作岗位。UUK 估计，非欧盟学生的经济影响可转化为在英国创造 13.6 万个有偿全职工作岗位。而这些全职有偿工作涉及与大学直接相关的工作，以及为学生提供其

---

① British Council. The shape of things to come: higher education global trends and emerging opportunities to 2020 [R]. London: British Council, 2012.

所需产品和服务的第二产业。留学生为地方创造大量的就业岗位，减少失业人数，增加当地居民的收入，提升其购买力，从而促进英国及其地方经济的发展。

三、英国留学生教育经济收益的原因分析

留学生教育每年为英国经济贡献 100 多亿英镑，给萧条的英国经济注入了新的活力，也在一定程度上缓解了英国高校经费的短缺。留学生的"雪中送炭"要归功于英国留学生政策的宽松与开放、营销策略的多渠道展现、教育质量的保障、乐观就业前景的勾画等。

（一）留学生政策的宽松与开放

英国历届政府都非常重视留学生教育的发展，制定多种政策吸引海外学生赴英留学。早在 20 世纪 60 年代，英国政府就认识到留学生对国家的重要性，1963 年发布的《罗宾斯报告》倡导对英国高等教育进行系统改革，不仅促使高等教育向英国本土学生开放，还吸引了来自欧洲大陆、非洲及远东国家的青年学生[①]。1976 年通过《种族关系法》，将对雇佣、接受教育、参与培训以及其他具体活动的非英国国籍人员的歧视被视为非法行为，这为留学生在英国学习提供了法律保障。虽然 1979 年英国政府开始推出向留学生收取"全额成本"的政策，但仍以实际教育成本的 60% 资助海外留学生，还设立奖学金计划帮助有能力的学生，如志奋领奖学金计划、英国本科生奖学金计划等。

1999 年布莱尔政府启动了 PMI，致力于新增 5 万名留学生赴英留学，为其提供 2700 万英镑的预算经费，增加奖学金的支持力度，简化签证办理手续，根据研究项目持续的时间发放签证，大学毕业后便利地切换为工作签证。2005 年 12 月，英国财政大臣在预算声明中宣布了一系列促进招收留学生的措施，未来 2 年增加 200 万英镑用于市场营销和推广上。随后，布莱尔于 2006 年推

---

① 刘晖 . 从《罗宾斯报告》到《迪尔英报告》——英国高等教育的发展路径、战略及其启示 [J]. 比较教育研究，2001,（2）：24-28.

出了为期 5 年的 PMI2，与第一期计划有着相似的目标，如保持英国国际教育的领先地位，增加留学生数量等，但更加注重学生的就业能力和体验，新增了学生就业项目，提高留学生英国的附加值，政府还资助建立了 279 个留学生求职咨询网站和数据库，便于留学生找工作。为此提供 3500 万英镑的经费预算，平均每年的计划资金为 700 万英镑。两期计划的战略重点在于招收更多的留学生。

联合政府 2013 年发布的《国际教育：全球增长与繁荣》的战略报告，其中提出：英国政府要提供有竞争力的签证系统，对来英国学习的学生人数没有上限，获得硕士研究生及以上学位的留学生，可在其完成学业后获得工作签证；对于那些希望在英国创业的留学生，可以在"毕业生创业者计划"的框架下执行，并不断增加该计划的 MBA 留学生名额。2013 年 4 月，英国政府又启动了"博士拓展计划"，为那些已获得博士学位和其他博士资格的留学生提供为期 1 年的在英工作、积累经验或自主创业的机会。此外，为吸纳留学生，近年来英国政府成功开展了一系列大规模的国际奖学金计划，如"科学无边界计划""英国—印度尼西亚博士学位计划"等，为来英留学生提供了政策和资金支持。

（二）营销策略的多渠道展现

为吸引更多的留学生，保持高等教育的全球市场竞争力，英国政府和英国大学制定有效的营销策略是非常必要的。20 世纪六七十年代，英国没有设立专门的留学生服务机构，也没有采取积极的营销策略。自 1980—1981 年实行留学生全额成本政策后，英国文化协会、英国留学生事务委员会（UKCISA）等国际教育服务机构接受政府的拨款，向海外推广和宣传英国教育。英国文化协会在全世界设立了 100 多个派驻机构，一方面协助学校招收国外留学生，提供留学生咨询服务，另一方面积极宣传留学生服务项目，承担着全球营销活动的责任。营销在"首相倡议计划"中尤为凸显，因为要在短期内实现留学生数量大规模增长，其捷径就是加大海外宣传，采取积极的营销手段。在 PMI 中，英国政府拨款 500 万英镑用于设立海外宣传机构，举办教育展，开发了留学生教育的国家品牌——英国教育，建立了英国教育网站，为英国教育部门提供了关键的市场营销和通信平台，并供所有学生使用，树立了英国在留学生市场中的国家形象。自 2000 年推出以来，英国教育品牌已成为国际教育界最强的品牌之一，英国留学生数量（非欧盟留学生）每年增长超过8%[1]。PMI 为提升国际营销活动和英国文化协会和英国机构对留学生关怀的专业化提供了动力。2010 年联合政府上台后，英国教育品牌被纳入更广泛的"非凡英国"运动中，《国际教育战略》将"非凡英国"运动描述为"促进英国海外教育的主要工具"，英国教育品牌突出了教学、经验、质量和传统知名高校的声誉。

英国的许多高校也采取了积极的营销策略，其中许多都是 UKCISA 的会员，也成立了国际事务办公室，其主要职责是通过多种渠道来招收海外留学生，如在留学生来源国开办教育展，聘用当地的代理商宣传英国的高校，在留学生来源国的学校进行宣传，对政府等有关机构进行访问，在来源国的网络、媒体上打广告，发放宣传资料等。"事实上，所有大学都建立了从事国际宣传、招生、合同谈判、广告、资金筹集、校友联系以及福利资助等活动的团队。出现这一趋势，固然与高等教育大众化以及随之而来的高等院校收入渠道多元化有关，同时，非欧盟学生的高额学费成为英国高校的收入来源以及海外办学机会的激增，也是推动英国高等教育国际化的因素"[2]。

（三）教育质量的保障

英国高等教育发展水平长期以来位于世界前列，其关键因素在于优质的教育水平，具体体现在质量保障制度、学生经验和体验等方面。英国优质的

[1] British Council. Education UK：Positioning for success—Consultation document［R］. London：British Council, 2003.
[2] 皮特·斯科特. 高等教育全球化：理论与政策［M］. 周倩，高耀丽，译. 北京：北京大学出版社，2009.

教育声誉是其关键优势，联合政府在《国际教育战略》中明确表示，"我们的学校、学院和大学有着卓越和创新的历史，并在质量和严谨性上拥有全球声誉"①。

英国拥有优质教育的国际声誉，一方面是由国内强大的质量保证制度的支撑，建立了严格的质量保障体系，1997 年成立了高等教育质量保障署，其目的是通过评估为巩固和提高高等教育质量提供保障。为了保证英国高校的教育教学水平，为留学生选择合适的学校，英国政府定期会对高校的教学质量和科研进行评估，评估结果将通过网站或出版物公之于众。同时，英国高校内部也建立了质量保障机制，设立了负责质量保障和提升的机构，开展自我评估，为英国高校教育质量的自我提升提供了重要基础。

另一方面，英国教育非常注重学生经验与体验。传统的教育质量观强调学生所获得的知识和能力，这种话语将学生的经验作为衡量质量的主要指标，将学生作为自己学习的主要评判者。英国采取了多种措施，促进留学生融入当地社区，如开展志愿服务活动、举办东道家庭活动，让留学生体验英国文化；拓展职业咨询服务，开展实习计划和技能培训，全方位提高留学生的就业能力。在 PMI2 最终的评估报告中，一名留学生说道："我认为，英国高等教育之所以突出，是因为严谨的研究氛围和永不停止的创新。这也是为什么吸引我选择来英国留学的原因。首先，英国大学拥有一个非常国际化的环境，允许你与来自世界其他地方的人建立联系，让你充分地融入当地的社会文化中。其次，拥有不同的教学风格，如小型研讨会对学生有很大的帮助，因为教师倾向于接近每一名学生，让你有足够的机会与教师交流，而不像在讲座中，有相当多的学生，以致教师无法顾及每一个学生②。"大多数学生考虑选择英国作为留学目的地，主要因素是卓越的学术成就、更高的入学要求和更严格的质量标准。

① Department of Business Innovation and Skills. International Education：Global Growth and Prosperity[R]. London：BIS, 2013.

② London：DTZ. Prime Minister's Initiative for International Education phase 2（PMI2）Final evaluation [R]. London：Author, 2011.

（四）乐观就业前景的勾画

对许多学生来说，出国留学只是一种手段，其真正的目的在于为未来的就业创造更好的条件。霍布森的调查报告显示，大多数国际申请者选择将英国作为学习目的地，是因为国际对学历的认可、安全的环境和提高回国的工作前景[①]。英国作为老牌的发达国家，在知识、科技领域处于世界的前列，在知识经济社会中，选择英国留学无疑是一条提高自身素质、增强就业竞争力的道路。就学生本身而言，学生流动的经济或财政利益主要集中在毕业生的就业能力上。在许多情况下，获得海外学位的留学生，拥有一定的劳动力市场优势，如在获取知识、个人或"软技能"发展、提高语言能力和提高跨文化理解水平等方面。留学生毕业后无论是在本国或在其他地方找工作时，国际经验也可以为他们提供显著的额外信誉，在竞争激烈的劳动力市场中，相比本土学位，国际学位或资格往往被视为一个独特的"卖点"[②]。

在英国留学如何影响学生的就业能力和收入潜力的调查中，一名留学生表示："在英国留学极大地影响了我的就业能力，从而影响了我的收入潜力。一些大学在英国的知名度很高，也深受雇主欢迎，我觉得这有助于我获得面试机会，这也是打开机会的大门。在英国学习的非欧盟留学生似乎比在其他国家留学的学生更容易在英国就业[③]。"2015年霍布森对留学生的调查结果显示，大多数的学生（71%）认为，出国留学对提高自己的整体技能具有显著影响。其次是改善英语技能和整体职业前景（67%），改善就业机会（65%）。此外，BIS委托留学毕业生研究小组对其毕业生的就业前景进行的追踪研究发现，在英国受过教育的留学毕业生平均工资显著高于在本国接受教育的学生，应届毕业生回国工作的平均起薪是18406英镑，对于毕业3年的留学生来说，这一数字更

---

① Matthews, D. Applicants, there and back again [N]. Times Higher Education, 2099, 2013–05–02.

② Simon Sweeney. Going Mobile: Internationalisation, mobility and the European Higher Education Area [R]. York: Higher Education Academy, 2012.

③ DTZ. Prime Minister's Initiative for International Education phase 2（PMI2）Final evaluation [R]. London: DTZ. 2011.

高，达到 20574 英镑。回中国工作的应届大学毕业生，其平均起薪为 9675 英镑，回印度工作的留学毕业生平均起薪为 13214 英镑，回美国工作的毕业生平均起薪为 28055 英镑，而在英国工作的应届（非欧盟）留学毕业生的起薪为 23960 英镑[①]。虽然受到经济发展水平及薪资水平的影响，不同国家有不同的起薪水平，但从总体来看，留学毕业生具有较强的就业能力和收入潜力。

四、对我国提升留学生教育的启示

2010 年 7 月《国家中长期教育改革和发展规划纲要（2010—2020 年）》中明确提出，"进一步扩大留学生规模，优化来华留学人员结构，不断提高来华留学生教育质量"。2010 年 9 月，教育部又出台的《留学中国计划》提出，"到 2020 年，我国成为亚洲最大的留学目的地国家"。由此可见，我国对来华留学生教育越来越重视。英国以其悠久和发达的留学生教育可以为我国提供以下方面的启示。

第一，提高留学生教育质量，为招收和吸引留学生提供保障。英国作为留学生教育的大国，卓越的教育水平和声誉保证了其留学生源的源源不断。英国建立了较为完善的质量保障体系，一系列的教学、科研评估为留学生教育质量提供了保障；开设了国际化课程，将国际化视角纳入课程内容中，为学生带来丰富的国际视野；注重学生经验和体验，培养学生的多方面能力等，这些措施为英国吸引留学生奠定了基础。高水平的教学质量是吸引留学生的根本原因，也是留学生教育可持续发展的基本保证。而我国有调查发现，学科教师缺乏跨文化理解，将留学生的语言障碍解读为学业能力不强，是来华留学生最糟糕的体验之一，也造成不少留学生不愿意把中国作为留学目的地推荐给亲友[②]。因此，我国要促进来华留学生教育可持续、健康发展，就需要努力提

① Department for Business, Innovation and Skills. Tracking International Graduate Outcomes 2011［R］. London：BIS, 2012.

② 丁笑炳. 来华留学生需要什么样的教育——基于上海市四所高校的数据［J］. 高等教育研究，2010，31（6）：38-43.

高留学生教育、教学质量，加快教师队伍建设，培养具有跨文化意识与理解能力、国际化视野、英语语言水平较高的师资；提供多种英语教学的课程；因材施教，采用小组讨论、自主学习、研讨会等多种教学方法，调动学生的积极性；开展教学评估，通过评估，学生可以如实反馈，提出意见和要求，有助于教师及时发现自身的问题和不足，采取相关措施，改进教学；开展志愿服务活动，让学生充分融入我国当地社区的文化生活中，增强对中华文化的理解与认识等。通过质量取胜，吸引更多的来华留学生，提升我国高校的国际竞争力。

第二，根据留学生市场的变化，制定和完善留学生教育政策。留学生市场是不断变化的，学生的期望和需求也日趋具有多样性，研究和预测留学生市场的变化趋势，分析竞争国家的优势与不足，了解自身的发展现状与定位，这是制定留学生教育政策的前提与基础。英国政府在不同的时期，根据其留学生市场情况及其存在的问题与不足，适时调整留学生教育政策。例如，1999 年的第一期"首相倡议计划"，将追求经济效益作为这一时期留学生教育政策的重点，虽然为英国带来了显著的经济效益，但通过调查发现，这种价值取向的政策存在着不少问题，如留学生难以融入当地社区、留学生教育质量下降、忽视学生体验、就业较为困难等。随后在 2006 年的第二期"首相倡议计划"中，英国政府将提高教育质量作为留学生教育政策的核心，采取多种措施，让学生充分融入当地的社会文化中；开展志愿服务活动，注重学生体验；提供咨询与培训，提升学生的就业能力等。因此，我国政策在制定留学生教育政策时，要深入了解我国留学生教育的现状与存在的问题，以及整个留学生国际市场的发展情况，制定符合留学生需要、具有吸引力的教育政策。

第三，采取多样化的营销策略，利用网络资源开发网站，积极宣传中国教育。为了招收更多的留学生，英国政府建立宣传机构（如英国文化协会），大多数高校也设有国际事务办公室，举办教育展、发放宣传资料，运用多媒体打广告，积极宣传英国教育。此外，英国高度重视科学技术的发展，利用丰富的网络资源，开发"英国教育"品牌，建立"英国教育"网站，开展职业咨询，提供详细的学习、生活信息，便于留学生学习与生活。英国还通过网络，搭建通信平台，供师生们使用。但相比之下，我国留学生教育在网络技术的运用方面还有所欠缺、发展不成熟，政府和高校所提供的网站信息不全面、不完整，部分高校的网页只有中文，缺乏英文网页，且网站的功能较为单一，搜索引擎的建设也较为落后，不利于海外留学生了解中国教育。因此，政府和高校应该采用多种营销手段，充分利用技术和网络等资源，创建"中国教育"网站，打造具有中国特色的教育品牌，向海外宣传中国教育。

第四，加大奖学金的支持力度。为了吸引留学生，英国设置了多种奖学金，有专门的政府奖学金、高校奖学金等，加大对留学生的资助力度，减少留学生因学费增长而产生的财政困难问题。而我国在来华留学生的奖学金投入方面还显得不足，对留学生的奖学金资助较少，根据我国教育部 2016 年度来华留学生情况统计数据表明，"中国政府奖学金 49022 人，占来华留学生总数的 11.07%；自费生 393751 人，占来华留学生总数的 88.93%"[①]。可见，在来华留学生中，获得政府奖学金的比例还偏低，这将大大降低对海外留学生的吸引力。因此，要想招到更多的留学生，留住海外学生，政府就需要加大教育投入，提供更多比例和数量的奖学金名额，扩大奖学金获得面，增强吸引力。当然，我国高校也可以根据自身的情况，扩大和增加留学生奖学金的范围与种类，增加奖学金数额和获奖留学生的数量，以吸引更多的留学生来华。

（作者简介：袁李兰，重庆师范大学职教师资学院讲师；杨梅，西南大学教育学部副教授）

---

① 2016 年度我国来华留学生情况统计［EB/OL］.［2017-10-22］. http：//www.moe.gov.cn/jyb_xwfb/xw_fbh/moe_2069/xwfbh_2017n/xwfb_170301/170301_sjtj/201703/t20170301_297677.html.

后脱欧时代英国高校学生
国际流动的政策转向

　　全球化时代需要的是具备全球意识与跨文化能力，掌握必要的知识与技能的"全球公民"，促进学生的国际流动，增加学生的国际体验，培养学生能够与来自不同文化背景的人群共同学习与工作的能力尤为重要。作为世界第二大留学目的地国，英国的高等教育国际化程度很高，国际学生约占在校学生总人数的20.7%[①]，而与之形成鲜明对比的是英国本土学生的国际流动一直处于较低的水平[②]。根据2020年的统计数据，2018—2019学年，在英国注册的全日制第一学位毕业生中，仅有7.4%的学生具有国外学习或实习经历[③]。

　　英国促进高校学生向外国际流动的战略与行动起步较晚。对外交流项目是促进学生向外流动的最主要的形式，其中影响力最大、最具代表性的当属欧洲共同体1987年推出的"伊拉斯谟计划"。该计划通过为高等院校、职业教育机构等各类教育机构的国际流动项目提供资金支持以及免除学费等方式鼓励欧盟成员国学生到其他国家学习、实习与工作。在过去几十年，该计划成功实现了400多万名学生从欧洲联盟（简称欧盟）一成员国到另一成员国学习的目标[④]。

---

① Universities UK International. International Facts and Figures 2020［R］. London：Universities UK，2020.
② 本文中的英国高校学生国际流动主要是指英国学生的向外流动。
③ Universities UK International. International Facts and Figures 2020［R］. London：Universities UK，2020.
④ House of Commons Library UK. The Turing Scheme［R］. London：Parliament UK，2021.

2014 年，该计划被纳入更为庞大的"伊拉斯谟＋计划"之中，并将资助范围从在校学生进一步扩大到学徒、志愿者、工作人员和求职者，其重点则是促进青年的国际流动①。在英国退出"伊拉斯谟计划"之前，该计划是其推进学生国际流动最主要的方式。根据英国大学协会国际部 2019 年发布的调查报告显示，英国 46% 的高校超过 50% 的国际流动项目，以及 20% 的高等院校超过75% 的国际流动项目是由"伊拉斯谟＋计划"资助的②。2020 年 1 月 31 日，英国在法律意义上正式完成脱欧，此后英国仍可以欧盟合作国的方式继续参与"伊拉斯谟＋计划"。然而，英国时任首相鲍里斯·约翰逊作为保守党"强硬脱欧派"的代表，不仅对脱欧持"强硬"态度，而且坚持脱欧后不再接受欧盟的控制。约翰逊首相于 2020 年 12 月宣布，英国将不再继续参与"伊拉斯谟＋计划"，推出新的替代方案——"图灵计划"。

一、英国促进高校学生国际流动政策转向的主要动因

在政治和外交层面，出于对全面摆脱欧盟控制，充分利用教育外交手段以加快实现"全球英国"愿景的考虑，以及追求扩大学生国际流动的教育目标，英国政府决定全面退出"伊拉斯谟计划"，并推出"图灵计划"作为替代方案。

（一）与欧盟全面脱钩的政治意愿

长期以来，欧盟在促进欧洲一体化发展方面发挥了重要作用。与此同时，欧盟利用"硬法"和"软法"治理工具对成员国进行不同程度的政策干预，在一定程度上对有关成员国的发展形成了"制约"。英国政府执意退出欧盟，重要原因之一是希望能够重新获得重要政策领域的决定权和活动空间，免受欧盟其他成员国的"束缚"并且有效降低协调成本。英国保守党作为执政党，在脱

---

① Department of Education. Erasmus An Introduction［R］. London：Department of Education，2020.

② Universities UK International. The Management of Outward Student Mobility Programme in the UK［R］. London：Universities UK，2019.

欧问题上分为"留欧派"和"脱欧派",在脱欧已成定局后,两大派系又进一步转变为"软脱欧派"与"硬脱欧派"。"软脱欧派"不希望与欧盟全面脱钩,希望继续留在关税同盟和单一市场,减少脱欧对英国经济和社会各领域带来的影响,而"硬脱欧派"主张彻底离开关税同盟和单一市场,无论能否与欧盟达成协议都要全面退出欧盟[①]。实际上,英国退出"伊拉斯谟+计划"并推出新方案的态度,可以从以约翰逊首相为代表的"硬脱欧派"支持脱欧的动机上找到根源。在教育国际交流方面,约翰逊政府退出"伊拉斯谟+计划",对内是想收回教育交流领域内的主动权,聚焦国内需求,制定实施更具针对性的流动方案,而对外则是希望摆脱欧盟的限制,促进在全球范围内的教育流动与战略合作。在约翰逊政府看来,教育不仅对国家经济和社会发展产生重要影响,在一定程度上也是国家实现政治愿景的重要"工具"。

(二)追求"全球英国"的外交愿景

英国脱欧被认为是逆全球化、民族主义、民粹主义思潮兴起的标志性事件,此举无疑损害了英国的国家形象,加之脱欧后失去欧盟的支点作用和平台效应[②],英国更需要依靠自身力量,发挥文化软实力,提高并保持大国地位与影响力。"全球英国"是后脱欧时代英国外交政策的核心理念,也是英国外交政策与战略的重要转折点,旨在打造一个在世界舞台上更外向、更主动、更积极的英国。这一外交政策的转变标志着英国在离开欧盟的同时,将目光重新投向世界,致力于成为拥有全球利益和自身权利的全球参与者。在此背景下,"图灵计划"将"全球英国"作为核心目标,致力于更好地为英国政府的战略目标服务,在全球范围内建立广泛的教育交流与合作关系。与此同时,发挥文化软实力是后脱欧时代英国提高国际影响力和国际地位的重要方式。根据美国智库机构在发布的报告《2019年度全球软实力排行榜》中的分析,英国的文化软实力位居全球第二,并在文化影响力、教育影响力、全球参与度等方面具

① 李靖堃. "后脱欧时代"的英国之路怎么走 [J]. 人民论坛,2020,(14):122–125.
② 同①.

有独特优势[①]。在后脱欧时代，面对经济发展、国际关系、国家形象等方面的众多挑战与困境，通过充分释放教育潜力，发挥文化软实力的作用，提高英国的全球吸引力和国际地位是英国政府的不二选择。英国政府指出，促进本国学生的国际流动是扩大英国教育影响力的途径之一，在海外学习交流的青年可以扮演英国教育的大使，提高英国有关机构和英国教育的国际影响力和声誉，能够证明英国作为面向全球、面向世界的开放型国家的国际影响力[②]。

（三）扩大学生国际流动的教育目标

"伊拉斯谟＋计划"相关项目的管理、监测与评价等均在欧盟层面进行，该计划的参与国需要基于国民生产总值（GNP）承担一定份额的参与经费。与欧盟多个领域的项目合作情况相似，在"伊拉斯谟＋计划"的参与过程中，经济发展水平好的国家需要承担更高的经费，而在有关项目审批、资金支持等方面欧盟更加倾向于经济发展水平较低的国家，以谋求共同发展。英国政府认为，英国在"伊拉斯谟＋计划"中的高参与成本与低回报率不能真正地为英国公民的利益服务。英国议会 2021 年 1 月在对"伊拉斯谟＋计划"的质询中指出："根据欧盟提出的关于英国继续参与'伊拉斯谟＋计划'的新要求，未来 7 年的新周期内，英国每年需缴纳的参与经费达到 6 亿欧元，英国参与项目的净成本将超出从项目中获得资助的 20 亿欧元[③]。"2021 年发布的"伊拉斯谟＋计划"统计数据显示，与其他欧盟成员国相比，英国学生对"伊拉斯谟＋计划"的参与度明显不足，参与人数不足排名前三位的国家（西班牙、德国、意大利）的 1/3[④]。2018 年，有 29797 名其他国家的学生通过该计划来到英国，这比

① USC Center on Public Diplomacy. A Global Ranking of Soft Power 2019［R］. Los Angeles：USC Center on Public Diplomacy，2019.

② Department for Education. International Education Strategy：Global Potential，Global Growth［Z］. London：Department for Education，2019.

③ UK Parliament. Turing Scheme Question for Department for Education［EB/OL］.（2021-01-06）［2021-11-10］.https：//questions-statements.parliament.uk/written-questions/detail/2021-01-06/133977.

④ House of Commons Library UK. The Erasmus Programme［R］. London：Parliament UK，2021.

同期参与该计划的英国学生多出 64%[①]。英国政府以"图灵计划"取代"伊拉斯谟 + 计划"在很大程度上也出于为英国公民提供"物有所值"服务的考虑。

二、后脱欧时代英国促进学生国际流动的政策指向

2021 年 2 月，基于后脱欧和后疫情时代的现实背景，英国政府推出新的国际教育战略《国际教育战略：支持复苏、推动增长》(以下简称《国际教育战略》)，并宣布推出一项具有全球影响力的国际教育计划——"图灵计划"。该计划从 2021 年 9 月开始提供 1.1 亿英镑的资金，支持 3.5 万名学生进行海外学习与实习[②]。"图灵计划"作为后脱欧时代英国促进本土学生国际流动的核心方案，致力于在为学生的国际流动提供资助、推进与各国高校的战略合作等方面发挥作用。

（一）政策目标

作为后脱欧时代英国促进学生国际流动的核心方案，"图灵计划"考虑脱欧后的英国在国际化人才培养、广泛开展教育交流与合作等方面的需求，从以下 3 个方面提出了该计划的目标。一是根据英国政府的"全球英国"愿景，支持高质量的教育流动项目，致力于促进英国学生在全球范围内的流动，提高学生对国际流动项目的参与度，增加学生国际经验，帮助其发展各类软技能、语言技能并促进其对多元文化的理解与尊重，以全面提升学生的就业竞争力。英国政府认为，海外学习有助于英国培养能够在日益国际化的市场中取得成功的新一代国际化人才，国际经验能够丰富英国学生的个人发展，有助于打破社会流动的障碍[③]。二是致力于重点关注弱势群体的国际流动，为来自不同背景的学习者提供平等的参与机会。"图灵计划"的核心目标之一是对弱势群体背景

---

① House of Commons Library UK. The Erasmus Programme［R］. London：Parliament UK, 2021.

② Department of Education. International Education Strategy: Supporting Recovery, Driving Growth［Z］. Department of Education, 2021.

③ 同②.

的学生给予特殊照顾，重点推进弱势群体的国际流动，为其赋能，从而促进教育公平。三是通过向世界各国的有关机构输出学生，促进英国与各国之间的教育交流与合作，与国外的院校与机构建立长期的合作伙伴关系，从而提高英国教育的国际影响力。基于以上目标,《图灵计划项目指南》规定，受资助的项目必须满足追求"全球英国"愿景、关注弱势群体、培养关键能力以及保障英国公民的利益 4 个方面的要求 ①。

（二）政策举措

"图灵计划"是一项竞争性资助计划，该计划通过资助教育机构的方式，向在英国接受教育的个体在海外学习和工作提供资金。英国及其英国海外领土的各类教育组织和培训机构均可以申请参与"图灵计划"，其中包含高等院校、继续教育学院、职业教育、培训机构和中小学 ②。

"图灵计划"在资金的申请、审批以及项目的开展等方面做出的规定与"伊拉斯谟＋计划"有较多相似之处。就资助对象而言，"图灵计划"为高等院校、继续教育机构、职业教育培训机构以及各中小学的对外交流项目提供资金。以高等院校为例，"图灵计划"的资助年限为 1 年，为学生提供 4 周至 12 个月的海外学习与实习机会。项目以机构或团体为单位进行申请，申请资金的高等院校必须是在英国或英国海外领土注册获得官方认可的高等教育提供者；有关交流项目的参与者必须是在英国或英国海外领土的高校注册并获得认可的高校学生，高校应届毕业生需要在毕业后 12 个月内完成出国学习或工作。除了关于高等院校申请资金的相关规定,《图灵计划项目指南》在资金的申请方面分别对继续教育部门、职业教育与培训部门、中小学做出了详细规定。就项目的资助方式与内容而言，"图灵计划"为有关国际流动项目提供的资助主要包括参与者的生活费、差旅费以及为语言学习提供的费用。与"伊拉斯谟＋计划"类似，"图灵计划"根据参与者类别、目的地国家、项目开展时间等具体

---

① British Council. The Turing Scheme Programme Guide［Z］. London：British Council，2021.
② 同①.

指标，为项目参与者提供生活费用；根据与目的地国家之间的距离，为项目参与者提供往返的交通费用；为项目参与者提供包括课程费与教材费在内的语言学习费用[①]。

与此同时，"图灵计划"在来自弱势背景的参与者的认定、分级和资助方面做出了详细规定。该计划将为这些参与者提供包括签证、护照以及健康保险费在内的额外差旅费用，承担有特殊教育需要的学生和残障学生的全部费用。时任英国高等和继续教育国务大臣米歇尔·多内兰指出，有关部门在对申请资助的项目进行评估时，将充分考虑项目是否有助于促进不同阶层的社会流动，重点关注处于弱势的地理区域，将高校学生参与国际流动的最低期限从一学期缩短至4周，以此降低参与成本，增加来自弱势群体的学生的参与度[②]。

（三）实施进展

2021年1月，英国政府宣布将由此前负责管理"伊拉斯谟＋计划"在英国实施的英国文化协会与埃科里斯咨询公司共同负责"图灵计划"的具体实施[③]。"图灵计划"于2021年3月正式启动，3~5月英国各类教育机构向"图灵计划"申请相关的流动项目资金。该计划第一轮拨款的结果于2021年8月在英国政府"图灵计划"官网上公布。在第一轮申请中，共有412份来自英国各地的高等院校、继续教育机构、职业教育培训机构和中小学的申请，其中372个项目获批资助，资助总额约为9800万英镑，参与者达41024人[④]。在第一轮拨款中，共有139所高等院校申请项目资金，并全部获得拨款，提供给高等院校的资助额约占总资助额的68%，职业教育和继续教育机构、中小学获得的资助额分别约占25%和7%；在英国不同的地区中，英格兰、苏格兰、威尔士、

① British Council. The Turing Scheme Programme Guide［Z］. London：British Council, 2021.
② UK Parliament. Turing Scheme Question for Department for Education［EB/OL］.（2021-02-19）［2021-11-14］.https：//questions-statements.parliament.uk/written-questions/detail/2021-02-19/155341.
③ House of Commons Library UK. The Turing Scheme［R］. London：Parliament UK, 2021.
④ British Council and Ecorys UK. Turing Scheme Funding Results［EB/OL］.（2021-11-05）［2021-11-07］.https：//www.turing-scheme.org.uk/project-community/funding-results/.

北爱尔兰获得资助的项目数存在较大差异，4个地区所获得的资助金额占总资助额的比率分别为84.7%、8.4%、5.2%和1.6%[①]，与"伊拉斯谟＋计划"中的状况相似，英国各地区学生国际流动方面存在明显差异，主要集中在教育发展程度较高，高等院校和其他教育机构数量较多的英格兰地区。

三、后脱欧时代英国促进学生国际流动政策转向的主要特点

"图灵计划"是后脱欧时代英国促进学生国际流动的重要项目，在计划的制定与实施过程中，英国政府深入分析"伊拉斯谟＋计划"存在的局限以及英国参与者的实际需求，从流动范围、流动方式、流动群体等方面入手，制定了后脱欧时代更符合英国教育交流与合作需求的国际流动计划。

（一）流动范围：从欧盟到全球

"伊拉斯谟＋计划"作为欧盟主导下的国际流动项目，虽然也包括挪威、冰岛等非欧盟国家，但项目的主要实施范围仍在欧盟内部。2014—2020年英国参与"伊拉斯谟＋计划"的7年内，最受英国学生欢迎的国家依次是西班牙、法国、德国、荷兰和意大利。英国政府2019年颁布的《国际教育战略》强调在全球范围内建立国际伙伴关系，指出"促进英国学生在全球的流动有助于加强教育部门的互通性和出口机会……有助于提升英国教育的国际影响力"[②]。英国政府2021年发布的《国际教育战略》中进一步强调："政府对国际教育的态度是希望在世界范围内建立持久的伙伴关系，并确立英国作为首选合作伙伴的全球地位[③]。"基于这种考虑，"图灵计划"的一个重点任务就是将学生的流动范围从欧洲扩大至全球。在"图灵计划"2021年的资助中，留学

① British Council and Ecorys UK. Turing Scheme Funding Results［EB/OL］.（2021-11-05）［2021-11-07］. https：//www.turing-scheme.org.uk/project-community/funding-results/.
② Department for Education. International Education Strategy：Global Potential, Global Growth［Z］. London：Department for Education, 2019.
③ Department of Education. International Education Strategy：Supporting Recovery, Driving Growth［Z］. Department of Education, 2021.

目的地包含了全球范围内的 159 个国家，其中最受英国高校学生欢迎的 5 个目的地国分别是美国（13.49%）、中国（6.4%）、加拿大（6.09%）、澳大利亚（4.85%）和法国（4.18%）[①]。而 2017—2018 年，英国学生通过"伊拉斯谟＋计划"进行向外流动的目的地国仅为 59 个国家[②]。通过实施"图灵计划"，将参与者的流动范围扩大至全球，是后脱欧时代英国政府以更加自主、更加自由的方式追求"全球英国"愿景的体现。走出欧洲，在全球范围内的实现流动将有助于英国学生在更加多元化的背景下提高其国际视野和跨文化适应能力，培养与提升包括语言在内的必要技能，对全球不同国家的概况、语言、历史文化等有更深入的了解，提升自己在全球劳动力市场中的竞争力，从而有助于"全球英国"目标的实现。

（二）流动方式：从双向流动到单向流动

"伊拉斯谟＋计划"是典型的双向流动型项目，参与项目的国家不仅是学生的输出国，也是其他国家学生进行海外学习与实习的目的地国。在平等和互惠的基础上促进各国之间的双边和多边合作是"伊拉斯谟＋计划"的主要优势之一。实际上，很多双边、多边教育交流项目都包含着"资源置换"的隐性目的，通过参与项目，不仅促进本国学生的国际流动，同时吸引更多国际学生到本国学习。在"图灵计划"的制订过程中，英国政府对是否为其他国家学生到英国学习提供资助的问题进行了多次探讨，并最终决定仅为英国学生向外流动提供资金，流动方式由原来的双向流动转变为单向流动。英国政府表示，不为国际学生到英国学习提供资金的决定是为了确保英国纳税人的利益，将资金用于英国学生的国际流动，并指出"他们相信英国仍将是一个具有吸引力的留学目的地，国际学生的学习费用将由各国政府或机构承担"[③]。"图灵计划"的制

---

① British Council and Ecorys UK. Proposed Destinations of Funded Turing Scheme Participants in 2021：Higher Education Participants［Z］. London：British Council，2021.

② House of Commons Library UK. The Erasmus Programme［R］. London：Parliament UK，2021.

③ UK Parliament. Turing Scheme Question for Department for Education［EB/OL］.（2021-01-06）［2021-11-10］.https：//questions-statements.parliament.uk/written-questions/detail/2021-01-06/133977.

定考虑了英国在参与"伊拉斯谟＋计划"的过程中存在的缺陷，并提出了面向全球和保障英国纳税人利益的2条核心原则，而仅为英国学生向外流动提供资金正是第二条原则的体现。在英国输入型国际学生与输出型国际学生的比例存在较大差异的情况下，将有限的资金用于本国学生的国际流动，重点促进英国学生国际经验的获得，以此提升本国学生的国际竞争力。这也在一定程度上体现了英国政府对其相对完善的国际学生培养体系以及作为第二大留学目的地国的信心。

（三）流动群体：从优势群体到弱势群体

从英国参与"伊拉斯谟＋计划"的情况来看，该计划在促进英国不同阶层的学生社会流动方面发挥了较为有限的作用。在英国，弱势群体是指来自低社会经济地位的群体、黑人、少数族裔以及残障人士。英国议会在关于英国参与"伊拉斯谟＋计划"的报告中指出，来自英国的"伊拉斯谟＋计划"参与者大多数为白色人种，来自"优势背景[①]"的参与者占多数，黑色人种与亚裔参与者的比率较低，很少有残障人士或患有精神疾病的参与者[②]。为此，"图灵计划"将促进弱势群体的国际流动作为重要目标之一，在资助项目的选拔、拨款、资助等方面对弱势群体给予了特别的关注。在"图灵计划"2021年的拨款中，所有来自弱势群体的参与者的比率占到了48%[③]。

实际上，英国脱欧凸显了社会不平等导致的民众与精英之间的裂痕。英国是贫富差距最大的发达国家之一，多年以来英国的贫富差距非但没有缩小，反而出现了进一步拉大趋势，贫困人口数量不降反升[④]。促进包括贫困学生在内的弱势背景群体的国际流动是英国促进学生国际流动战略的重点之一，

---

① 根据英国对优势和弱势的定义，来自"优势背景"的学生是指父母、监护人或自己从事的职业属于社会经济类别（SEC）1~3级的学生；来自"弱势背景"的学生属于SEC4~8级的学生。

② House of Commons Library UK. The Erasmus Programme［R］. London：Parliament UK, 2021.

③ British Council and Ecorys UK. Turing Scheme Funding Results［EB/OL］.（2021-11-05）［2021-11-07］. https：//www.turing-scheme.org.uk/project-community/funding-results/.

④ 李靖堃 ."后脱欧时代"的英国之路怎么走［J］.人民论坛, 2020,（14）：122-125.

除"图灵计划"之外，英国大学协会（Universities UK）主导实施的"走向国际：脱颖而出"项目、"扩大外向流动学生的参与"项目等都重点关注了弱势群体的国际流动、经验获得以及能力培养。因此，"图灵计划"在流动群体中对"弱势群体"的特别强调，一方面是英国政府为改善其认为的"伊拉斯谟＋计划"的缺陷而所作的努力，另一方面是脱欧后的英国社会不平等问题进一步凸显的背景下，通过促进教育公平以推动社会公平的愿景在国际流动战略中的体现。

（四）流动主体：从多元主体到强调高校学生

"伊拉斯谟＋计划"是内容丰富且参与主体高度多元化的大型国际交流项目，其参与者包括在校学生、教师、实习生、接受继续教育的学习者等不同群体。与之相应，除了教育交流之外，"伊拉斯谟＋计划"的内容还涵盖了教职员工的专业发展、改善学校计划、为青年提供工作机会、开展体育活动等多元化的内容。

"图灵计划"参与主体更为聚焦。正如时任英国高等和继续教育国务大臣米歇尔·多内兰指出的，"从性质上讲，'图灵计划'只是一个教育流动计划"[1]。英国2021年发布的国际教育战略的主要目的是通过有效手段扩大国际学生规模，在全球范围内扩大英国教育的影响力。作为该战略的一部分，"图灵计划"重点关注在校学生，特别是高校学生的输出型流动，致力于增加海外学习与实习的学生人数，在输入型与输出型国际学生的比率方面保持相对平衡。从内容上看，"图灵计划"主要聚焦在促进学生的国际流动方面，项目经费主要用于支持学生的海外学习与实习。从参与项目的人员类别上看，"图灵计划"的资助主要面向高校学生，来自其他类型学校的学生比率相对较低。在已经完成的第一批拨款中，获得资助的来自高等教育机构的

---

① UK Parliament. Turing Scheme：Youth Services Question for Department for Education［EB/OL］.（2021-03-05）［2021-11-30］.https：//questions-statements.parliament.uk/written-questions/detail/2021-03-05/163655.

学生约占 70%，来自职业教育和继续教育机构及中小学的学生分别约占 17% 和 13%[①]。

四、后脱欧时代英国促进学生国际流动面临的问题与挑战

虽然英国政府在"图灵计划"的设计、制定与实施方面给予了高度重视，但相较于已经较为成熟的"伊拉斯谟＋计划"仍存在项目设计缺陷、经费支持不足以及功能过于单一等挑战，能否真正替代"伊拉斯谟＋计划"仍有待观察。

（一）单向流动为教育服务贸易带来风险

"伊拉斯谟＋计划"的主要优势是其建立在国家间平等和互惠互利基础上的多边合作，为所有参与者提供资助，参与项目的学生或学徒都无需向目的地国支付任何学费。在脱欧本身就对英国国际学生的吸引力产生影响的情况下，"图灵计划"仅为本国学生向外流动提供资金的规定，将在较大程度上影响其他国家的学生到英国学习与实习的意愿。加之英国各类机构的学费及学生生活费都相对较高，没有资金支持的情况下对英国保持对国际学生的吸引力带来一定风险，同时将对其经济收入、文化传播、国家形象等产生一定的负面影响。一方面，英国是"伊拉斯谟计划"最受欢迎的目的地国之一，多年来该计划促进了受到资助的学习者在有限时间内到英国来学习交流，为高等教育、服务业、酒店业等多个相关领域提供了利润丰厚的客户群体，英国每年从"伊拉斯谟计划"中获得的实际净利润达到 2.43 亿英镑[②]。"图灵计划"不再为其他国家到英国来学习提供资金支持，将影响输入型国际学生的数量，从而影响与之相关的一系列经济收益。另一方面，原本的互惠原则为各国教育机构之间建立

---

① British Council and Ecorys UK. Turing Scheme Funding Results［EB/OL］.（2021–11–05）［2021–11–07］. https：//www.turing–scheme.org.uk/project–community/funding–results/.

② Chatham House. Turing Scheme：Erasmus Holds Lessons for Global Britain［EB/ OL］.（2021–01–13）［2021–11–30］.https：//www.chathamhouse.org/2021/01/turing–scheme–erasmus–holds–lessons–global–britain.

合作伙伴关系奠定了基础，"图灵计划"打破原则，实施单向流动，将在一定程度上影响英国有关教育机构与海外机构建立合作伙伴关系，实现良性互动。"图灵计划"实施单向流动，取消为输入型国际学生提供资金，将使英国对国际学生的吸引力、各类教育机构建立国际合作关系带来一定挑战，与此同时，这在一定程度上违背了"全球英国"愿景与目标，所展现的功利主义和利己主义倾向，不利于在后脱欧时代树立积极、开放、有担当的大国形象，也不利于英国发挥教育服务贸易方面的优势，充分利用教育外交提高国家的文化软实力，以提高英国的国际地位与国际影响力。

（二）有限经费为实现预期目标带来挑战

脱欧对英国经济增长带来了较大的冲击，有限的经费也成为限制"图灵计划"可持续发展的关键因素之一。"图灵计划"第一年宣布的 1.1 亿英镑资金仅相当于 2017—2018 年英国各类机构从"伊拉斯谟＋计划"获得的流动资金[①]，有限的经费导致参与者人均获得的资助金额大打折扣。相较于"伊拉斯谟＋计划"未来 7 年内 260 亿欧元的经费预算[②]，"图灵计划"提供的 1.1 亿英镑的资金在支撑设置的各类目标的实现方面存在较多困难。"图灵计划"鼓励在全球范围内实现流动，但在具体实践中，促进全球流动导致的学费、旅行费用、签证费等都将带来较大的经费压力，加之英国学生所青睐的美国、加拿大、澳大利亚等英语目的地国生活成本相对较高，使得"图灵计划"存在的经费问题更加突出。一方面，"图灵计划"不再为参与国际流动项目的英国学生提供学费，英国政府预计接受院校将免除学习者的学费，因为这是国际交流项目的惯例。然而，英国政府取消对来自其他国家学生的经费资助后，很难保证其他国家的相关机构能够完全不收取学费。不为项目参与者提供学费的做法，最直接伤害的是来自弱势背景的学生群体的利益，很多学生可能因无法承担学

---

① WONKHE. Will Turing Be a Good Enough Exchange? ［EB/OL］.（2021-01-04）［2021-12-01］.https：//wonkhe.com/blogs/will-turing-be-a-good-enough-exchange/.

② 同①.

费而放弃参与国际流动项目，也因此影响"图灵计划"致力于促进弱势背景群体国际流动目标的实现。另一方面，相较于"伊拉斯谟＋计划"，"图灵计划"为参与者提供的人均经费资助有所减少，"图灵计划"每月为普通参与者至多提供 380 英镑的资助，为来自弱势背景的参与者提供 490 英镑，而"伊拉斯谟＋计划"的资助额度为普通学生 445 英镑，来自弱势背景的学生 630 英镑[①]。此外，"图灵计划"取消了"伊拉斯谟＋计划"为所有学生提供的旅行费用，仅为来自弱势背景的参与者提供。为参与者提供必要的经费支持以促进学生的国际流动是"图灵计划"最主要的目的，而经费在有关项目的数量、内容、质量以及范围等方面发挥着决定性作用。"图灵计划"的具体拨款形式与"伊拉斯谟＋计划"基本保持一致，然而其经费额度的缩减对学生的参与积极性、项目的开展效果、对来自弱势背景群体的关照等各个方面可能带来不利影响。

（三）功能单一为实现真正"替代"带来困境

"伊拉斯谟计划"是一个拥有 33 年历史的大型国际流动计划，被许多人认为是欧盟最积极的努力。虽然促进学生的国际流动是"伊拉斯谟＋计划"的重要内容，但其 3 个关键行动还包括开展成功经验的交流与合作以及支持政策革新。在经验的交流与合作方面，该计划促进教育、培训及青年领域的战略合作伙伴关系的建立，建立知识联盟与行业技术联盟，有效地推动了组织间的合作、实践交换平台的建立、对正式与非正式学习获得知识与技能的认证以及跨国的学术合作等多个领域的发展。在支持政策革新方面，"伊拉斯谟＋计划"强调采用协调开放的方法来促进学习，制定发展规划，激励成员国的政策革新，并且积极开发提供资格认证、学分转换以及质量保障的系列政策工具，促进各国相关政策的革新与发展。此外，"伊拉斯谟＋计划"配套 2 个辅助性行动方案"让·莫内行动"和体育运动方案。前者旨在促进学术界与政策制定者

① Paul James Cardwell, Max Fras. The Turing Scheme：Does It Pass the Test？［EB/OL］.（2021-03-12）［2021-12-01］.https：//ukandeu.ac.uk/the-turing-scheme-does-it-pass-the-test/.

间的对话交流，后者则开展团队合作，建立体育运动领域的合作伙伴关系。因此，"伊拉斯谟＋计划"并非简单的人员国际流动计划，该计划对英国教育交流与合作产生的影响也并不仅仅局限于人员流动层面。"图灵计划"作为"伊拉斯谟＋计划"的替代方案被推出，但从所涵盖的领域和核心内容来看，"图灵计划"的功能相对单一，主要是促进人员流动为主。"图灵计划"仅依托目前的单一功能，做到真正替代"伊拉斯谟＋计划"还存在诸多困难。

（作者简介：阚阅，浙江大学教育学院院长、教授；娜迪拉·阿不拉江，浙江大学教育学院博士研究生）

创新与创业篇

英国高校创业教育新政策述评

创业教育对提升国家创新能力，促进政府、社会与大学的相互联系，缓解大学生就业压力具有重要意义。英国政府自 1987 年提出并实施"高等教育创业"计划（Enterprise in Higher Education Initiative，EHE）以来，历经几十年的发展，已基本形成了相对完善的创业教育体系，将创业精神培养作为教育的总体目标和策略。随着经济社会变化及其与高等教育相互关系的变迁，英国大学生创业教育面临一系列新形势与新问题。本文主要讨论 2007 年以来英国政府推动大学创业教育的政策变化。

一、英国大学生创业教育政策的背景

随着英国经济社会变迁及与高等教育的相互博弈，创业教育发展和创业教育政策环境产生了相应变化。高等教育大众化、失业率偏高、大学生创业能力低下，特别是自 2006 年英国大学学费制度改革以后，在校大学生经济压力增大，创业教育需求进一步扩大，而英国创业教育现状还不能满足这一需求变化。伦敦商学院 2007 年发布的《全球创业教育监控行政报告》显示，英国早期创业活动参与比例为 2.9%，美国、挪威和中国香港特别行政区分别为 6.5%、3.9% 和 5.7%，均高于英国；而总体创业活动参与率美国、挪威和中国香港特别行政区分别为 14.1%、12.0% 和 15%，而英国则为 10.5%[1]。因此，英国创业教育依然需要面对新形势、出台新政策、解决新问题。

首先，高等教育大众化带来了就业压力。20 世纪 80 年代到 20 世纪 90 年代初，英国高等教育经历了大众化发展阶段。2004—2005 年度，英国大学生人数达到 230 万人。1999—2000 年度到 2005—2006 年度，学生人数增长近 51 万人，增长率达到 35%[2]。大众化进程引发了大学毕业生人数攀升与市场所提供的有限就业岗位之间的矛盾。英国 1992—1994 年失业率均达到 10%，直至 1999 年才降到 6%，但仍然高于美国的 4% 和日本的 5%[3]。2008 年失业率为 5.7%，2009 年 6 月失业率为 7.8%，失业人口为 244 万人，为 1995 年以来最高水平。大力发展创业教育，培育创业者，以缓解就业压力、促进经济发展，成为英国政府出台大学生创业教育政策的重要动力。

其次，大学生创业能力低下影响英国经济发展。人们广泛认同的是英国未来经济竞争力和繁荣程度依赖于知识的运用、创新和创业[4]。据调查，导致英国经济不景气的原因是创业参与率偏低、自我雇佣意向不明显以及创业活力不足等。美国 2000 年的自我雇佣率已达到 67%，而英国 2002 年的自我雇佣率为 45%[5]，明显低于美国。英国创业水平低于其主要竞争者的原因是，英国社会缺乏敢于冒险、勇于创新的文化氛围。因此，必须提高大学生创业能力、构建创业文化氛围，共同对英国创业教育政策提出新的挑战。

最后，学费政策变化引发大学生债务加重，刺激创业热情。英国自 2006

[1] BOSMA N, JONES K, AUTIO E AND LEVIE J, Global Entrepreneurship Monitor：2007 Executive Report[R]. London：London Business School, 2008.
[2] BOTHAM R, MASON C. Good Practice in Enterprise Development in UK Higher Education[R]. Coventry：National Council for Graduate Entrepreneurship(NCGE), 2007.
[3] World Bank. Unemployment–United Kingdom[EB/OL].[2020-01-22]https：//data.worldbank.org/indicator/SL.UEM.TOTL.ZS?end=2022&locations=GB&start=1992.
[4] BAUMOL W J. Education for Innovation：Entrepreneurial Breakthroughs versus Corporate Incremental Improvements[J]. Innovation Policy and the Economy, 2005, 5：33–56.
[5] TWAALFHOVEN B. Entrepreneurship Education and Its Funding：A Comparison between Europe and the United States[EB/OL].[2020-01-22]. http：//www.efer. eu/web2010/pdf/RP–EntrepreneurshipEducation&Funding2000.pdf.

年引入大学收费制度以来，学生负债状况不断增加，1996 年每个大学毕业生平均负债水平为 3400 英镑，而 2006 年已达到 12000 英镑，预计还会继续增加①。然而，英国学生负债问题并未影响学生的创业热情。英国大学生创业委员会（NCGE）2005 年执行报告显示，负债问题主要减少了进一步深造的学生总量，近 1/3 的学生将就业作为最紧要的目标，其中有 4% 的学生打算毕业后尽快就业或创业。2005 年，NCGE 对 2005 名英国大学生展开调查访谈，发现对目前经济状况担忧的大学生，绝大部分会认真考虑今后创业的问题②。英国大学生创业热情随着负债水平的增加也有所提升，接受创业教育、提高创业能力的要求不断增加。

二、英国大学生创业教育政策的新发展

为适应大学生创业教育环境的变化、在全国范围内形成创业文化、在高收入国家群体中争取创业教育比较优势，英国政府近 3 年来出台了包括《全国大学生创业教育黄皮书》在内的政策文件、执行报告、调查评估报告 20 余项，核心内容包括如下 5 个方面。

（一）扩大创业教育资金来源、控制流向的经费策略

在英国大学创业教育发展的头 20 年里，80% 的经费来源于政府的高等教育创新基金（Higher Education Innovation Fund，HEIF）和科学创业挑战基金（The Science Enterprise Challenge Fund）等，政府支撑成为创业教育资金的主要来源，提高私人捐助水平将成为今后的发展方向③。依据 NCGE 2007 年统计数据，创业教育资金投入主体明显增加，以资助额度的大小为序，主要有 6 大渠道：高等教育创新基金占资助比例的 31%、大学占 15%、区域发展机构基

---

① NCGE. Nascent Graduate Entrepreneurs［R］. Birmingham：National Council for Graduate Entrepreneurship（NCGE），2005.

② 同①.

③ NCGE. Enterprise and Entrepreneurship in Higher Education 2010 National Survey Report［R］. Birmingham：National Council for Graduate Entrepreneurship（NCGE），2010.

金占 13%、欧盟基金、赞助和捐赠经费来源均低于 10%。除了这 6 类主要的资金来源主体，原有的科学挑战基金、新创业奖学金、教与学优异中心基金（Centre of Excellence for Teaching and Learning Funds，CETLF）等也成为创业教育投资的重要补充。

英国政府对创业资金使用的政策导向是使资金流向所有学校的所有专业。鼓励企业、社会团体和大学依据不同资金来源设立创业项目，促进资金使用流向的多元化。以学科领域为例，以往英国大学工商专业占总体创业资金超 80%，2007 年这一比例降到 61%，逐步向多学科共同享有创业基金方向发展。近年来，已逐步扩展到工程、艺术、设计、数学、医学、健康、计算机科学领域。创业资金来源及使用流向多元化格局初步形成。

（二）启动各类创业项目，推进创业教育

设立项目是各国吸纳创业教育资金的重要途径。英国政府推动建立的各类创业教育项目可大致分为 3 个层次。

一是旨在吸引大学生参与创业活动的项目。这一类型当中，最早的是 1998 年启动的"大学生创业项目"，它仅启动 5 年间就吸引了大量学生和高等教育机构参与。2004 年，由贸易与工业部下属"小企业服务"（Small Business Service，SBS）开展的融创业项目和创业活动为一体的投资项目，在英国全国范围内形成了浓厚的创业文化与创业认同感。

二是以评估国家创业政策为特点的创业研究项目。其中，以"全球创业观察项目（Globe Entrepreneurship Monitor Project，GEMP）"最具代表性。1997 年，由英国伦敦商学院发起 GEM 研究项目，旨在研究不同国家的创业活动及其影响因素，探索促进国家创业发展的政策，评估创业实施效果优劣。GEM 研究项目在大范围调研及数据收集的基础上，于 2007 年提出了英国创业教育的基本框架[1]，该框架基于分析创业教育与英国宏观经济发展的相互关系，

---

[1] BOSMA N，JONES K，AUTIO E AND LEVIE J，Global Entrepreneurship Monitor：2007 Executive Report[R].London：London Business School，2008.

提出英国创业教育发展的基本策略。

三是设立旨在提高创业教育教师技能的项目。2007 年，由英国高等教育学院和美国考夫曼基金会共同资助，设立了"国际创业教育者项目"（International Entrepreneurship Educators Programme，IEEP）。该项目由 NCGE 和英国创业教育者机构共同管理，项目针对英国创业教育发展的新形势，以及创业教育师资所面临的系列理论及实践问题展开研究，吸引了大量英国创业教育机构，创业管理者以及创业教育者共同参与，分析创业教育过程中学生需要习得的技能以及与之相适应的教师教育教学方法[①]。IEEP 研究成果在英国被广为接受，牛津商学院的学者认为 IEEP 是大学创业研究项目与 NCGE 建立研究伙伴关系的典范[②]。

（三）构建创业型大学建设模式

英国 2007 年公布了由 NCGE 学术顾问艾伦·吉伯教授起草的"朝着创业型大学发展"的政策文件。该文件指出，创业型大学给予那些能够鼓励学生创业，并为在校生和毕业生创业提供创业机遇、创业实践以及创业文化环境的大学给予界定[③]。

目前，英国的许多大学在实施创业教育、开展创业活动等方面做出积极努力且经验丰富，但存在的问题是，尚未明确哪一种机构模式或途径能够催生创业型大学并使其可持续发展[④]。"朝着创业型大学发展"提出创业型大学发展模式包含 2 类：传统商业模式和互动模式。前者注重在创业教育过程中教什

---

① GIBB A. Meeting the Challenge of Development of Entrepreneurship Educators around an Innovative Paradigm［R］. Birmingham：National Council for Graduate Entrepreneurship（NCGE）. 2008.

② GIBB A，HASKINS G，ROBERTSON I. Leading the Entrepreneurial University Meeting the Entrepreneurial Development Needs of Higher Education Institutions［R］. Coventry：National Center for Entrepreneurship in Education（NCEE），2009.

③ GIBB A. Towards the Entrepreneurial University– entrepreneurship Education as a Lever for Change［R］. Birmingham：National Council for Graduate Entrepreneurship（NCGE），2005.

④ GIBB A. Towards the Entrepreneurial University– entrepreneurship Education as a Lever for Change［R］. Birmingham：National Council for Graduate Entrepreneurship（NCGE），2005.

么，以及在教学过程中何者会显著地受到经济学家传统思维和公司业务的影响，这种模式注重运用专有的商业管理范式[①]。而互动模式将创业角色纳入社会系统加以考虑，能够为个人、组织以及社会各界人士提供所有技能，强调在复杂的社会背景下学会创业行为、创业技能和创业特性。互动模式对英国大学所有学科领域开放，提倡通过发挥个人优势自我开办公司、参与创业设计组织等方式，进一步激发创业热情与创业精神。通过互动模式发展创业型大学将成为未来英国大学发展的重要方向。

（四）提出创业教育目标和教学方法的基本框架

创业教育教学及其组织模式始终是实施创业教育的关键环节。如前所述，"国际创业教育者项目（IEEP）"的重要目的是将创业教育贯穿所有英国大学的全部课程当中。通过 IEEP 的研究，NCGE 将创业教育目标分为逐步递进的 8 个层次：一是学生的核心创业行为和态度得到发展；二是学生能够理解并感受创业行为；三是能够自我解释创业教育核心价值；四是发展创业型职业动力；五是掌握创立公司的步骤及需求；六是培养企业家素质；七是掌握与创业过程相关的商业知识；八是熟悉与利益相关者的关系[②]。

在上述创业教育目标框架下，英国创业教育要求将洞察力、情感因素以及把握外界机会等因素融入创业教育实践，通过选择恰当的创业教育方法，获得良好的创业教育效果。英国大学传统的创业教育教学主要是讲授、案例教学、研究项目和信息技术[③]。依据 IEEP 研究结果，2007 年 NCGE 发布的文件《革新范式下适应创业教育者发展的挑战》中明确提出，大学创业教育教学方

① GIBB A. Towards the Entrepreneurial University– entrepreneurship Education as a Lever for Change［R］. Birmingham：National Council for Graduate Entrepreneurship（NCGE），2005.
② GIBB A.Meeting the Challenge of Development of Entrepreneurship Educators around an Innovative Paradigm［R］. Birmingham：National Council for Graduate Entrepreneurship（NCGE），2008.
③ EFMD. A Survey of Entrepreneurship Activities of European Universities and Business Schools［R］. Brussels：Brussels European Forum for Management Development（EFMD），2004.

法将应对的挑战主要来自创业教育发展技能、实践行为和自身特性 3 个方面，如图 1 所示[1]。

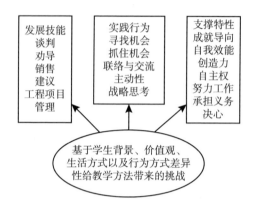

图 1　大学创业教育教学方法应对的挑战示意图

新的创业教育方法要培养学生在压力下做出决定，支持团队建设，提高对创业角色的总体认识，探索看待事物的方式，发展创造力，提高交流、劝导能力等。文件要求英国大学创业教育方法要注重从知、情、意 3 个方面提高学生创业能力。

（五）建立多维创业教育评价体系，提高政策制定科学性

英国传统创业教育评价重视学生对所学知识的运用，评价目标涵盖 3 个方面：一是学生接受创业教育是否取得明显效果；二是促使学生对自我学习效果作出判断；三是形成评判学生创业学习等级的认定标准[2]。传统创业教育评价主要由教师实施，且评价内容主要围绕考试、论文和报告写作方法等。这一评价模式存在的主要问题是，忽略了学生的自主权，不利于激发学生运用知识的

---

[1] Meeting the Challenge of Development of Entrepreneurship Educators around an Innovative Paradigm［R］. Birmingham：National Council for Graduate Entrepreneurship（NCGE），2008.

[2] GIBB A.Meeting the Challenge of Development of Entrepreneurship Educators around an Innovative Paradigm［R］. Birmingham：National Council for Graduate Entrepreneurship（NCGE）.2008.

动力和自信[①]。

近年来，英国实施了大学创业教育评价新举措：一是拓展学生创业学习效果评价模式。评价内容基于 NCGE 公布的 2007 年执行报告，即以创业教育教学方法的挑战为依据，建立基于发展技能、实践行为和支撑特性为基础的三维评判体系，同时融入自我评价和同行评价模式。创业教育评价过程需要包含所有总结性和形成性评价过程[②]。评价框架应该在任何项目开始设计时就进行考虑，以便建立创业教育成绩、内容、教学方法以及管理的目标与标准[③]。但是，要使创业教育者从传统文化模式中适应这一转变，仍然具有挑战性[④]。二是在国际视域下评价英国的大学创业教育，并将测评结果作为创业教育政策制定的重要依据。如前所述，"全球创业观察项目（GEM）"将评估国家创业政策作为核心任务之一。GEM 是目前世界上研究创业活动及其与经济增长相互关系问题最先进的联盟[⑤]。GEM 从设立起就基于多国研究，并每年提供一系列国家创业评价报告。GEM 评价英国在高收入国家群体中的创业活动参与率、创业人均 GDP 占有率、早期创业活动情况（TEA）、早期创业偏好程度等指标。分析英国创业教育在高收入国家中，包括比利时、芬兰、法国、瑞典、澳大利亚、美国等 22 个国家中的位置与状况，探讨英国创业教育各项政策在实践过程中的实施效果与存在的问题，从而指导创业教育政策制定。GEM 评价体系不同于传统评价体系和 NCGE 评价系统，它运用调研、数据收集、定量与定性分析相结合的方法，具有较强的客观性、国际性和政策导向性。

① BOSMA N, JONES K, AUTIO E, et al.Global Entrepreneurship Monitor：2007 Executive Report［R］. London：London Business School, 2008.

② GIBB A. A Developmental Appraisal from the Management Viewpoint of the Use of Cost-benefit Analysis in In-company Training Situations［D］. Durham：University of Durham, 1977.

③ GIBB A. Entrepreneurship and Enterprise Education in Schools and Colleges. Insights from UK Practice［J］. International Journal of Entrepreneurship Education. 2008, 6：101-144.

④ ORSMOND P. Self and Peer Assessment：Guidance on Practice in the Bioscience［Z］. Leeds：Centre for Bioscience, Higher Education Academy, 2004.

⑤ BOSMA N, JONES K, AUTIO E, et al.Global Entrepreneurship Monitor：2007 Executive Report［R］. London：London Business School, 2008.

三、英国大学生创业教育政策评析

（一）新政策的成效

近 3 年来，英国大学创业教育政策调整与执行收到良好效果，主要表现在 3 个方面。

首先，政策促进了创业活动参与率。2007 年 NCGE 报告《英国高等教育中的企业与创业》显示，2007 年英国大学生创业活动参与创业活动的人数已逾 20 万人，占学生总数的 11%，高于 2006 年 7% 参与率 4 个百分点，且男女比例趋于均衡。其中，男生占参与创业活动总人数的 53%，女生占 47%[①]。以 2005 年在伦敦的一项调查为例，50% 拥有大学学历的毕业生愿意自我创业，而未获得高校学位者这一比例仅为 30%；伦敦 50% 的新企业由在校大学生创建[②]，调查表明大学生的创业热情和创业能力不断提高。

其次，政策鼓励参与形式多元化，改变了通过创业课程参与创业的单一形式。2007 年，通过课程以外多种形式参与创业活动的比例提高到 64%，课程内参与创业活动的占 36%，海外学生参与比例为 18%。此外，英国创业教育主要由商业学院主导的现象得以改观，非商业学院逐步融入创业教育当中，工程领域的创业教育发展势头良好，人文社科领域的创业资金占有量不到 1%[③]。随着政策的不断调整，多元化参与创业教育的趋势逐步形成。

最后，政策通过鼓励参与主体多元化，广泛吸纳各种社会力量，包括各级政府、企业、各类创业协会、民间力量等支持大学生创业。贸易与工业部下属的"商业连接"组织在过去的几年中有力地支持了大学生创业活动，

---

① NCGE.Enterprise and Entrepreneurship in Higher Education 2010 National Survey Report［R］. Birmingham：National Council for Graduate Entrepreneurship（NCGE），2010.

② BOTHAM R. Young People and Enterprise in London：Report for the London Development Agency［R］. London：London Development Agency，2005.

③ BOSMA N，JONES K，AUTIO E，et al.Global Entrepreneurship Monitor：2007 Executive Report［R］. London：London Business School，2008.

NCGE、全球创业研究协会（The Global Entrepreneurship Research Association，GERA）等对创业教育实施了有效的组织与管理。多方参与有利于不同部门的沟通与协作，形成创业文化环境。

（二）新政策尚未解决的问题

首先，新政策尚未解决创业教育发展不均衡问题。2007 年，NCGE 分区域调查了英国 127 所高等教育机构，结果显示英国创业教育白色人种学生占总参与比例的 67%，非白色人种学生则为 33%。就不同区域而言，伦敦在校大学生占英国的 21%，参与率仅为 8%，低于平均水平。与之形成鲜明对比的是，英国西南部及中东部地区，大学生总量均占英国的 9%，而参与率则分别为 18% 和 17%[①]，远高于平均水平。如何提高经济发达地区大学生的创业热情与创业能力，促进创业教育均衡发展是未来英国创业教育政策面临的难题。

其次，政策尚未兼顾各级各类大学生。2007 年，英国创业教育资金的 80% 用于本科生教育阶段，87% 用于全日制学生。虽然研究生及非全日制学生更具有接近市场的机会，具有较好的创业参与能力，但目前政府尚未出台成熟的、意在加强和鼓励研究生和非全日制学生的创业政策[②]。

最后，英国非政府创业教育资金来源尚不稳固，现行的许多创业项目主要依靠短期投入完成。

（作者简介：徐小洲，浙江大学教育学院教授；胡瑞，华中农业大学公共管理学院教授）

---

① NCGE.Enterprise and Entrepreneurship in Higher Education 2010 National Survey Report［R］. Birmingham：National Council for Graduate Entrepreneurship（NCGE），2010.
② 同①.

英国高校创业教育的现状、特色及启示

一、迎接变革之挑战：英国推进高校创业教育的政策演进及发展现状

自 20 世纪 80 年代以来，英国高校掀起了从"研究型大学"到"创业型大学"演变的第二次学术革命，如帝国理工学院、普利茅斯大学、爱丁堡大学、布鲁内尔大学等英国高校纷纷开始营造创业文化氛围、开设创业教育课程、开展创业实践。高校创业教育的长足发展与英国政府对大学生创业和创业教育在政策上给予的支持、引导和规范是不可分割的。1987 年英国政府启动的旨在培养大学生的可迁移性创业能力，要求将与工作相关的学习纳入课程之中，并鼓励学生为自己的学习负责的"高等教育创业"计划（Enterprise in Higher Education Initiative，EHE）开启了高校大学生创业教育的开端。21 世纪初期，英国政府发布《全国大学生创业教育黄皮书》等相关政策文件、调查报告，进一步推动了英国高校创业教育的发展，为创业教育的繁荣提供了根本保障。

英国高校的未来发展趋势是由"研究型大学"向"创业型大学"转变，其关注的焦点是加强英国高等教育环境的活力，并试图从这样的环境中为大学模式的转变积累经验。更普遍的是，整个世界都在发生这样的转变。教育经费、政府干预、企业创新、学生创业、社会流动与就业、区域间伙伴关系发

展、现代信息技术的运用以及国际市场变化所带来的压力也如期而至^①。如何在这样的大背景下，推动创业教育的创新发展，实现英国大学模式的转型，将是英国高校及政府所面临的巨大挑战。虽然英国政府在最近 10 年中连续出台了多份有关创新政策的文件，并大力推进国家创新系统的完善，但是仍旧面临着巨大的挑战。2003 年的《在全球经济下竞争：创新挑战》就认为，当前的创新活动中，以下 3 个方面亟待改进：① 需要不断增加企业尤其是中小型企业中相对较少的知识创新活动；② 加强研发基地（如大学、科研机构）与企业之间的联系；③ 明确未来创新国家中所需要的各种技能并提供高素质的劳动力。

二、形塑变革之动力：英国高校创业教育体系建设的主要特征

（一）分层多样的创业教育课程体系

2012 年 9 月，英国创业教育团体在高等教育质量保障署（QAA）的协助下发表了一篇名为《创业与创业教育》的指导报告，该报告为英国高等教育的供应商提供了新的指导。创业和创业教育的最终目标是产生创业效能，创业效能由创业意识、创业思维和创业能力 3 个部分组成。由于个性、学习结构、动机、能力和情境等自变量的范围不同，学生也会利用不同的方式达到不同程度的创业效能。在这一目标的指导下，英国高校的创业教育课程可分为两类，即"关于创业"的课程和"为创业"的课程。"关于创业"的课程目标是帮助学生理解和吸收现有的关于创业的知识和资源，从而促进他们对创业这一主题的深入理解。"为创业"的课程专注于帮助学生树立进取的心态并发现什么是积极进取的，为以后成为一个企业家提高洞察力和实践能力。学习者通过参加一些革新和有创造力的活动来挑战自己的思想，并在这些活动中运用所学的理论来指导自己的实践。

---

① GIBB A. Exploring the synergistic potential in entrepreneurial university development：towards the building of a strategic framework ［J］. ORIGINAL RESEARCH ARTICAL，2012，60（3），3-5.

麦克翁①等人在调查中将英国创业教育课程划分为四类：创业、创新、创新管理、技术转移管理。到目前为止，英国高校已经构建起包括"创业意识""创业通识"和"创业职业"三层次的机会导向型创业人才培养课程体系。有的高校还专门开设了面对特殊群体的创业课程，如关注社会非营利组织与营利组织创新问题的社会创业课程、女性创业以及少数民族创业课程等。

（二）专业化的创新创业型师资队伍

未来英国的大学是"创业型"的大学，创新型和创业化的教师是建设"创业型大学"必不可少的条件。由全国大学生创业委员会②③策划筹办的"创业型大学年度奖"至 2012 年已成功颁发四届，入围 2010—2011 年度"创业型大学"提名奖的有布鲁内尔大学、中央兰开夏大学、赫特福德大学、帝国理工学院、普利茅斯大学和迪塞德大学；入围 2011—2012 年度"创业型大学"提名奖的有东安格利亚大学、爱丁堡大学、赫德斯菲尔德大学、北安普顿大学、普利茅斯大学和斯凯莱德大学。除去制度化的环境影响、学生创业成效和大学创业效应，这 11 所大学都是凭借创新型和创业化的师资队伍脱颖而出的。中央兰开夏大学要求授课教师为专业的从业人员，以便教师利用他们的业务关系，明确能够产生的商业机遇，为学生实习和员工借调创造机遇。为了鼓励教师的创新和创业行为，中央兰开夏大学采取职位晋升的方式来奖励学者。帝国理工学院有领先的致力于创新创业研究的部门，该部门由 50 多位科研和教学人员组成。他们既是教学主力，又是 IE ＆ D 研发项目取得成功的核心。帝国理工学院的创业导师对学生创业指导的一个主要特征就是教师的"商业化"，他们为学生从创业初期到组建优质的管理团队提供有效的资源和专业化的知

---

① McKeown J ，Millman C，Sursani S R，et al. Graduate entrepreneurship education in the United Kingdom［J］. Education ＋ Training，2006，24（9），597–613.
② National Council for Graduate Entrepreneurship.（2012）. The Entrepreneurial University of the Year 2010/2011. Article Stable URL：http：//ncee. pw /wp–content /uploads /entrepreneurial_university_of_the_year. pdf.
③ National Council for Graduate Entrepreneurship.（2013）. The Times Entrepreneurial University of the Year Award 2012. Article Stable URL：http：//ncee. pw /wp–content /uploa–ds /EUOTY 2012. 1. pdf.

识。帝国理工学院同样也设有政策来嘉奖学者们对创业的贡献。普利茅斯大学凭借创新型和创业化的教师队伍连续 2 次获得"创业型大学"年度奖的提名。创业和创业教育是普利茅斯大学活动的核心,学校鼓励各个层面的学术型和专业型教师以不同的方式思考和行动,大胆创业。

(三)灵活多样的教学方式

英国大学创业教育的教学方法具有灵活性、多样化的特点,如师带徒学习方法、工作实习项目法、野外拓展训练法、工作访问法、头脑风暴法、模拟和游戏法、竞赛和多媒体案例教学法等[①]。全球性的信息技术革命为创业教育开辟了大规模的市场,大大加强了"自我导向"学习方法的潜在灵活性[②]。大量网络公开课程即"慕课(MOOCs)"越来越受到大众的追捧,在当下英国全日制成人学生数量减少而学费上涨的形势下,"慕课"成为一种吸引成人学生的好办法,尤其是当伴有弹性学分积累与制度转移的可能性时。当然,这种方式需要建立在他们对社交媒体的使用能力上。另外这种网络学习方式也有一定的局限性,如难以保证课程资源与评估和认证之间的链接,以使学生拿到必需的学分达到及格。为此很多高校的创业教育课程采用计分卡的形式来进行评估。计分卡包含所有与战略领导方法相关的问题,即将创业和创业教育嵌入大学[③]。它已被用于综合审查大学的创业潜力,透视读者集中感兴趣的领域和勘探大学不同活动领域的潜在协同。"创业型大学领导计划"的参与者也使用这种方式。有的创业导师在发展计划中也利用计分卡来测试自身对创业活动的知识掌握,这不仅为他们的发展状况提供了一种主观评价,也为创业教育嵌入大学提供了坚实的基础。

---

① 牛长松.英国高校创业教育研究.上海:学林出版社,2009.

② GIBB A.(2013). The University of the Future:An Entrepreneurial Stakeholder Learning Organization? Article Stable URL:http://ncee. pw /wp-content /uploads /ARTICLE_FINAL_ FINAL_FINAL_BOOK_VERSION_UNIVERSITY_OF_THE__FUTURE. pdf.

③ NCEE.(2013). The University Entrepreneurial Scorecard. Article Stable URL:http://ncee. pw /wp-content /uploads /Entrepreneurial_University_SCORE_CARD. pdf.

（四）健全完善的组织机构体系

英国创业教育的组织机构可分为大学内部的组织机构和大学外部的支持机构。大学内部的组织机构有：大学科技园、企业孵化中心（The United Kingdom Business Incubation, UKBI）、就业力优异中心、创业中心及各类创业俱乐部、创业协会等。英国大学科技园的产生与发展有利于大学的组织转型，满足了创业教育进一步发展的需求。设有科技园的大学，除了牛津大学、剑桥大学等久负盛誉的学府外，还有沃里克大学、伯明翰大学、曼彻斯特大学、萨里大学、利兹大学等，著名的"苏萨克斯学术走廊"在英国大学科技园区颇具影响①。英国企业孵化中心由贸易与工业部于1998年建立，为创业大学生提供服务、技术、实践平台等。例如，拉夫堡大学创新中心的商业孵化器向有创业意向的学生开放图书馆，提供工作室、实验室、各类办公服务以及咨询服务等。英国大学设立的创业中心、创业俱乐部、创业协会等组织机构通常用来为学生创业提供专业师资力量和咨询服务，同时开设各类相关课程，推动学生的创业实践学习。例如，牛津大学赛德商学院科技创业中心推出的"创业与商业技能"免费课程，通过邀请一些富有经验的成功创业者为校内外学员进行培训来推动他们的创业实践。

大学外部的支持机构有全国创业教育中心（NCEE）、全国大学生创业委员会（NCGE）、全国高校企业家协会（NACUE）、高等教育学会（HEA）、英国创业教育者机构（EEUK）等。全国创业教育中心（NCEE）以推动继续教育和高等教育领域的创业教育为目的，努力促进各高校的文化转型，提高教师自我发展能力，并支持在校生、毕业生和教职工的职业选择或企业创建②。全国大学生创业委员会负责开展创业教育的调查研究、服务及师资培训等；科

---

① 胡瑞 . 传统伦理与世俗消解：英国高校创业教育发展及启示 . 中国高教研究，2013，20（11）：57–58.

② GIBB A. Meeting the Challenge of Development of Entrepreneurship Educators around an Innovative Paradigm［R］. Birmingham: National Council for Graduate Entrepreneurship（NCGE），2008.

学创业中心与周围区域内的大学合作密切，基本覆盖全国，有利于广泛调动社会资源。全国高校企业家协会（NACUE）是一个草根慈善机构，通过支持、联系和代表社会化企业，激发全国各高校和学院学生的创业热情和创业活动。NACUE 的社会支持机制一直受到联合国的认可，并被世界经济论坛称为"全球青年创业最佳实践模型"。高等教育学会（HEA）是提高高等教育教学的国家机构。它通过表扬和奖励优秀教师，使人力和资源得到最佳的研究和最大化的分享，同时也帮助高校制定和实施政策。与大企业的不断衔接是高等教育学院解决就业问题的主要策略。高等教育学会还通过支持企业和管理等学科来推动高校创业教育的发展。英国创业者教育机构（EEUK）覆盖全国，囊括了来自 75 家高等教育机构的 600 多个创业教育者。

（五）以大学—企业的深度合作促进创业实践

首届高等教育大会指出，大学的根本使命就是促进社会的可持续发展和进步。在知识经济时代，大学与社会经济发展的联系更加紧密，已经成为经济科技发展的发动机。作为技术创新的主体——企业，与作为知识生产和传播的主体——大学，二者在资源上的相互吸收和运用是生成新的生产力并获取竞争优势的关键。大学与企业之间的良性互动、谋求共同发展已成为知识经济时代大学—企业关系发展的必然趋势[①]。

虽然英国的大学—企业关系在近年来已经得到了加强，但是二者之间的合作还远远不够，特别是在促进企业家与大学研究人员在知识转移过程中的理解、沟通与合作方面。此外，在大学知识产权的商业利用、大学与中小型企业（SMEs）的合作、大学—企业信息共享、成立专门机构引导企业与大学研发合作等方面亟待加强。为此，英国政府通过建立地区发展机构，设立高等教育创新基金（Higher Education Innovation Funds，HEIE），发展合同研究、合作研究、咨询服务等措施不断创新大学—企业关系。

---

① 王志强，赵中建.英国教育系统变革的背景、现状与趋势——兼论教育在英国国家创新系统中的作用［J］.全球教育展望，2010，35（6）：48.

在地方一级建立地区发展机构（Regional Development Agencies，RDA）。该机构的成立有助于政府以引导者和协调者的身份促进大学—企业关系的发展。各地方的中小型企业，更加需要来自大学强有力的智力支持，而 RDA 的建立对促进中小型企业的发展、提升其技术创新能力、建立与大学的合作机制起着关键作用。所有的 RDA 都建立了科技与产业委员会，作为知识转移的平台为地区层面的大学—企业合作提供新的模式与机遇。此外，RDA 还要发挥连接国家创新政策与地方创新项目实施之间"桥梁"的作用，在地方投资中应确保优先考虑国家创新战略中所划定的领域。

2002 年，为推动大学的知识转移并与一系列投资方案合并，英国政府设立了大学—企业知识转移的统一基金——高等教育创新基金。第一轮 HEIE 达到了 1.87 亿英镑，2004 年开始的 HEIE2 更是超过了 3 亿英镑。该基金要求申请的大学必须有与地方企业进行良好合作的经历，或有长期的合作规划。截至 2016 年年初，其中绝大多数都与企业保持着持续性的合作关系，并在具有研发潜力的领域中进行合作。同时，HEIE 还通过成立专门机构促进大学的知识转移，如非营利性公司——伦敦技术网络。

合同研究、合作研究、咨询服务是大学—企业合作中的 3 种主要形式。在合同研究中，企业资助大学的研究机构或个人进行与企业技术创新有关的研发活动。根据高等教育—企业互动调查的结果，2000—2001 年，英国企业已经与大学签署了 10951 项研究合同，其中，4000 项合同是与中小型企业签订的。这些合作形式不仅提升了中小型企业的创新能力，也拓展了大学为社会经济发展服务的功能。

三、应对变革之反思：我国推进高校创业教育所存在的主要问题

（一）创业教育认知过于形式化和功利化，学生缺乏创新思维

我国实行中央和省级政府两级管理、以省级政府管理为主的高等教育管理

体制。据统计，2012 年全国共有普通高等学校 2442 所，其中直接隶属于中央政府管理的有 113 所，由省级政府管理的高等学校有 2329 所。高等学校组成一个系统，学校为了满足人和社会的多样化需求，办学模式也不尽相同①。但是随着时代的发展，高校办学模式渐显陈旧。课程僵化、大班教学、理论传授的模式只能培养出适应应试教育、死记硬背的乖孩子；在一个封闭办学、纸上谈兵、把创新创业当知识理论学习的环境里很难培养出真正的创新创业型人才。2013 年我国应届本专科毕业生达 699 万人，被称为最难就业年；2014 年毕业生约 727 万人，就业问题突出。在此形势下，部分政府和高校期望创业教育能使学生毕业后自谋职业，因而追求的是创业教育的短期效果，往往过于形式化和功利化。

（二）创业课程内容单一，教师的教学能力有待提升

创业课程体系应具备系统性、实用性、灵活性等特点，将创业通识教育与创业专业知识教育相结合，理论导向型课程与实践导向型课程相结合。既注重创业知识理论教学，又要增加创业实践教学的比重，以更好培育学生的创新创业素质。从全国范围看，我国高校的创业教育课程内容和形式比较单一，面对不同专业和层次的学生群体，往往是一本教材了事。教学缺乏差异化，教师照本宣科，以课堂为主，远离实践。我国高校创业教育的教师只有一小部分具有丰富的专业知识和过硬的创业实践经验，创业导师通常由经济、管理等专业课教师甚至思想政治辅导员兼任，这也导致创业教育课程教学停留在"纸上谈兵"的初级阶段②。

（三）创业教育的管理机制不健全，各职能部门之间缺乏必要的协同合作

我国高校内部创业管理的组织机构主要以大学科技园为主，专门的创业

---

① 夏雨.关于高等教育的几点思考［J］.大学教育，2012，46（5）：27.
② 黄兆信，王志强，刘婵娟.地方高校创业教育转型发展之维［J］.教育研究，2015，12（2）：101-104.

教育研究中心在高校设立的较少，且主要集中在几所实力较强的综合性高校。但是，大学科技园的重点限于现有技术转化，很难将企业孵化、创新驱动的功能体现出来。除此之外，各高校孤立作战，没有与其他学校建立良好的网络关系，也导致资源不能共享[①]。在教学管理上，此项任务只属于少数职能部门，且各高校多采用学分制，这使得学生在课程选择上有较大的局限性，不利于学生自主意识的发展。推动创业教育的长足发展不仅是各高校的事，更是社会的责任，它是一个系统工程。而我国高校则缺乏一个相对完善的社会支持体系，只有上海市、浙江省等少数几个省级行政区出台了支持大学生创业教育的专门政策。社会、高校和大学科技园之间缺乏必要的协同合作机制，很少有社会风险投资商主动参与大学生创业活动，也很少有企业愿意给学生提供学习企业管理和经营的机会[②]。

四、他山之石：英国高校创业教育发展对我国高校的启示

（一）积极开展对高校新型办学模式的探索，培养真正的创新创业型人才

创新、创业能力偏弱成为我国高校人才培养的最大问题，因此办学模式必须进行变革[③]。英国沃里克大学是英国最著名的学府之一，在科研、教学、创新以及在工商业方面的杰出研究使学校在国际上享有盛誉，是英国高校由"研究型大学"向"创业型大学"转变的典范。利兹大学由于在企业投资和社会沟通方面具有较大的经济和社会影响，成为英国著名的企业型大学。全国大学生创业委员会[④]2010年在牛津大学赛德商学院开展的"创业型大学领导者计

---

① 周霖，朱贺玲.试析我国高校创业教育的主要问题 [J].现代教育科学，2010，21（5）：92.

② 李强.高校创业教育存在的问题及对策 [J].英才高职论坛，2009，43（4）：25.

③ 黄兆信，曾纪瑞.以岗位创业为导向的人才培养体系研究与实践——以温州大学为例 [J].教育研究，2013，10（6）：144-149.

④ GIBB A. Exploring the synergistic potential in entrepreneurial university development：towards the building of a strategic framework. ORIGINAL RESEARCH ARTICAL，2012，60（3）：3-5.

划"力图在全球范围内实现高校教职员工全覆盖的创业型模式。我国高校可借鉴英国高校扁平化管理结构、快速决策过程、财务约束和商业运作等管理模式开展转型工作。政府可根据社会对人才的需求采取相应的措施，鼓励和支持一些高校进行转型的积极探索。

（二）构建突出创新思维的课程体系，打造创新创业型的教师队伍

英国高校的创业课程以突出创新思维为特征 [①]。借鉴英国高校经验，按照我国《普通高等学校本科专业设置规定》，为适应社会主义现代化建设的需要，培养国际化的创业人才，完善我国高校的创业创新型人才培养模式。

（三）加大对创业教育组织机构的扶持力度，完善创业教育框架

相较于英国高校的创业教育，我国高校创业教育的政策支持和组织机构保障较弱。高校应建立专门的创业教育组织机构，加大以创业教育管理机构、创业教育机构、创业研发机构、创业中介服务机构等为核心的多元化创业机构对大学生创业实践基地的扶持力度。加大高校与政府、企业、非营利组织等校外组织之间的创业教育合作力度，推动企业与大学互动，提供创业经费支持，鼓励创业教学研究，构建相对稳定的创业文化环境 [②]。在政府、高校和大学科技园之间，形成以科技园为核心的协同运作机制，充分发挥大学科技园的企业孵化和创新驱动功能，构建创业教学实践的实施途径与整体框架。

（四）加强校企之间的互动、交流与合作，塑造高校的品牌知名度

英国于 1987 年颁布了《高等教育——迎接新的挑战》高等教育白皮书，制定了一系列促进校企合作的政策。该白皮书重视校企合作，并重点强调了高

---

① 黄兆信，王志强，刘婵娟.地方高校创业教育转型发展之维.教育研究，2015，12（2）：101-104.
② 黄兆信，曲小远，施永川，等.以岗位创业为导向的高校创业教育新模式——以温州大学为例［J］.高等教育研究，2014，27（8）：87-91.

校的相关职能①。我国高校可以借鉴英国高校的做法，将商业文化融入创业教育中，依赖企业和商业组织的大力支持，实现自身的社会服务职能。另外，我国高校还应该体现国际化的视野，开设"国际企业管理""商务研究"等国际化课程，为学生进行国际创业提供有效的学习平台。通过与大企业集团及研究和教育机构的沟通为学生提供社会实践机会和优质的教学实践资源，吸引和留住优秀的人才，提高学校声誉价值和品牌知名度，争取一些大企业对高校创业大赛和创业项目的资金和技术支持，提高商业经营业绩。

（五）发展专业性的创新成果服务机构，完善大学创新创业的资本平台

与英国高等教育机构中较为发达的创新创业服务机构相比，我国高校在保护教师知识成果的各项专利转让制度方面还十分薄弱，大学内部的技术转移组织发展还十分滞后。与发达国家相比，我国大学内部所设立的科研管理机构更多地被赋予了管理各类纵向科研项目和评审不同级别科研奖励的功能。绝大多数高校还没有建立起以负责推进高校师生创新创业成果的知识产权保护、技术专利转让、风险投资、企业孵化等为主要功能的创新创业服务机构。因此，我国高校需要建立专业化的技术转移机构，面向全社会招聘精通风险投资运作、知识产权法、技术商业化运营等知识和经验的专业性人才；通过与校外资源的合作，将大学已有的知识、技术教育基础转化为能够产生社会价值的创新成果，从而实现大学、市场、个人三者利益的正和博弈，为大学创新创业活动的繁荣搭建资本注入和商业运营的平台。

（作者简介：黄兆信，杭州师范大学副校长、教授；张中秋，温州科技职业学院讲师；赵国靖，温州医科大学医学人文研究院助教；王志强，温州大学教师教育学院副院长、教授）

① 徐小洲，胡瑞.英国高校创业教育新政策述评［J］.比较教育研究，2010，31（7）：68-69.

主要参考文献

一、中文参考文献

（一）专著

［1］罗伯特·波恩鲍姆.高等教育的管理时尚［M］.毛亚庆，等译.北京：北京师范大学出版社.2008.

［2］伯顿·R·克拉克.高等教育系统——学术组织的跨国研究［M］.王承绪，徐辉，殷企平，等译.杭州：杭州大学出版社，1994.

［3］钱乘旦，陈晓律.英国文化模式溯源［M］.上海：上海社会科学院出版社，2003.

［4］希拉·斯劳特，拉里·莱斯利.学术资本主义——政治、政策和创业型大学［M］.梁骁，黎丽，译.北京：北京大学出版社，2008.

［5］王承绪.战后英国教育研究［M］.南昌：江西教育出版社，1992.

［6］王立科.英国高校招生考试制度研究［M］.武汉：华中师范大学出版社，2008.

［7］王一兵.八十年代发达国家教育改革的动向和趋势述评［M］.北京：人民教育出版社，1994.

（二）期刊论文

［8］别敦荣.论大学发展战略规划［J］.教育研究，2010，31（8）：36-39.

［9］柴旭东.战略地图与大学发展战略制定——以英国利兹大学战略地图为例
［J］.教育发展研究，2008，（3-4）：101-104.

［10］陈慧荣."后脱欧时代"英国跨国教育发展趋势研究——基于《国际教育
战略：全球潜力，全球增长》的分析［J］.比较教育研究，2020，42（5）：
3-11.

［11］曹燕南.以"学"为中心的高校教学评价实践——英国"教学卓越框架"
的特点与启示［J］.江苏高教，2019，217（3）：13-20.

［12］高云，张民选."第三条道路"与英国高等教育改革［J］.教育发展研究，
2004，（3）：33-37.

［13］何杨勇，韦进.英国高校三明治课程的发展及评述［J］.高等工程教育研
究，2014，144（1）：113-118.

［14］李立国，陈露茜.新自由主义对于高等教育的影响［J］.清华大学教育研
究，2011，32（1）：40-45.

［15］李靖堃."后脱欧时代"的英国之路怎么走［J］.人民论坛，2020，668
（14）：122-125.

［16］刘晖.从《罗宾斯报告》到《迪尔英报告》——英国高等教育的发展路
径、战略及其启示［J］.比较教育研究，2001，（2）：24-28.

［17］刘兴凯，左小娟.科研卓越框架（REF）：英国高校科研评估的改革创新
及其价值取向［J］.学术论坛，2015，38（8）：85-90.

［18］吕林海.解读高等教育国际化的本体内涵——基于概念、历史、原因及
模型的辨析与思考［J］.全球教育展望，2009，38（10）：55-60.

［19］欧阳光华，沈晓雨.学习范式下的高校教学质量评估——基于英国教学
卓越框架的实践考察［J］.大学教育科学，2019，178（6）：81-88.

［〕孙珂.英国21世纪教育国际化政策探析［J］.外国教育研究，2015，42

（11）：120-128.

［21］孙彦红.探寻政府经济角色的新定位——试析国际金融危机爆发以来英国的产业战略［J］.欧洲研究，2019，37（1）：68-90，6-7.

［22］王志强，赵中建.英国教育系统变革的背景、现状与趋势——兼论教育在英国国家创新系统中的作用［J］.全球教育展望，2010，39（6）：45-49.

［23］翁丽霞.招收留学生的国家战略——聚焦英国"国际教育首相倡议计划"［J］.比较教育研究，2013，35（7）：85-90.

［24］夏人青.英国战后国际教育政策的演变［J］.全球教育展望，2005，34（5）：75-80.

［25］谢健.英国大学海外分校办学的风险规避机制研究及启示［J］.高校教育管理，2019，13（5）：82-91.

［26］易红郡.撒切尔主义与《1988年教育改革法》［J］.湘潭大学社会科学学报，2003，（4）：23-26.

［27］张宝蓉，高晓杰.无边界高等教育：英国观点［J］.教育研究，2004，（5）：62-68，90.

［28］张健.英国脱欧的战略影响［J］.现代国际关系，2019，361（11）：43-50，61.

［29］张烨.英国文化传统对其高等教育大众化进程的影响［J］.理工高教研究，2003，（6）：17-20.

［30］赵婷婷，张婷婷.英国高等教育学科专业结构的调整与启示［J］.中国大学教学，2002，（2）：52-54.

二、英文参考文献

（一）专著/研究报告

［31］AZMAT G, MURPHY R, VALERO A, et al. Universities and Industrial Strategy in the UK：Review of Evidence and Implications for Policy［R］.

London: Centre for Economic Performance, 2018.

[32] BOSMA N, JONES K, AUTIO E et al.Global Entrepreneurship Monitor:
2007 Executive Report[R]. London: London Business School, 2008.

[33] BOTHAM R, MASON C. Good Practice in Enterprise Development in
UK Higher Education [R]. Coventry: National Council for Graduate
Entrepreneurship(NCGE), 2007.

[34] ExEdUK. Supporting International Education in the UK [R]. London:
EXEDUK, 2016.

[35] GIBB A, HASKINS G, ROBERTSON I. Leading the entrepreneurial
university: Meeting the entrepreneurial development needs of higher
education institutions [C]. ALTMANN A, EBERSBERGER B. Universities
in change: Managing higher education institutions in the age of globalization,
Dordrecht: Springer, 2013.

[36] KOGAN M, HANNEY S. Reforming Higher Education [M]. London:
Jessica Kingsley, 1999.

[37] London & Partners. The Economic Impact of London's International Students
[R]. London: London & Partners, 2016.

[38] NCGE. Enterprise and Entrepreneurship in Higher Education 2010
National Survey Report[R]. Birmingham: National Council for Graduate
Entrepreneurship(NCGE), 2010.

[39] Oxford Economics. The Economic Costs and Benefits of International
Students—A report for the University of Sheffield [R]. London: Oxford
Economics, 2013.

[40] SALAMON L M. Tools of government: A Guide to the New Governance[M].
New York: Oxford University Press, 2002.

[41] TAPPER T. The Governance of British Higher Education: The Struggle for
Policy Control [M]. Dordrecht: Springer, 2007.

［42］ULRICHSEN T C. Knowledge Exchange Framework Metrics，A Cluster Analysis of Higher Education Institutions［R］. London：UKRI，2018.

［43］Universities UK International. International Facts and Figures 2020［R］. London：Universities UK，2020.

［44］WILLIAMS L. Country studies on student mobility［R］. London：Overseas Student Trust，1990.

［45］ZIMDARSAM. Meritocracy and the University：Selective Admission in England and the USA［M］. London：Bloomsbury Academic，2016.

（二）期刊论文

［46］BARKAS L A，SCOTT J M，POPPITT N J，et al. Tinker，tailor，policy-maker：can the UK government's teaching excellence framework deliver its objectives？［J］. Journal of Further and Higher Education，2019，43（6）：801–813.

［47］BAUMOL W J. Education for Innovation：Entrepreneurial Breakthroughs versus Corporate Incremental Improvements［J］. Innovation Policy and the Economy，2005，5：33–56.

［48］BENNELL P. Transnational higher education in the United Kingdom：An up-date［J］. International Journal of Educational Development，2019，67：29–40.

［49］BROWN R. Mutuality Meets the Market：Analysing Changes in the Control of Quality Assurance in United Kingdom Higher Education 1992‐2012［J］. Higher Education Quarterly，2013，67（4）：420–437.

［50］CASU B，Thanassoulis E. Evaluating cost efficiency in central administrative services in UK universities［J］. Omega，2006，34（5）：417–426.

［51］DEEM R，BAIRD J A. The English teaching excellence（and student outcomes）framework：Intelligent accountability in higher education？［J］.

Journal of Educational Change, 2020, 21: 215-243.

[52] GIBB A. Entrepreneurship and Enterprise Education in Schools and Colleges. Insights from UK Practice [J]. International Journal of Entrepreneurship Education. 2008, 6: 101-144.

[53] HUGGINS R, JOHNSTON A, STEFFENSON R. Universities, knowledge networks and regional policy [J]. Cambridge Journal of Regions, Economy and Society, 2008, 1 (2): 321-340.

[54] FILIPPAKOU O, SALTER B, TAPPER T. Compliance, resistance and seduction: Reflections on 20 years of the funding council model of governance [J]. Higher Education, 2010, 60: 543-557.

[55] NEAVE G. The changing boundary between the state and higher education[J]. European Journal of Education, 1982, 17 (3): 231-241.

[56] POYAGO - THEOTOKY J, BEATH J, SIEGEL D S. Universities and fundamental research: reflections on the growth of university - industry partnerships [J]. Oxford Review of Economic Policy, 2002, 18 (1): 10-21.

[57] PRYOR A. Our competitive future: Building the knowledge-driven economy [J]. Computer Law & Security Review, 1999, 15 (2): 115-116.

[58] SMITH H L, BAGCHI-SEN S. Triple helix and regional development: a perspective from Oxfordshire in the UK [J]. Technology Analysis & Strategic Management, 2010, 22 (7): 805-818.

[59] Van der Wende M C. Westerheijden D F. International aspects of quality assurance with a special focus on European higher education [J]. Quality in higher education, 2001, 7 (3): 233-245.

[60] WALKER P. International student policies in UK higher education from colonialism to the coalition: Developments and consequences [J]. Journal of Studies in International Education, 2014, 18 (4): 325-344.

［61］WATERMEYER R. Impact in the REF：Issues and Obstacles ［J］. Studies in Higher Education, 2016, 41（2）：199–214.

［62］WOOD P, O'LEARY M. Moving beyond teaching excellence：developing a different narrative for England's higher education sector ［J］. International Journal of Comparative Education and Development, 2019, 21（2）：112–126.

［63］ZHANG Q, LARKIN C, LUCEY B M. Universities, knowledge exchange and policy：A comparative study of Ireland and the UK ［J］. Science and Public Policy, 2017, 44（2）：174–185.

［64］ZIMDARS A M, MOORE J, GRAHAM J. Is contextualized admission the answer to the access challenge? ［J］. Perspectives：Policy and Practice in Higher Education, 2016, 20（4）：143–150.

后　　记

　　在本书付梓出版之际，感谢中国科学技术出版社科学教育分社王晓义分社长的信任和厚爱，也非常感谢中国驻法国大使馆原公使衔参赞、太和智库高级研究员马燕生先生和《世界教育信息》主编张力玮女士的鼓励与推荐。没有他们提供的宝贵机会就不可能有这部著作的问世。

　　本书也是教育部哲学社会科学研究重大课题攻关项目《我国在开放科学领域有效参与全球治理研究》（项目批准号：22JZD043）的部分成果。在此，本书编者谨向教育部社科司在本项目实施过程中给予的支持和帮助表示衷心的感谢。

　　本书中收录的相关论文是比较教育、高等教育、创业教育等领域重要专家学者在相关领域发表的具有代表性的成果，也是近年来英国高等教育研究领域最新研究进展的体现。正是各位作者富有洞见的观察和富有启发的观点，为我们更好深入和全面了解英国高等教育的发展与变革提供了可能。

　　本书对英国高等教育问题的探讨只是一个有限时间断面上所呈现的有限成果，我们愿与学界同仁一道为丰富和完善这个领域的研究而不懈努力。

阚　阅

2023 年 2 月于浙江大学紫金港